本书为“社会政策与和谐社会建设的理论与应用研究”（项目编号：06JJD840017）的最终成果，并得到中国人民大学社会学理论与方法研究中心的“教育部人文社会科学重点研究基地重大项目”的资助。

社会转型与
社会组织的成长

张秀兰 陶传进 等著

中国社会科学出版社

图书在版编目（CIP）数据

社会转型与社会组织的成长／张秀兰等著．—北京：中国社会科学出版社，2016.6

ISBN 978-7-5161-8030-3

Ⅰ.①社…　Ⅱ.①张…　Ⅲ.①社会组织管理—研究—中国　Ⅳ.①C916

中国版本图书馆CIP数据核字（2016）第084300号

出 版 人　赵剑英
责任编辑　黄燕生
特邀编辑　孟宪范
责任校对　闫　萃
责任印制　戴　宽

出　　版　中国社会科学出版社
社　　址　北京鼓楼西大街甲158号
邮　　编　100720
网　　址　http://www.csspw.cn
发 行 部　010-84083685
门 市 部　010-84029450
经　　销　新华书店及其他书店

印　　刷　北京明恒达印务有限公司
装　　订　廊坊市广阳区广增装订厂
版　　次　2016年6月第1版
印　　次　2016年6月第1次印刷

开　　本　710×1000　1/16
印　　张　18.25
插　　页　2
字　　数　306千字
定　　价　68.00元

目　录

总论　从参与治理到公共精神

陶传进①

本书以十篇独立论文的形式，阐述了在我国社会体制改革进程中有关NGO的那些事情。

其中每一篇论文都基于对特定事实的分析，阐述了某一方面的深层意义。当然，这些事情都还处于一种变动状态，它们在未来仍然会向更为成熟的模式演变。因而，今日里看到的情形可能仅仅是一种还十分幼稚的、处于萌芽状态的形式。尽管如此，它们在当前仍然是一种有意义的创新、一种新事物的萌生和一种对旧有格局的突破。

其中又包括两个大的方面：一个是事的方面，一个是人的方面。事的方面，主要是指NGO在承担社会功能、服务于社会管理和社会建设过程中所出现的那些事情；而人的方面，则是人在这一过程中所实现的自我演变。目前，二者都处于快速发展与变革之中，而我们便是要将这一变革阶段的事情展现出来。

一　社会建设探索期所出现的那些事情

第一部分讲事的方面。其内容是，社会公众自我组织起来，以公益或互益性质的自我组织形式，来承担各种各样的社会功能。当前，在我国社会发展中，这种事情是在“社会建设”的话语下展开的。

---

① 北京师范大学社会发展与公共政策学院教授，博士生导师，社会公益研究中心主任，社会建设研究院执行院长。

社会建设是以社会自我组织为主体，以社会自我建构的形式来实现社会功能的一种新的公共治理方式。其中最有特色的成分则是，我们不再是谨小慎微地强调 NGO 的功能，不再是过于主张 NGO 是政府的功能补充这样一种辅助性的角色，不再去着意强调“政府做大的、NGO 做小的”这样一种分工——其反映的是一种担心，一种小心翼翼的心态，而是我们整个社会在经历一场根本性的变革，这一变革是对两千多年来自上而下的社会治理方式的一个根本性的倒置，它要实现社会自下而上的治理，而在目前我们所做的奠基性工作中，承担新功能的主体就是 NGO，它们是社会的主人。这才是当前社会建设中最有特色的成分。

这样一种变革发生于多个方面、多种场所。首先，在本书中我们看到，它井喷似地出现于一些特殊时期，例如在 2008 年汶川地震发生时。这一年被认为是公民社会的元年。本书便引用了抗震救灾阶段的诸多事例。抗震救灾分为紧急救援和灾后重建两阶段，这两阶段都需要 NGO 的介入。即使在紧急救援阶段，NGO 也开始呈现自己独特的作用，尽管在功能上它需要和政府紧密配合、共同作用、协调开展工作，但是其不可或缺的一面已经显示出来。而在灾后重建过程中，更可以看到 NGO 不可替代的作用。尽管本书还没有后一方面的文章，但是我们却在其他研究中或者在补充的文献中可以看到它所具有的独特作用。

其次，在社会服务领域，我们看到民办事业单位（也就是民办非企业单位）的独特优势。这一优势不仅表现在它在就业上的吸纳作用，而且还表现在它在实现社会功能方面的优势。这一优势恰好体现出社会组织在自主运作上所具有的不可替代的特点。我们已经进行了十数年的事业单位改革，一直在摸索改革的实践路径。民办事业单位实践中所表现的独特优势及其所蕴含的深层道理，可以为此提供有益的启示。同时，我们也要看到在这一领域政策上一些滞后和落伍的地方以及如何改进。在《非营利性公共服务领域里的组织、就业与政策分析》一文中对此有较为详细的分析。

同样是在这一领域，我们看到市场成分的逐渐加入及其不可避免的趋势，它会随着社会公众收入的增加、社会财富的提升自然而然地出现。这意味着一种效率上的自然选择，因而从事业单位到民办非企业单位，再到市场机制比重的逐渐增加，其中体现出来的是社会进步的意义。这一进步意义在我国尤为重要，从中可以看到我们从以事业单位主导社会服务的格局，走向社会组织独立进入社会服务舞台的历史进程，同时也可以看到未来更高程度地走向市场的历史必然。

再次，我们看到NGO在矛盾化解中的不可替代性。论文《NGO在公共冲突化解中的作用机制研究》对此有很好的阐述，其中心含义是，NGO作为一个矛盾化解的主体，它可以从某些特定的利益群体中跳出来，进入一个独立的、客观的第三方中介机构的角色中。它的作用是在不同的利益方之间进行沟通协调，在其间寻找一个最佳的利益平衡点，从而实现一个双方或多方的共赢局面。该案例中所要协调的利益方分别是政府、企业和普通社会公众。我们看到，一旦政府卷入利益冲突的关系格局中，那么，它本身就很难再作为一个公众心目中的客观中立的利益方而存在，这时，NGO的独特作用就显示出来。同时，我们在该案例中也看到，NGO是如何超越狭隘的、特殊利益群体代言人的身份，而进入一个超越性角色上去的。这是一种质变，它表明NGO开始真正登上社会发展的历史舞台，它不仅客观公正，而且还具有独特的高度，因而可以成为社会公共利益的代言人。

最后，我们还看到NGO已经开始学习独立地进入一些传统上被认为是典型的政府统领的领域。在《公共外交视野下官办NGO的发展倾向分析》一文中，作者以中国对外友协“中非地方政府合作论坛”为例，分析了NGO在展现“公共外交”方面的特殊功能以及要完成这些功能，还需要如何更加“NGO化”。

在本书中，关于社会建设的一个核心部分尚未涉及，这就是公众的自我组织，也就是自我治理以及公众参与公共政策的具体情形。这与本书偏重于选择公益性的社会组织的偏好有关。尽管如此，我们仍然可以缺位式地阐述出NGO在社会自我治理以及参与公共治理的独特作用，看到它们可以在那些根本性的社会事务治理方面，独立承担起自己应该承担的责任，而不再把这样一种责任全方位地交给政府。由此可以实现社会治理从自上而下向自下而上的根本性变革。当然，那是一些更为宏大的场面，但难度也更大，成功的案例还不是很多，但一些局部的成功和进展已开始在各地出现。

我们看到，以上所阐述的NGO在社会建设方面的作用，是在历史上第一次呈现出来，因此，对其意义怎么估计都不为过。这是一场以改革的形式实现的社会革命。这是历史上的第一次，也是正在走向成功的一次。毋庸讳言，我们处于一个历史上的根本变革时期，我们在理性地努力做着不同于以往的事情。

这一根本性的特征可以从一个视角上看出来，这就是 NGO 的理性以及基于理性的建构性工作。在 NGO 参与矛盾化解的部分，NGO 的理性特色充分显示出来。从该案例可以看到，当包括政府在内的利益主体之间陷入冲突的过程中之后，理性所具有的独特作用。这一理性向我们预示着真正的社会组织与我们通常认为的那种激情、正义、抗争的面貌完全不同，它恰好是在化解那种基于正义感、愤怒感而产生的情绪化抗争，是与传统时代一直演绎着的抗争性的社会组织所不同的另一番面貌。

二　这些事情中所表现出的一些新机制

NGO 参与社会建设，除上面谈到的它们作为主体而呈现自己之外，还表现出一种或几种新的机制。这预示着它们与政府主导的格局彻底不同的另一番面貌，一些新机制的运用或新机制的激活从中体现出来。具体包括以下情形：

第一，《NGO 整合公共服务资源的机制探究》一文向我们阐释了这样一个道理：NGO 可以对市场机制进行有效运用，而且在资源匮乏或是在追求更高效率的情形下，社会服务中的 NGO 还可以同时利用政府资源、社会资源与市场机制。显然，只有在 NGO 这个平台上，才能实现对这三者的综合利用，使它们的潜能有效地发挥出来。这里，NGO 是在更广泛的社会背景下，以社会公共利益的追求为目标，将各个不同主体的潜能及其机制充分整合起来的结果。

第二，公益组织实现了对于社会选择机制的运用，这体现在《社会选择下的基金会发展之路》一文的案例中。社会选择机制可以理解为公益领域里的社会市场，它是指资助方对于公益项目运作者的选择，当然还包括反方向上的选择。由于这种选择机制的存在，公益领域可以成为一个独立的体系，其中存在着“看不见的手”，一旦将其边界条件界定清楚，其内部便可以独立运作。它告诉我们，政府尽可以放心地退出微观的公益运作体系，而只要在宏观层面进行一个边界条件的把控即可。

第三，有关NGO的更重要的作用机制，是民主建设和公民社会展现的机制。这一作用体现在社会的自我组织、自我治理的过程中。这在互益组织中有更多的体现。尽管本书在这方面没有过多涉及，但其作用却无法忽视。正是在这样一种民主和公民社会机制的运用中，我们看到了自下而上进行社会建设的精髓所在。它体现了社会公众作为权利的主体，最终如何被吸纳到一个治理结构中，看到当前的民主治理如何最终能够成活起来，并且与原来的控制式的治理模式产生根本的区别。

从上述三套机制进一步看出，社会自我组织起来的本质是什么，以及我们可以对它产生怎样乐观的期待。

三　社会建设探索期中有关人的故事

在上面的“事的方面”之外就是人的方面。随着社会组织参与社会建设进程的推进，其中的人也在不断地改变自己。本书的十篇论文对此也从不同的侧面进行描述和深层的解读。

首先，人的参与本身具有培育公民精神的独特作用，从而整个社会以及个人变成了另一番情形：公民开始学会负责任和有担待，政府开始免去自己的无限责任，整个社会开始呈现一个轻松而厚实的面貌。原来那种动荡不安、群体性事件频发、不稳定的势头随处出现的局面，开始转化为一种公众自己来做自己事情的格局。参与的这种作用又可以分为两个层面：第一个是人们在公益事务中的参与，包括在全社会或社会不同层面的参与。在此过程中，人们学习参与精神，实现参与对自身的特有改变。在《NGO的生态关系研究》一文中我们看到，即使是参与抗震救灾这种应急响应型的行动，人们也能够在其过程中学习到自己作为社会主人的一个独特的角色承担方式。第二个是更深层的参与，即公共参与。公共参与是指人们在公共（或集体）事务中来实现自身的参与。由这样的公共参与，开始逐渐走向其最高境界即自我治理。这是一种实践民主和公民精神的最彻底的方式。

其次，这份理想的公民精神，它的实现并不容易。即使同样是做

NGO，也有可能是有名而无实。我们的公众在相当程度上承袭了过去文化背景下的价值观，并且在新的场所会将其体现到新的组织形式中，从而使其在NGO中继续存活。赵小平、王乐实的上述文章将这种价值观表达为自我提升的价值，它的精确含义是指人们追求自己相对于他人的成功，而不是在追求一个普遍标准上的成功。由此导致这种人倾向于追求权力的控制、追求社会身份、追求自己的与众不同。这些价值追求在NGO中是会产生危害作用的。与这种自我提升价值相对应的，则是另外一种价值观，即自我超越型价值。它的含义是指依据某种普遍的标准来理解自身的价值和自我的意义，包括慈善的价值和普遍价值。后者是我们在新时代中不断思考和追求的一种价值观，它强调一个人在公益事业中要注重人性的普遍尊严和普遍的爱，而不是要借助于这件事情来提升自己的社会地位和权力控制范围。一旦没有培植一种新的价值观而仍延续遵循原有价值观，那便会产生以新瓶装旧酒的结果：在NGO的组织形态上，嫁接或内在地植入旧有的行为模式和其精髓，从而导致一种不健康的组织内部的生态和组织之间的生态，进而也会在这个组织的生命周期上呈现为一种不同的格局。有些组织无法可持续性地生存，最终死亡了；而另外一些则把NGO引向江湖的模式。在《NGO的生态关系研究》与《NGO的生命周期研究》两篇文章中，可以看到这种情况。

当然，我们的公共参与、公益参与也包括了企业作为主体的情形，“企业公民”是这种情形最好的一个表达方式。这里的“企业公民”还不是指企业内部的员工在企业内部像公民一样的表现，而是指整个企业像公民一样在整个社会层面上表达自己，它以一种新的机制、新的文化面貌参与社会并且影响着别人、改变着自己，其情形如同单个的个体，以公益和公共参与的方式走入社会，实现一种新的社会格局。《抗震救灾中的企业公益行动报告》是对此的良好表达。

四 从社会转型走向公民社会

从这样一种整体格局的把握中可以看到我国社会的整体变革。其一是功能承担主体及其运作机制的变革；其二是这个主体中的个人，他们的自我也在发生变化，因为承担功能而使一个人的公民精神、责任承担能力都在向积极的方面变化。

这样一种社会的自我组织形式以及组织内独特新情形下的个人，恰好构成了一种新时代的面貌。

我们可以称这个过程为社会建设。尽管说法不同，“公民社会”的概念却无法避免。因而，公民社会是一种我们正在追求的社会形态，也是一种社会发展中自然而然、必然要实现的社会形态，它代表着一种从政府到整个社会所愿意接纳的一个目标。它不仅意味着人的尊严与幸福以及人们自我生存和发展的能力，而且还意味着政府与社会关系的和谐，政府从无限责任中解脱出来的一种轻松。

抗震救灾中NGO的参与机制研究

张秀兰[①]　张　强[②]　张　欢[③]

导　言

在2008年年初的南方雪灾中，我们未能见到多少民间力量的踪影，而在3个多月之后的抗震救灾中，他们却以如此巨大的规模行动起来。其中的行动主体既包含零散的志愿者、临时形成的救灾行动组织，又包括过去已经长期存在的社会组织、企业组织等。这些个人与组织在分类上理应规划到公民社会的行列，为了方便，我们以下称之为民间组织（或社会组织，简称NGO）。

据初步统计，截至2008年6月5日，仅经四川省团委的渠道进入灾区提供服务的志愿者就达一百多万人。这些志愿者以个人、团体或是与其他民间公益组织协同的方式，在一线灾区、医院、临时安置点等地为受灾群众提供各种援助服务。民间公益组织方面所涉及的捐款、物资目前还无法统计，估计超过10亿元。仅以NGO四川救灾联合办公室一个物资渠道为例，所接受的物资价值就超过了1000万元。同时，各民间公益组织的相关人员还积极提供了诸如灾区一线救助、志愿者协调、信息技术支持等直接服务。在灾区，志愿者和民间公益组织的服务范围覆盖了成都（都江堰市和彭州市）、阿坝藏族羌族自治州、德阳市、绵阳市、广元市、雅安市这六个四川省内的主要重灾区，服务的足迹遍及汶川、茂县、绵竹、

① 张秀兰，北京师范大学社会发展与公共政策学院教授。
② 张强，北京师范大学社会发展与公共政策学院副院长、副教授。
③ 张欢，北京师范大学社会发展与公共政策学院副教授。

都江堰、北川等受灾最严重的县（市）。在灾区后方，北京、上海、贵州、广东、厦门等 10 余个省区市，民间公益组织积极开展了后方支援灾区的活动，为灾区筹备物资和捐款，提供志愿者以及信息技术支持。

NGO 在抗震救灾过程中的社会影响力已经达到了相当的规模。《亚洲周刊》评论说："一场惨痛的灾难，一夜间令大部分中国地下 NGO 都站到亮处，承担救灾义务。这大批无偿的义务民间组织，过去十年来在中国散播人道关怀和培训志愿者的种子，使得这次救灾工作一呼百应。"清华大学 NGO 研究所的贾西津认为："NGO 的作用和优势将越发明显。首先，它们关注的领域很细致，可以发现被忽视的地方。其次，它们关注的领域多样化，这对于灾后文化重建非常重要。灾后重建不光是有房子住，还要恢复社区。NGO 所关注的领域以及它的文化关怀和贴近社区的特点，还有动员资源的持续性、专业性、参与性等，都是灾后重建十分需要的。"[①] 郭巍青从"能否解决问题"的角度，认为 NGO 在抗震救灾中发挥了提供信息、快速反应、疏通瓶颈的三重功能。[②] 台湾的一些学者曾对台湾 9·21 地震灾后救援和重建中民间力量的参与进行过较为充分的研究。[③] 薛澜对 NGO 和政府危机管理中的不同特点有所论述，认为政府和非营利组织因为具有不同的资源、组织和社会优势，在参与危机管理中的目标和内容、活动区域、利益相关性、参与效力、资源渠道以及参与方式上都有着各自的特点。[④] 这些已有研究颇具参考价值，但此次汶川地震的恢复重建工作将面临比唐山大地震、台湾 9·21 大地震和日本阪神地震等几个著名国际案例更大的挑战和复杂性，后面我们会详细述及。因此，为了能更好地把握此次抗震救灾中民间组织行动的性质、功能定位与经验教训，以便更合理地规范和引导民间公益组织参与灾后安置和社区重建工作，我们需

---

① 郝亚洲：《NGO：兴邦新力量》，《北大商业评论》http：//www. sina. com. cn 。（最后访问日期：2008 年 07 月 11 日 22：03）

② 郭巍青：《NGO 的三重功能——以地震救援经验为基础的分析》，《探索与争鸣》2008 年第 7 期。

③ 黄肇新：《营造公民社会之困境——9·21 灾后重建两种民间团体的理想与实践》，博士学位论文，国立台湾大学建筑与城乡研究所，2003 年。谢国兴：《协力与培力——全国民间灾后重建联盟两年工作纪要》，"全国"民间灾后重建联盟，2001 年。江大树、廖俊松：《府际关系与震灾重建》，元照出版公司 2001 年版。周克任：《九二一震灾口述访问记录》，"中央研究院"近代史研究所 2001 年 12 月。

④ 薛澜：《危机管理：转型期中国面临的挑战》，清华大学出版社 2003 年版。

要对这一尚未完全结束的事件进行研究。

研究的方法就是对参与抗震救灾的 NGO 进行访谈、资料查询、现场观察，对于与之有关的政府部门也进行了一些初步的访问。

这次我们追索到参与抗震救灾的 NGO 共 263 家，其中联系了 77 家进行访谈，结果访谈了 74 家，3 家拒绝。

我们查找的方式是：

第一，通过几个关于 NGO 组织交流的信息平台查阅相关信息。如 NGO 发展交流网、发展简报、中民慈善捐助信息中心网、中国汶川抗震救灾网、中国 NPO 服务信息网、NPO 信息咨询中心等，其中关于救灾 NGO 的动态消息也作为此次调研的来源。

第二，现场追索、询问。在对调查到的组织进行访谈时，我们都会征询相关信息，看还有哪一家组织漏掉。

第三，通过关键词的检索，直接在网络上查找此次调研需要的组织名称。然后通过检索到的关于此次抗震救灾 NGO 的报道，查阅其中提到的组织名称的具体情况。有官方网站的组织都要尽量去核实。

第四，通过社会组织名录进行查阅。在后期的工作中，我们查阅了有关 NGO 组织名录的书籍，据此进行查漏补缺的工作。

对各类民间组织访谈的主要内容侧重在组织是否采取了行动，是个人还是组织行为，主要做的工作，影响组织决策的因素，进入采取的形式和网络的建立过程，在行动中的障碍和克服障碍的途径，结束的时间和原因，参加救灾行动的经费来源渠道，机构自身参与的特点和政府的关系，未来的计划以及在行动中所遇到的问题。

一　NGO 参与抗震救灾的基本情况

以下统计数据中，涉及组织行动内容的部分是全部 263 个组织的统计结果，其他部分除特殊标明外，则是访谈到的 73 家组织的调查结果。

（一）参与抗震救灾的社会力量

我们已经找到 263 家组织在做着抗震救灾的工作。但实际行动者远远超出这一数据。因为除了这 263 家组织之外，还有三种力量我们难以详细考察：第一，每一个 NGO 背后都有自己的社会基础，绝大多数 NGO 都能找出一批志愿者；还有一批NGO已经成为一个平台或枢纽，能够牵连更草根性的结社组织或俱乐部。第二，这次行动的一个特点是NGO与政府官员个人的联系，政府官员个人被以公民社会成员的形式编结了进来。第三，作为个人而行动的志愿者，他们很难进入这一组织名录中，但却更能代表社会公众。

1. 参加抗震救灾的NGO类型（见表1—1）

表1—1　抗震救灾的NGO类型

组织类型	个数	百分比（%）
登记注册的民间组织	41	57.7
工商登记的企业	7	9.9
以个人为主的组织	4	5.6
此前就存在的未登记注册的NGO	11	15.5
挂靠在政府内部的NGO	3	4.2
其他	5	7.0

这样一个组合比例，显示出草根性的组织占据着十分重要的位置。其中工商登记的企业实质上就是典型的草根性的NGO，同样的情形还包括“此前就存在的未登记注册的NGO”和“以个人为主的组织”。

2. 组织的来源地（见表1—2）

表1—2　组织的来源地

北京市	98	四川省	22
安徽省	2	辽宁省	2
北京—成都（四川）联合	3	河北省	1
福建省	2	山东省	1
甘肃省	2	山西省	1
广东省	8	陕西省	12
广西	6	上海市	9
贵州省	7	天津市	1
海南省	1	香港—四川办公室	1
河南省	5	新疆	1

续表

湖南省	3	内蒙古	1
江苏省	1	重庆市	4
云南省	10	总计	204

可以看出，组织多的省份一是灾区及邻近省份，如四川、云南、陕西、重庆、贵州等；二是北京、上海、广东等经济社会发展的前沿省份。

3. 组织平时的活动领域（见表1—3）

表1—3　这些组织平时主要做什么（可以多选）

领域	个数	有效百分比（%）
环境保护	18	25.0
艾滋病防治	5	6.9
其他卫生保健	5	6.9
行业协会	4	5.6
社区发展	23	32.4
各类教育	34	47.2
社会救助	9	12.5
权益维护	13	18.1

可见，教育、社区发展、环境保护、权益维护是这些组织活动领域的四大方面，这些方面都是最常见的典型的公益行动领域。这些组织中的75%属于公益类组织，12.5%属于互益类组织，12.5%兼而有之。

（二）NGO的行动内容

在访谈到的所有组织中，NGO的行动内容可以归结为以下几大类型（见图1—1）。

由图中可以看出，有超过一半的组织都在做着为灾区捐款和物资筹集的事情，这是数量比较庞大的一类。捐赠、筹集的物款整体数量目前还很难统计，估计应该超过10亿元。以香港乐施会为例，目前已经在香港筹

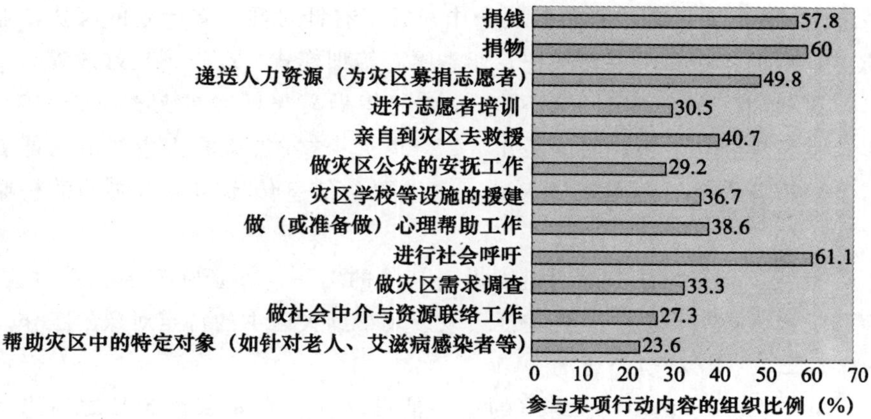

图 1—1　NGO 的行动内容

到捐款一亿三千多万港元[①]，它自身也将投入 4000 万元专项预算用于地震救灾。目前，乐施会第一批价值 700 万元的援助物资已经运达四川青川、安县、都江堰、绵竹以及甘肃武都、文县等地。

巨灾之后，一些民间组织除了自身开展行动之外，还积极进行社会呼吁，以集结更大的抗震救灾力量。我们访谈的组织中，进行这项行动的超过了 60%。如 NPO 信息咨询中心与公益孵化器（NPI）在地震发生后第 2 天即发出“抗震救灾联合倡议书”，呼吁所有基金会、民间组织、社团、爱心企业、热心公众，积极关心地震灾情，向灾民伸出热情援手，及时捐赠，帮助灾区人民渡过生活难关。[②]

另外，志愿者团体构成了汶川震灾直接救援队伍的重要组成部分，而有近一半（49.8%）的民间组织在做着为灾区输送志愿者的工作。还有近 1/3 的民间公益组织结合自己的专长以及志愿者工作方面的经验，迅速在各地开展相关的志愿者协调、管理和培训的服务。其中比较典型的像“5·12 抗震救灾民间救助服务中心”。在救灾阶段的三周时间里，该中心

① 乐施会 5·12 地震三个月工作报告，参见 http：//www. ngocn. org/? action-viewnews-itemid－32689。（最近访问时间：2013 年 9 月 12 日）

② NPO 信息咨询中心与公益孵化器（NPI）：《抗震救灾联合倡议书》2008 年 5 月 13 日，参见 http：//hongdou. gxnews. com. cn/viewthread－3353628. html。（最后访问时间：2013 年 9 月 12 日）

招募1000多名志愿者，培训医护志愿者20多人。其中针对华西医院赈灾志愿者团队，5·12中心与医院合作开展了有针对性、有计划的医护专业志愿者培训，建立了一套医护专业志愿者培训模式，取得了较好效果。

在我们调查的NGO中，也有一些组织做着灾区需求调查（33.3%）以及社会中介和资源联络的工作（27.3%），这对抗震救灾中的战略部署以及物资、人员的调配来说起到至关重要的信息传递和组织协调的桥梁作用。

另外，还有为数不少的组织做着其他的工作，如亲临灾区一线救援、援建灾区学校等设施、安抚灾区公众以及帮助灾区中的特定对象等工作。

（三）NGO行动的速度

我们共获得了137家组织的这一信息，其中有8家在5月之后未计入，另外129家的结果如图1—2所示。图中，横坐标数字表示5月的日期；纵坐标表示该日行动的组织个数。

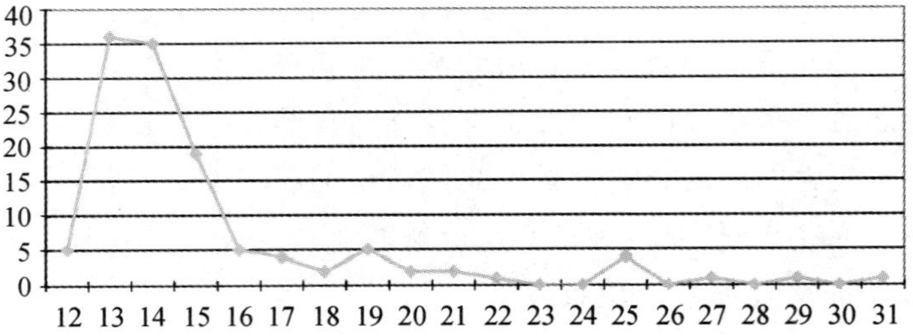

图1—2　NGO参加抗震救灾行动的开始时间

能够看出，5月13日、14日、15日三天是三个行动高峰。由此可见，民间组织响应的速度非常快。不仅如此，速度之快还表现在他们迅即进行了NGO联合行动的网络构建。正如一篇报道中称："在灾难发生后的第一时间，全国各地的NGO组织都吹响了'集结号'，联合起来向灾区施以援手。"①不少学者也认为，这次救灾非政府组织的反应比以前历次都要迅速，参与得更广泛，联合行动更多。

① 郑碧帆：《众多非政府组织参与抗震救灾》，《第一财经日报》2008年5月19日，参见http：//news. sina. com. cn/c/2008－05－19/050515568026. shtml。（最后访问时间：2013年9月12日）

地震发生后第二天（5月13日），成都城市河流研究会即迅速与成都、北京、贵州、上海、云南等地的NGO及志愿者协商成立了“5·12民间救助服务中心”，为NGO和志愿者有序参与四川的抗震救灾活动提供救助信息服务。

同日，40多家来自四川本地以及云南、贵州等地的NGO倡议发起民间救援行动，最后参与倡议的NGO达100多家。5月14日，“NGO四川地区救灾联合办公室”在成都成立，并在成都“根与芽环境文化交流中心”办公室正式开展工作。

27岁的李延贺是上海慈善基金会承办的“至爱”杂志社的社长，也是新驼峰行动小组的物流部负责人。5·12地震仅仅两天之后，这个由上海映绿公益事业发展中心、浦东非营利组织发展中心、浦东新区社会工作者协会、至爱杂志等公益性组织联合发起的上海民间赈灾行动小组便投入了向四川灾区输送救灾物资的工作中。①

二　民间力量参与抗震救灾的机制分析

这一部分，我们将对民间力量参与的动力（即行为动机）、资金来源、组织形式以及如何进入灾区、如何解决信息沟通等问题加以分析。另外，NGO与政府功能的差异与合作也是我们将要探讨的内容。

（一）社会参与的主要动机

1. 善良、使命感和爱国心是促成组织行动的主要动机

关于是什么因素促成组织的行动这个问题，从访谈内容中可以总结出以下结果：

（1）善良的冲动：74.3%

（2）自己的使命感：74.6%

（3）对国家和民族利益的考虑：37.1%

（4）其他：34.3%

可见，善良的冲动与自己的使命感是第一位的，此外还有对于国家与民族利益的考虑。一方有难，八方支援是中华民族的传统美德，中国公众

① 郑碧帆：《众多非政府组织参与抗震救灾》，《第一财经日报》2008年5月19日，参见http://news.sina.com.cn/c/2008-05-19/050515568026.shtml。（最后访问时间：2013年9月12日）

历来也不缺乏慈善精神和爱国心。在此次抗震救灾中，这同样得到了证明。

在飞机上，我们问一位开私人诊所的营业医生："当时你捐钱时，是否考虑过捐给哪家机构更可靠？"对方的回答是："当时捐钱就是为了心里能安生点，哪还管它可靠不可靠？"

对于另一个问题：如何做出决定的？为什么要做这个行动？

中国烹饪协会的答案是："没有原因，也不是同情心问题；是本能再加上国家号召，所以就展开行动了。"

厦门绿十字的答案是："最主要的因素当然是一颗爱国心，国家有难，匹夫有责。"

广西义工联的答案是："就是觉得应该做些什么，哪怕是一点点帮助都好，不然觉得不安心。当时知道地震的事情后，我们想要有所行动，当天晚上就开会讨论。但是我们很迷茫，不知道自己能做什么；联系其他分站得知，四川分会已开始行动，行动最快；但是13号联系当地政府，后者不允许集资，不允许去四川，然后新闻也报道说不要随便进入灾区，所以我们也就没有进入灾区行动；然后团委以及红会也不提倡捐物；后来听说灾区缺血，我们便动员内部的志愿者献血，结果南宁血库已经爆满不需要了！"

值得注意的是，这样的行动中许多企业的动机同NGO也是一样的，这更能说明这种动机是基于一种人性本能，是一种朴素的人道主义精神和同胞情怀，而非为某类组织所限。例如，中国烹饪协会到灾区行动的成本，一部分就是由其他资助企业来承担的。而在该协会为灾区的捐款捐物中，能够掌握地来源于大型企业的有：今麦郎食品有限公司捐赠方便面1200箱（折款4.2万元）、北京贝因美食品有限公司捐赠婴儿奶粉与营养米粉（折款4.2万元），等等。

2. 民间组织参与动机的特殊性：人们希望借助于慈善性的行动而进入公共平台

尽管善意、使命感和爱国热情是我们调查结果中的主要动机，但如上所述，在大灾面前，不管是政府、企业还是社会，不分个人还是组织都不缺乏这样的爱心。因此它并不能说明NGO参与动机的特点。

在这次事件中，还有一些社会力量希望借助于救灾行动而做出点什么，实现自己的一份价值，他们希望能够在社会的公共舞台上呈现自己的存在与能力，这种动机是基于 NGO 特有的专业敏感性。

比如麦田计划，其平时主要做一些对贫困地区儿童的教育救助工作，是一家草根性质的 NGO。他们认为，自己在抗震救灾中的行动其一是出于一种责任、出于一种爱，想尽自己的力量，为灾区人民做一点事，让他们能够尽快渡过难关；其二则是展现自己的实力，让人们看到“麦田有能力做些事情”……

公民自己走上社会舞台，在西方强调的公民民主意识与中国传统社会中强调的社会责任感，谈的大致都是这样一种行为举措背后所基于的行动动机。应当看到这是公众抗震救灾中非常重要的响应机制之一，它与本能的爱心一并构成了公民的两大行为根源。

3. 另外一种动机：自我欲望表达或社会声望追求

如上所说，NGO 行动的动机有两个，其一是人性中本能的善，其二是登上公共平台实现自我价值的需求。但还有一批组织会在行为动机中夹杂着相当比重的自我表达欲望或社会声望追求，这样的组织过于追求“第一”、媒体的露脸、“领军人物”的称谓，等等。正是这样一些愿望的表达，才会导致组织之间的利益纷争、权力争斗。以下给出几个简单的片段：

某组织 A 的一个片断（间接了解）：“我们已经来三天了，怎么还不来慰问一下？”

某组织 B 的一个片断（间接了解）：进驻灾区之后，自己不带生活用品，使用着灾区紧缺的吃喝物品，吃完喝完之后，问：“我们能干什么？”结果，待了 7 天后人马走了。

某组织 C：在接受我们的访谈中问：“你们可以给我们组织带来什么？”又问“是不是可以为我们宣传？”在听完访谈员的解释后就只是简要说明了一些情况，之后便说太忙而结束了访谈。

由此可见，这次赈灾行动中，NGO 呈现了广泛的动员，涉及了各种组织类别、功能类型和行为动机。因而我们称之为“全谱系”的组织。

之所以勾画这样的全谱系组织面貌，就是要说明，在公民社会行动中并不能因为存在着很多问题就开始不加分别地批判。我们应当将问题揭示出来，但更重要的是要考虑公民社会内部的分化。

（二）NGO 参与的资金来源

NGO 救灾行动的成本出处见表 1—4：

表 1—4　组织救灾行动的成本出处

资助方	个数	百分比
国内基金会	29	38.7
境外（海外）基金会	12	16.0
一般社会捐赠	8	10.7
企业家	5	6.7
全部成本自己出	21	28.0
总计	75	100.0

可以看到，国内基金会在其中占据了一个相当重要的地位。虽然在资金总量上未必能够达到这一比例，但其影响的 NGO 的数量还是占有绝对优势的。

以下是 NGO 参加救灾行动的四种经费来源：

1. 自己捐钱，自己出成本做事情

贵州乡村善治研究中心在地震发生后的十天主要是进行信息搜集、紧急援助等工作，接着便开始了灾民安置点的建设，目前则按照该计划，一步一步开展灾后重建、社区恢复。其前期行动成本约有 2 万元，来源于三个部分：贵州乡村善治研究中心负责人的太太所经营的咖啡店拿出 11000 多元；贵州乡村善治研究中心拿出 3000 元；其他部分则由私人凑份子，大家 100 元、200 元、500 元的出。后来，参加“贵州民间抗震救灾联合行动”的一家组织，向南都基金会申请了几万元资金，用于该计划执行。

甘肃怡欣心理咨询中心的行动成本有 20% 是自筹，另外 80% 由南都公益基金和香港乐施会的项目支持。对于项目支持的部分，该中心 5 月 13 日写项目申请，5 月 24 日申请获得批准，在 5 月 25 日就投入了行动。事实上，该中心在没有等到项目支持之前就开始了行动。

2. 从自己的社会关系圈子中募捐（而并非公开募捐）

这种筹款方式仅仅比自己出钱远出了一步，类似于“自己家人”出钱。有的 NGO 是这样做的，甚至于有的基金会也是这种模式（如美疆基金会）。

3. NGO之间的功能结合

这种方式是由诸多NGO联合起来，其中含有具募捐功能的组织。例如陕西十家NGO的合作，其中含有西部发展基金会，后者具有公募职能。

4. 由出钱方资助，NGO申请项目

例如南都基金会的支持，由其资助的NGO及相关组织可见附录2。需要注意的是，这样的资助者本身也是公民社会的一个成员，而资金来源本身也能体现出这样的特点与性质要求。可以说从资金的来源上看，已经体现了公民社会自身的行动要求。

（三）社会力量进入灾区的方式

关于社会力量进入灾区的方式，我们将被访NGO的访谈结果整理后看到的结果为：

1. 通过与当地政府部门联系后进入的：32家

2. 通过NGO网络进入的：31家

3. 通过自己的熟人关系进入的：15家

4. 通过与自己所在地的政府部门联系后进入的：9家

5. 其他方式：8家

由此发现，很多NGO是通过与当地政府部门联系得以进入灾区，还有一些是通过与自己所在地的政府部门联系后进入。NGO在行动时不乏与政府主动联系和配合的意识，或者说是借助政府这道程序更好地展开工作。尽管如此，NGO在长期行动中已经构建出了一个政府体系之外的社会网络体系。即除了政府部门，他们还可以与NGO联系以及与各自的熟人、长期的项目伙伴联系，从而可以进入灾区工作。

甘肃怡欣心理咨询中心：5月25日正式进入灾区。“我们首先意识到应该跟政府部门做好协调。所以去民政部门开介绍信，但是民政部门内没有可以划入的范围，但是说，你们去做吧，如果需要什么，到时候电话联系，然后我们就去办。后来在下去之前，通过个人关系（本人为农工党员），拿到了甘肃省农工民主党省委会的介绍信。”

贵州乡村善治研究中心：借用贵州红十字协会贵阳分会的关系，得以进入灾区。

中华红丝带志愿者联合会（河南）：5月14日第一批志愿者随部队进入四川，之后陆续有志愿者撤回，新一批志愿者过去。志愿者根据事前掌握的艾滋病患者家庭名单，直接到户进行援助。他们不与任何当地政府部门接触，但是当地部门多次劝说他们退出四川，因为他们不正规。

由此我们看到，各个组织都代表社会自己的力量在行动，都通过自己的关系进入灾区。

（四）社会参与的组织形式：个人→组织→组织联盟

1. 个人参与

在此次抗震救灾中，作为社会最典型代表的普通公众也以各种方式参与进来。这些力量我们难以详细考察，但他们的确存在着。比如地震发生后很多人开着私家车往灾区运送物品和伤员，还有一些出租车也是免费在做这些事情。下面是人民网的报道：

从5月12日晚上开始，成都市大大小小的车辆就行动起来了，三环以外的道路交通变得格外繁忙，但却没有了平时的杂乱：一旦有挖掘机路过，所有的小车都自动让道，每个人都知道，这个时候挖掘机的顺利通过意味着什么。19时后，许多私家车开始自发向灾区驶去，出租车、搬家公司的车甚至是银行的运钞车也都发动起来，集体前往都江堰等灾区。在成都周边的高速公路上，运送伤员的车辆都免费通过。“经历了生死考验之后，我的想法变得特别简单，就是想去灾区，多拉一个是一个。”在四川省人民医院的急诊绿色通道上，的哥葛师傅边擦汗边对记者说。①

贵州NGO联合行动组：“当时在发起行动时称作‘贵州民间抗震救灾联合行动’而不是‘贵州民间组织抗震救灾联合行动’，便是意识到此次行动的主要参与对象是贵阳市民，是贵州人，而不是说哪几个民间组织。有两个考虑：一是国难当前，人人有责；第二是考虑到实际能发挥最大作用的还是志愿者，如果受缚于组织，会延误他们的行动。”

2. 各种形式的组织参与进来

参与行动的有各种民间组织。有浓郁的半官方色彩的NGO，如中国红十字会，中国慈善总会，还有民间人士组成的草根性组织；有平时就从事各种公益活动的正式的非营利组织，还有同学会、车友会等自我联系的团体组织；有存在已久的组织，还有个人行动的志愿者结成的临时组织。

---

①《私家车抢出三成伤员》，《车友报》2008年5月22日，参见http://auto.people.com.cn/GB/7278527.html。（最后访问时间：2013年9月12日）

地震刚刚发生，许多车友会就积极行动起来，号召车友们为灾区人民献出自己的一份爱心。有的车友会积极募捐，有的车友会组织会员赶赴灾区加入志愿者行列，还有的车友会组织人力和车辆，积极参与赈灾物资的输送。在这场特大自然灾害面前，几乎所有的车友会都行动起来，有钱出钱，有力出力。①

在广东，网络上出现了地震救援志愿者QQ群，两天时间就在省内各地区扩大到11个QQ群，上千名志愿者加入这个临时性网上民间组织，统一协调后分批奔赴灾区……②

3. 个人和组织的合作

如上所述，大量的社会公众都想为灾区尽一份力，但并非每个人都可以亲临灾区。于是个人和组织的联合自然地出现了。NGO组织为人们奉献爱心提供了一个民间渠道。

新驼峰行动小组："我们遇到很多年轻人，如上海的白领，他们觉得与其把钱捐给红十字会或者慈善基金会，不如他们自己买灾区所需要的物品，然后通过跟我们合作的方式把物品送到他们指定的地方。所以在活动最后，我们对捐赠人的承诺是，我们将把您捐赠的物品送到您指定的接收人手里，只要接收人是政府认可的有合法的资质的机构就行。"

正是这样，新驼峰小组的物资全部来自民间，他们的合作人很多是个人或个人组成的团体，并没有所谓的组织的概念，比如有很多网络上发起的公益组织，都是民间力量的体现，他们的捐赠者中，企业是少数，绝大多数是个人。

4. 组织联盟

既有的研究曾指出中国的NGO组织倾向于单打独斗，在开展项目上较少联合行动或合作，除了政府或官方机构推动的自上而下的大型项目之外，跨领域、跨部门、跨地区的重大公益活动颇为鲜见。③但此次抗震救灾中却呈现另外一种景象：社会组织会继续扩大自己，从而在各组织之间

① 张毅：《四川汶川大地震，车友会的社会功能在深化》，《车友报》2008年6月4日，参见 http://auto.sohu.com/20080604/n257273869.shtml。（最后访问时间：2013年9月12日）

② 新浪新闻网：《志愿者：汶川震灾中的公民行动》，民主与法制杂志，2008年7月8日，参见 http://news.sina.com.cn/c/2008-07-08/142715893977.shtml。（最后访问时间：2013年9月12日）

③ 王名：《中国NGO的发展现状及其政策分析》，《公共管理评论》2007年第1期。

形成组织联盟或以民间协作的方式开展活动。

在我们所访谈的 70 余家组织中，组织运作中的合作状况如图 1—3 所示。

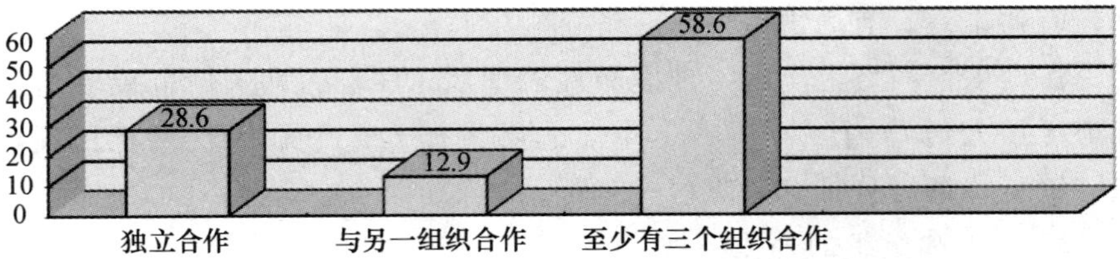

图 1—3　NGO 运作中的合作状况

另外，通过信息收集，我们还发现了各地存在的民间组织协作网络。如图 1—4 所示。（信息搜集统计资料信息的截止时间为 2008 年 6 月 3 日）

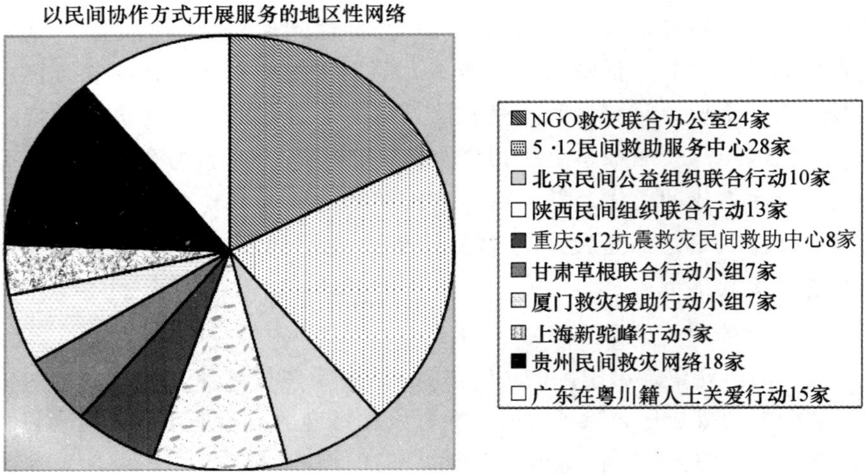

图 1—4　以民间协作方式开展服务的地区性网络

有的组织可能同时存在于两个协作性网络中，以上统计对该情况进行了适当的区分。以“NGO 救灾联合行动”为例，响应其倡议的组织数量多达 100 多家，但是直接提供物资或志愿者协作的机构则为 40 多家，而其中有的组织或机构本身就处在其他地区性协作网络中。

各个组织联合或者协作型网络进行工作协调与合作的方式不尽相同，

这里我们看一下陕西的一个NGO联合行动体系的情况。

陕西的十家NGO①形成一个联合行动的体系，它们组合资源，发挥不同组织的优势。其中西部发展基金会的作用很大，它是一家可以公开募捐的基金会，十家组织采取集体行动协助西部发展基金会公开募捐，帮助筹集具体行动的项目基金。陕西省妇女理论婚姻家庭研究会起到一个行动领袖者的作用，其负责人的个人倡导与协调，在组织的发起与运作中起到了至关重要的作用。

参与这次行动的十家组织按功能上大致有三类：第一类是教育类组织，如涉及儿童艺术，智障教育，特殊教育等；第二类是妇女及社区发展类组织；第三类是环保类组织。三类组织各自提供自己的特长手法、自己的专家资源和自己的专业视角。

从个人到组织再到组织联合，可以看到，人们需要一种行动的力量感。同时社会通过组织的形式能更好地表达自己，让人们看到NGO是如何有益于社会的。

（五）NGO行动中的沟通协调机制

在本次抗震救灾活动中，各种合作和沟通机制也开始尝试。上面我们提到的“5·12民间救助服务中心”以及“NGO四川地区救灾联合办公室”就为交流合作、共享信息以及协调分配救灾力量提供了平台，后面我们还会详细介绍。

网络在信息和沟通方面发挥了重要作用。各种民间力量透过网络搭建起了信息交流的平台，在信息和技术方面为一线的救灾服务提供支持，其中包括及时转发政府在救灾方面所公布的权威信息；发出一些救灾需求信息；提供救灾物资、志愿者信息；发出各种倡议以及提供与救灾有关的研究性资料等。

其中比较典型的如NGO发展交流网（NGOCN），该网站是一个网络公益交流平台，成立于2005年。汶川地震后，NGOCN开设了一个专门网页“5·12地震灾害救援行动”，为公益组织参与震灾救援提供信息交流服务。

---

① 发起单位：陕西妇女理论婚姻家庭研究会陕西妇源汇性别发展培训中心。参与机构：陕西省西部发展基金会；陕西省小天鹅艺术团；陕西省妈妈环保志愿者协会；西安市碑林区拉拉手特殊教育中心；陕西农村妇女科技服务中心；西安慧灵智障人士服务工作站；西安蓝海豚儿童康复训练中心；陕西青年与环境互助网络。

在地震紧急救援期间，月度页面流量达到77万，单帖最高点击量近700万次，提供救灾综合信息共计1100多条。此外，“5·12抗震救灾民间救助服务中心”也开辟了自己的专题网站，其中包括了服务信息、物资配送资料、灾后救助组织名录、物款募集等版块。而“NGO四川地区救灾联合办公室”也将他们的物资及志愿者信息及时统一通过NGO发展交流网进行发放。此外，联合办公室也同时透过NGOCN的网站直接吸纳物资和志愿者资源，结合联合办公室在一线灾区所搜集的信息，有效地将资源投放到一些受关注程度较少的灾区，起到对政府的救灾活动拾遗补阙的作用。

还有中民慈善捐助信息中心。该中心2004年11月成立，由民政部国家减灾中心与有关慈善机构共同出资筹建。中心拟由民政部有关司局官员、国内知名慈善组织机构代表、热心慈善的工商界代表及传媒界人士共同组成理事会，采用民办非企业单位的模式予以运作。在抗震救灾中，中心向社会公布关于地震的各方面信息，包括前方的各种物资需求、捐赠善款数额等统计信息；对善款及其发放进行统计；分析总结数据，作出相关的研究报告，主要的信息产品有周报、月报、年报，并直接递交给国务院。该中心的信息来源于政府、民间组织、企业（比如通过行会的渠道）和个人。信息的交流既有主动找组织要到的，也有些组织自己主动把信息报过来的。

（六）NGO行动中的政府管理：全开放与全闭锁

1. 全开放

在地震发生的最初一段时间里，大家谁都可以涌入灾区，媒体、个人、各类组织，谁都可以进入。

在这一段全开放的时间里，我们看到了社会行动的力量，同时也看到了没有管理、信息缺乏、大量物资用不到地方的局面。社会呈现了混乱着的善。

5月15日和16日，通往都江堰的高速公路上堵满了数十万辆志愿者私家车，导致政府派出的救援车辆难以通过。在什邡，一些志愿者纷纷驱车前往灾情严重的红白镇，有的甚至开着QQ、拉了两三箱矿泉水就上山。这使本来就已遭受重创的山区道路更加脆弱，有些路段一堵就是半个多小时。对“时间就是生命”的灾区而言，这样的志愿行动得不偿失。[①]

① 阿计：《志愿者：汶川震灾中的公民行动》，《民主与法制》2008年第13期。

2. 全闭锁

如上所述，“全开放”导致了志愿者的无序行动，但为了解决这个问题，政府又走向了管理的另一个对立面——“全闭锁”，表现在不让社会进入，不让非政府机构组织的志愿者或者自发的志愿者进入等方面。

5 月 26 日，四川有关部门在感谢志愿者的同时，恳请志愿者另择时机前来。这与半个月前的热诚欢迎志愿者的姿态形成了鲜明对比。①

在灾区一线，有些地方志愿者很难待下去。在“后方”，慈善组织有时会在获得捐赠资格、进入灾区的资格上遇到困难。

其实，尽管政府后来实行了管理上的“全闭锁”，但仍有一些 NGO 通过与政府协调获得了行动的权利。这说明在 NGO 与政府的关系上，存在着制度层面和实际行动层面的不一致。

新驼峰行动小组的物流部负责人李延贺介绍说：“首先，我们是跟上海民政部写了一封信，说我们几家机构要做这样一个事情，希望得到上海民政局的支持。在这点上，我们得到了民政局的默许。”官方默许正是新驼峰行动迄今能够继续运转的关键。②

由此可见，处理和政府的关系是影响 NGO 行动的一个变量，但是从另一个角度看，NGO 的行动也需要政府的引导和选择，因为 NGO 也不尽相同，有温和型的 NGO，也有激进型的 NGO，有与政府相配合的 NGO，也有不满政府作为的 NGO。如果真正为社会利益考虑，就应当有选择地对待，而政府却缺乏这一能力。这是长久以来的问题，也是我们管理的短板。所以，我们只能看到这样的结局：从最开始时候的全开放到最后的全闭锁。

（七）NGO 与政府的功能差异和互补

1. 行动内容上的差异与互补

政府行为所满足的是那些一般社会公众都拥有的“交集”，是生存中最重要的基础性需求方面；它永远也不能也不用进入社会个体的个人生活层面；而 NGO 因其独特的资源与工作能力，可以构成政府职能的补充者，它可以表达更具特色的、代表个人与群体偏好性的需求。政府做基本，

---

① 阿计：《志愿者：汶川震灾中的公民行动》，《民主与法制》2008 年第 13 期。

② 郝亚洲：《NGO：兴邦新力量》，《北大商业评论》2008 年 7 月 11 日，参见 http://finance.sina.com.cn/roll/20080711/22035084045.shtml。（最后访问时间：2013 年 9 月 12 日）

NGO做外围；政府做基础，NGO做特色。这使得NGO成为政府职能补充者的角色。这是一种世界性的普遍模式之一。

这种差异在抗震救灾中体现为：政府在此过程中必须且只能承担那些最基本的救助功能：需要救人性命，需要让灾民有饭吃、有屋住。而至于更多的内容，比如婴儿的奶粉、妇女的卫生用品、眼镜丢了怎么解决，等等，则已经超出了政府的职能范围，在这般紧急的时刻，政府没有能力，也不应该来做这些“奢侈的”“琐碎的”的事情。这些却是NGO要做的事情。NGO要表达公众的最基本生存需求之外的部分，而且这些事情由NGO来做也更有效率，因为NGO可以在政府之外动员出政府难以动员的资源，比如使用志愿者，使社会中的人力资源得到最大程度的调动；利用平时建构的社会关系网络动员资源，而实际上许多NGO正是大家依据资源的汇聚而建构起来的；利用NGO之间的合作产生的相互关联网络而行动，在这次抗震救灾中我们看到了这一网络的特有作用。

以下是此次汶川地震中政府和NGO行动内容的实际体现：

（1）政府做“保命”的，NGO做细微的

“保命”的功能就是救人、搭建帐篷、送去最基本的食品与饮品。细微的需求则是儿童奶品、妇女用品、配戴眼镜、动员用的哨子等。我们看到许多NGO最终将自己的功能定位于后者。

贵州乡村善治研究中心[①]：其曾经向军队提供搜救工具（救援绳），向外发布妇女特殊用品需求，也许是目前唯一一家与当地政府合作建立灾民长期安置点的民间组织。

（2）政府做物质性的，NGO做社会性的

NGO拥有自己的价值理念，他们基于此而在日常运作中就做着一些社会中的善良举措，这些举措为人们带来的不只是物质帮助，还有精神的温暖、社会的关爱。

中华红丝带志愿者联合会（河南）：“在抗震救灾过程中，政府与民间组织应该发挥各自的专长，政府部门应该进行大量的政策补给，政策推动，民间组织虽然资金少，但是能够给灾民一些用钱买不到的东西，更加能够体现以人为本。”

NGO可与灾区公众有着更为亲近与融合的关系，这在由零点公司进

---

① 一家工商局注册的“公司”，成立于2005年。

行的调查中已经展示出来，其结论是：这次地震使得人们的关系紧密了，在灾民心目中的感受是，所有群体之间的关系几乎都在密切化。其中又有两个极端：地方干部为一个极端，在这里亲密化程度偏低，志愿者与公益组织工作人员为另一个极端，在这里亲密化程度最高。

（3）政府做主体工程，NGO做快速、灵活行动

从以下组织的行动中可以看出这一点。

贵州乡村善治研究中心："12号下午我们联合其他NGO一起商讨，发起'贵州民间抗震救灾联合行动'。13号有了一个救灾减灾初步计划，按照此计划，首先是派了一支4人队伍于14号凌晨到达成都，开展信息搜集。与此同时，后方根据前方发回的信息，各NGO按自身所长开始分工，募集资源、组织运输、联系医院等。十天后，工作重心由物资供应、医疗救助转向建立灾民安置点。目前的工作是在做长期安置点建设以及社区恢复，与当地政府合作，提供硬件、软件支持。"

阳光医生："灵活性会强一些，发现什么做什么；政府不能做的，比如后期重建方面，NGO有更多的发挥空间。"

AAA助学行动："相对于政府来说，我们主要是协助政府来做一些事情，我们很高兴政府也能做这些事情。但是政府的行动是大规模的行动，是不允许出错的，而我们的行动规模比较小，允许有些活动出现一些问题，这样也可以为政府提供一些经验教训。"

"新驼峰"小组：利用互联网络——博客形式，因为这一形式更能吸引年轻人，有利于建立个人的信任，每天看博客可以更清楚地知道这个人的思想变化，有利于思想价值观的认同；他们了解年轻人的心态，利用图片、语言风格以及博客特有的超快的更新速度建立同年轻人之间的互动和信任，知道年轻人更希望了解公益组织做什么、怎么做，比如他们与牛博网有连接，通过牛博网扩大了影响力，他们的博客每天有1500多人的访问量，公信力好的组织之间的公信力是互增的，朋友的朋友、志愿者的朋友都成了捐赠者。他们的博客每天晚上11点都会进行更新。

另外，他们将物资第一时间运出，基本不出现留仓很久的情况，及时更新所需物资清单，捐赠者比较有针对性，能够解决物资压仓的问题，不使物资浪费。

兰州农民工之友：5月15日，农民工之友成员与四名来自兰州其他草根组织的朋友（甘肃绿驼铃环境发展中心，甘肃怡欣心理咨询中心等）

一行 5 人前往甘肃省文县碧口镇。该镇地震后通信中断，尚没有任何媒体进行报道，他们是通过辗转与老乡联系才得知其受灾情况相当严重，于是决定前去调查情况。其间，他们走访了很多地方，对灾情做了详细记录，同时也一路帮助当地群众搭建帐篷等临时居所。5 天后他们返回兰州，向甘肃抗震救灾指挥部做了反映，救灾物资得以进入。

同时，他们也注意到有好多物资堆积没有发放，还有政府也不积极发放到最为偏远的村庄。虽然他们的物资少，但发放及时到位，公开透明。

（4）政府做核心的，NGO 做外围的

中国烹饪协会：其抗震救灾厨师救援队于 29 日中午抵达成都，当天下午便由空军部队安排赶赴太平寺军用机场，投入到为参加抗震救灾的数千名空降兵指战员烹制晚餐的紧张工作中。

甘肃怡欣心理咨询中心：因为接受的金钱捐赠比较少，物资基本上就是生活用品，甚至还有卫生纸等，放给政府一是担心人家不屑一顾，二是担心没有办法送到最需要的人手里，所以都是一路行走一路发放的。该中心对自己的定位是：作为一个社会团体，做政府职能的拾遗补阙。政府做大的方面，不是每个方面都可以兼顾得到的，特别是小的方面。

在上述对比中发现，虽然 NGO 拥有承担历史使命的雄心壮志，但是，他们必须考虑另一个更为重要的主体，也就是政府，其间存在着 NGO 与政府之间的功能协调问题。但同时，政府的职能再重要，也还是需要 NGO 的配合。

2. 行为方式的差别与互补

上一部分是从行动内容的角度看的，这里则从行动的方式来看。

（1）政府行为方式的特点及问题

政府行为方式的特征是利用一整套行政体系。行政体系拥有行政权力，它的手段强大而有力，其背后是国家权力的支持。但在社会管理中，行政体系最大的软肋在于行政体系的下边界与社会体系的上边界之间的接壤地带。如果政府要做事情，当指令在行政体系内部向下传递的时候是不成问题的，科层制的强大也体现在这里。但是，一旦由行政体系的底界进入到社会场所的顶界的时候，就出现了依靠行政体系控制社会的问题：两个场所使用的不是同一套“语言”，在行政体系内较小的指令，到了社会领域开始失效。

本次研究的成员之一（陶传进）在三峡移民的最关键阶段（1999—

2000年），曾在三峡库区做过研究，对政府运用行政体系控制社会的问题有着深刻的认识。

三峡移民遇到的问题是，让人们迁出他们祖祖辈辈生存的地方存在相当的困难。于是，对于政府来说，其典型的手法就是：前景诱使（含增加补充数额）；强化宣传手段；最后借助于行政命令。因而这是一个典型的政府行为。许多问题由此产生：

依赖性与等靠要

移民由此产生政府在“包办”的感觉，从而造成移民对政府的依赖。与此类似，政府的宣传与搬迁诱导最终导致移民对于未来的高预期值，一旦到了新场所后发现不是他们想象中的样子，就转而产生失落情绪，并体现为回迁行为。

严重的社会不公正感

由于地方政府的一手操作（所谓的资金与任务的“双包干”制度），移民没有参与权、知情权，他们成了暗箱里的求知者。在这种情形下，任何利益分配都将引起巨大的公正性猜想。例如，他们会因为邻县的补充金每人比自己这边多出了20元，就决意要一追到底。我们的研究表明，三峡移民的“难”并非难在我们给出的绝对补充数额，也非安置场所的狭小，而是因为人们的不公正感，并且由此产生出了一波又一波的移民上访告状行动。

生产与生活安置脱离社会现实

政府的设想未必与社会公众自身的考虑相吻合，于是，房屋建筑出现了一种模式、同一格局的局面。一个原先居住在绿树掩映、曲径通幽环境中的人们，现在居住到了水泥硬化的棋盘格子中。

由此我们看到，即使我们拥有一个强大的政府体系，也不能保证一定能够将社会公众动员起来、积极行动、自我负责、重建家园以及安心于新的生存场所等。

这次抗震救灾与工程移民的情形有些类似，他们都涉及大量人群在政府的管理下进行补偿、重建家园、恢复生产、心理与社会的重新适应等问题。这容易导致社会问题的出现，我们称之为“问题性社会管理”领域，而且我们的确在其中看到了重复“播出”三峡移民中已经“播放”过的旧情节：灾民的安土重迁；一旦预期政府安置，就会等待并产生依赖感；“不患寡而患不均”的不公正感，比如一个村庄的人均帐篷面积比相邻的村庄少了几平方米，就会引出很大的情绪来，将本来应当的感激转化为不满；房子按一个模式安置起来，社会多样性消失。

（2）NGO行为方式的特点及其与政府功能的结合

NGO作为一个与政府相并列的主体，自有其行为方式的特点，而这正是政府所缺乏的，也是针对上述“问题型社会管理”最有效的应对措施。

NGO没有政府那里的权力，因而必须运用社会自身的规律加以管理，它将社会公众的动员与参与纳入目标，运用社会化的机制，其资金来自于社会本身，并使用特有的运作手段，如社会动员技术、志愿者使用与管理技术、尊重乡土知识、社会选择技术等。这样，当政府自上而下的指令进入社会顶界的时候，当自上而下的指令在此失效的时候，我们可以看到NGO在社会领域里已经行动起来，从而以自下而上的相反方向，与政府的功能接合起来。

当然在这一高度上我们也会看到NGO的诸种不足，大量的NGO根本达不到公共管理对于他们的严格要求。我们会看到，新产生出的NGO还远不具备专业的管理能力，他们除具有充足的热情、社会责任感之外，尚缺乏专业性工作能力。尽管如此，从已经发生的救灾过程中的NGO的表现已经可以看出他们独特的行为方式。仅以志愿者的使用状况为例便可以略见一斑。

厦门绿十字：“我们组织的社会优势包括一呼百应的志愿者团队，他们通常都是积极地响应组织，开会讨论，支持组织的行动；同时我们组织做了将近十年，因此跟民众、媒体关系都很好。”

浦东新区社会工作者协会：“大量使用志愿者，既是公众监督又是公信力来源。我们公布志愿者的名单，鸣谢所有的台前幕后、远程的志愿者，对他们的工作与精神给予肯定。”

此外，在2008年年初雪灾时，贵州乡村善治研究中心提供了几万人次的志愿者服务的民间组织。贵州政府在雪灾后认识到，民间组织在灾难救助方面可以为其提供很大的帮助和支持，因此对贵州的NGO发展提供了逐渐宽松的环境。此次抗震，政府对他们的行动没有过多束缚，提供了政策理解。

（八）社会参与的可持续性

有事实表明，台湾9·21地震后，有很多家NGO投入到救灾工作中，但能坚持的很少，一年后，只剩下三四家NGO还在灾区继续工作。[①] 由此我们提出NGO参与抗震救灾的可持续性问题。

1. 社会参与热情

汶川地震巨大的破坏力和由此带给灾区人民的伤害，在激起全国人民悲伤情绪的同时，也激发了全国人民参与抗震救灾的热情。一时间，成千上万的志愿者赶赴灾区，甚至有些个人志愿者冒着被单位处分的危险暂时放弃工作参与到这个队伍中来；一直以来并未显山露水的NGO也迸发出前所未有的巨大能量；央视赈灾募捐晚会以15.14亿元创下中国慈善募捐晚会之最。可以说当灾难袭来，中国人民表现出来的巨大热情和勇气是史无前例的。然而时至今日，我们明显感到社会参与的热情在逐渐衰退，至少不再那么声势浩大。正如郁建兴和周俊在其文章中的反问：大地震过去才一月有余（作者发文时距地震的时间），但还有多少人铭记着自己对灾区人民未尽的责任和义务呢？目前，一些企业的承诺捐款仍未到账就是一个证明。

目前，尽管紧急救援的阶段已经过去，但安置和恢复重建的任务依然漫长、复杂、艰巨，甚至大大超过前一阶段。而在这一阶段，更需要社会的参与，甚至更能体现社会参与的价值。民间环保团体“自然之友”执行理事梁晓燕认为，“其实第一拨紧急救援并不是NGO的强项，因为它需要大规模地调动力量及救援机械。而后面日常化的工作，例如心理辅导、情绪平复、为灾区群众重返家园做准备、组织灾区群众自救行动等，则是NGO和志愿者力所能及的工作。”[②] 贾西津也认为：“灾后重建，NGO组织的作用会更加重要。”[③]

热情是行动的前提，但在灾后恢复重建的关键阶段，在需要社会力量发挥更大作用的时候，却无奈地发现人们的热情在逐渐消退。

2. 社会参与的能力

NGO能否在抗震救灾中持续发挥作用，和其自身的能力有很大关系。

---

① 《大灾之后：从紧急应对到专业规划——环境NGO在抗震救灾中的角色转换》，自然之友《通讯》2008年第4期，参见http：//www.fon.org.cn/content.php？aid=10044。（最后访问时间：2013年9月12日）

② 《汶川大地震NGO：机遇和挑战》，豆瓣社区论坛，2008年5月29日，参见http：//www.douban.com/group/topic/3305817/。（最后访问时间：2013年9月12日）

③ 《灾后重建NGO的作用会更加重要》，《南方人物周刊》2008年6月5日。

兰州农民工之友的一位志愿者在得知地震消息后，觉得自己应该做点什么。与草根NGO圈里的朋友交谈时大家都有同感，决定一起前去看看能帮什么忙。几经周折到了灾区后①，因为资金有限，随行只带了20斤馒头，几百块钱，都给了受灾群众。本来想继续做点什么，但由于自身水平有限，不会起草项目书，规划项目，从灾区回来后想有所作为却很难得以实现。

HODR是一家美国注册的NGO，从事全球范围内的灾后救援。其主要工作模式是在灾区建立工作站，然后通过这个平台，让来自世界各地的志愿者亲自动手救助灾区。汶川地震后他们也试图在中国建立平台开展救援工作，但政府以及同行的本土NGO并不认可HODR的工作方式。因为HODR所做的工作是普通志愿者都能做的，比如清理废墟等，没有必要让国外的志愿者花几百美元坐飞机过来，这样的话效率太低。因此最后他们选择了离开。而另一家外国NGO“IBOUGHTASHELTER”来，已经在几个地区分别展开了自己的项目。他们为灾区提供一种简易帐篷，造价便宜，搭建方便。这便是他们的优势，哪怕其核心技术只是一张帐篷草图。

3. 社会参与的支撑

首先是资金的支撑。NGO的行动有政府无法取代的独特性，但数百亿的社会捐赠却很少可以用来支持NGO的活动，这些钱汇聚在政府或者政府指定的民间渠道，最后又划为政府统一管理。更多的社会捐赠早在进入四川之前就已经汇聚到政府部分。社会的捐赠最终用于政府的总盘子中，其效果是减轻了政府的财政负担。社会公众的确可以具有为政府分忧的思想，但这却导致众多的NGO在其独一无二的行动中缺乏资金支持。因而，我们在其中看到了逻辑上的悖论。

上海绿洲生态保护交流中心：“民间组织的反应能力比较弱，这主要是由于资金缺乏造成的。民间组织的活动资金主要是来源于从基金会申请项目，而一旦有紧急的事件发生，是很难快速地筹措到足够的行动资金的。”

另外，还有内部正常运作成本的维持。在此次救灾中可以看到很多组

---

① 他们搭乘当地运送救灾物资的货车到了文县境内。因为余震不断，当地县政府为保证安全，不允许志愿者进入，所以他们高价包了一辆面包车，一路上都要不时停车抬走路面的乱石，最后是连走带爬进入了灾区。

织或者个人是自己承担救灾活动的成本，志愿者基本是没有工作报酬的。而这正是造成 NGO 活动不可持续的重要原因。因为从长期看，不管是志愿者还是 NGO 的工作人员都要维持基本的生存，不然也就失去了志愿行动的前提，有志愿精神和获得适当的回报是两码事。国外的志愿者进行的也是有报酬的公益活动。贾西津老师认为从零成本到合理成本是 NGO 走向成熟的表现。

三 社会参与中 NGO 的成长和进步

我们上面谈到的情形许多还都包含着理想的成分。实际状态下的 NGO 在能力方面还是有所欠缺的，但最令人高兴的是，这次抗震救灾中看到的 NGO 不仅仅已经展示出了一定的实力，而且这一力量还在快速成长。

（一）NGO 功能逐渐归位，各行其所，不断成长

我们能够看到，NGO 在抗震救灾中可以展示出其长久以来的能力与资源积累，同时又在救灾中发展了新的能力。

1. NGO 对既有能力与专业的运用

这次行动中的 NGO 与其日常的功能有着延续性的关系，56.3% 的组织的行动是该组织此前功能的继续。

中华红丝带志愿者联合会（河南）：“组织之前积攒了一定的声望和影响力，一有活动有很多志愿者报名，另外就是之前手头上就有四川灾区艾滋病患者家庭的名单。所以行动起来应该会很快进入角色，有针对性地帮助艾滋病患者家庭这个特殊群体。”

重庆慧灵智障人士社区援助中心：平时主要做成年智障援助，而这次抗震救灾中做的事情是：在 5 月 18 日全国助残日与残联合作，发起募捐活动。

2. 专业化的道路

NGO 在此次行动中展示出了一定的专业能力。43.7% 的组织在这次救灾行动中有专家的参与和帮助（调查问题：本组织是否有专家做顾问）。

在陕西省的十家联合行动小组中，陕西农村妇女科技服务中心是由西北农林科技大学的老师建立的，他们具有通过农业科技服务农村社区发展的专长。而教育类的组织则吸收医疗、艺术以及特殊教育等方面的专家

加入。

甘肃怡欣心理咨询中心："民间组织做得都比较扎实。比如参与这次行动的人员都具有专业素质，服务方面能够从专业的角度进行干预，并且主张建立中国的 ICO90 标准，万一中国在几十年后再次出现地震，我们就有自己的模式可以参照，而不是参考台湾美国的了。"

贵州乡村善治研究中心：联合行动发起人负责人曾在乐施会做了四年的项目官员，有着丰富的灾害管理经验，周围的几名 NGO 工作者也都有多年的救灾经验，知道在重大灾难后的救助流程、工作方向，所以开展的救助工作有的放矢，效果显著。

3. 组织发现了自己的问题与机遇，产生了成长的要求与契机

如某义工组织：她们去看自闭症的儿童，同他们玩游戏。但在遇到特定状况时，志愿者不知道该怎么处理。经验和时间导致他们能做的服务内容很有限。他们希望自己能做雪中送炭的事，而不是锦上添花的事，所以，如果有时间、有资金，他们希望能向更专业的方向发展。

浦东新区社会工作者协会：他们在救灾中形成的"新驼峰行动小组"，将作为成员机构间的一种合作形式和一个公益品牌继续存在下去。他们现在正在思考和讨论：该如何参与灾后重建，该如何在灾后重建工作中继续有效地协作。

甚至，组织的发展都已经进入公信力建设的层面：

浦东新区社会工作者协会：这次救灾行动之后，他们发现自己还有改进之处。第一是仓库管理方面，他们还有欠缺，出入库货物的单子不完善，进入货仓的有捐赠者信息而出单忽略了这一点，所以没有更好地向捐赠者说明他们所捐物资的去向；第二是他们忘记引入审计人员。他们表示在以后工作中会注意。

（二）NGO 快速建构起自己的网络与平台

本来 NGO 缺乏的就是政府的体系性，但是，在这次救灾中，可以看到他们在政府之外另行建构起一套体系，以解决信息缺乏问题。这不是一套取代政府的体系，而是供另一套资源进行运作的体系，是为政府之外的公民社会提供运作框架的体系。

在灾区我们能够看到三大体系，分别如下：

- 四川"5·12"民间救助服务中心。

成都城市河流研究会、四川省社科院的部分专家与当地的一些 NGO

（民间社会团体）以及上海、贵州等地的 NGO 及志愿者协商成立了四川5·12民间救助服务中心，地点设在东城根河流研究会办公室，为 NGO 和志愿者有序、有效地参加此次震灾救援活动提供信息服务和交流平台。

5·12 民间救助服务中心的组织结构及相应的功能部门见附录 X，该中心的议事规则见附录 X。

- 泓德中育

这是一个以提供需求与行动信息为目的的行动平台，许多外地进入的 NGO、甚至一些大型的半官方组织，都是通过他们进入灾区现场，提供最有针对性的需求。

- 四川地区联合办公室与备灾中心

备灾中心的前身是联合办公室，联合办公室由攀枝花东区志愿者协会的一些人马和根与芽及四川文理学院的人一起在做，其功能主要是做紧急救援阶段的物资援助。联合办公室基本上是一个物资汇聚与转运的平台。

在紧急救援阶段之后，联合办公室改为备灾中心，主要是做灾后重建的长期项目，而且准备把自己注册成独立的 NGO。该中心主要的功能是：资助给其他 NGO，支持他们建立项目点，支持对象是没有注册的机构。该中心已经拿出 120 万元支持没有注册的机构开展工作，已经支持了三家。整个项目款都来自国际组织，都是以前的合作伙伴，如狮子会。

（三）更加健全的“NGO 生态体系”

从全国范围内的 NGO 的整体上来看，NGO 的生态体系越来越趋于健全、健康。这表现为网络化、信息化、公信力的建构，资助方与行动方的良好配合。

1. 行动网络，如上述的网络与平台

2. 信息收集与发布平台

我们在沟通协调机制里已经有所述及，这里不再赘述。

3. 募款公信力追踪机构

即我们自己这里。其核心是依托北京师范大学社会发展与公共政策学院进行工作的一群志愿人员，以非营利管理专业的研究生与这里的长期志愿者构成。行动组成员全部是志愿者的形式，他们调查了数十家基金会，力图求证中国社会中的募捐组织是可靠的，或者通过行动促进他们行动公信力的提升。这是本项目之外的另一行动。

4. 资助方与行动方的配合

在这次行动中，我们看到了 NGO 的行动中一些资助机构有效作用的发挥。这样的功能匹配将使得日后的 NGO 运作更加功能整合、运作合理。不难预期，NGO 将通过发展自己的能力，将社会的捐赠款项更大规模地利用起来。

（四）NGO 的行动对公民社会发育的促进

公民社会最重要的构成有两条，第一是慈善，这也可以表现为更广义的志愿精神、社会公益意识；第二是社会成员在公共层面的立脚能力，有时还可以表达为公民意识，表现为合作能力、民主能力等。这两条正是抗震救灾过程中人们表现出来的两个方面。

1. 公民社会的建构：慈善与志愿精神

这次抗震救灾行动是一次慈善与志愿精神的宏大演示与锻炼。我们不难看出其对于公民社会的有益促进。

西安市碑林区拉拉手特殊教育中心：他们机构的大部分人员早先并不是因为热爱这个事业而加入的，而是因为找不到好的工作才加入特教行列。通过这次救灾活动则有所改变。虽然刚开始的时候所做的工作和他们的组织使命不一致，但通过参与，员工的志愿服务意识得到了培养，所以，这次参与也是给他们组织的一次机会。

2. 公民社会精神的建构：进入公共层面的能力

对于 NGO 在这次行动中所体现出的专业能力，我们能够提出许多质疑，甚至会看到一些 NGO 的幼稚行动。但我们更应当看重的不只是专业性的能力表达，而应是普通公民的自主行动、公益行动能力的表达与锻炼。这一能力表现为 NGO 能够站出来、能够联合起来、能够在没有政府介入的情形下良好地合作。

厦门绿十字：他们自己同各国合作行动，展示出了 NGO 领域自主行动的能力。从他们的经验来说，各 NGO 能够很好地合作，协调各方的工作。有的组织负责发布需求信息，有的组织负责物资募集，成都那边又有物资对接方“成都根与芽环境文化交流中心”，秩序井然，行动框架非常清晰。因此，各个 NGO 能够自己办好事，不需要一个第三方管理者。

他们认为，之所以能够做到这一点，就是因为自己有明确的行动目标和纲领，因而不需要别人的指导和管理。

四 民间参与的问题

当然，民间公益组织在这次灾害危机面前也暴露出许多问题，值得重视。

（一）民间公益组织的救灾能力亟待提高

许多民间公益组织还比较弱小，自身的资源还比较有限，动员力也有一定限度，自身对社会的影响力也还比较弱。由于大多数民间公益组织之前从未参与过这类危机处理活动，因此在救灾过程中，民间公益组织普遍表现出经验和知识不足。

地震发生当日，大多NGO组织负责人不知道自己应该做什么，其对地震的反应是基于人的本能，而非专业敏感性。民间组织的专业背景非常单薄，工作方向雷同，多为组织捐钱捐物、发放物资、动员和号召等，从事救援的专业人员基本上来自政府和国际NGO。民间组织也没有展示出充分动员和组织志愿者的能力，许多志愿者到灾区找不到组织，找不到事做。[①]

（二）NGO的行动受到强势政府的影响

政府的强势使NGO在平衡政府权力、参与公共治理的自主性上大打折扣。如政府后来对NGO的“闭锁”，致使社会力量难以参与进来；典型的还有对民间组织的募捐行为的限制和对媒体的限制。

民政部规定，各组织必须通过民政部公布的相关渠道，将款物转交灾区，而相关的渠道主要是政府，民间渠道只是中国红十字会和慈善总会。

厦门绿十字：这次行动中，面对着如此刻不容缓的赈灾形势，绿十字也经过了重重考验。首先是公众的捐助渠道窄，而且无法问责，打击了公众的捐赠热情。公众对捐助物资开始是重重疑虑的，因为他们从所有的媒体渠道了解到的信息是，需要钱，不要物资，一些对绿十字不了解的公众会质疑此时的物资捐赠信息是否属实，这种困难，需要NGO和媒体共同战斗，如果公众看到媒体有NGO组织的筹集物资报道的话，才会打消疑虑。但此时又出现了媒体垄断。所有地方媒体接到通知，除红十字和慈善

① 郁建兴、周俊：《中国公民社会在参与中成长》，《杭州日报》2008年7月17日，参见http：//www.cssn.cn/64/6407/201210/t20121025_ 167047.shtml。（最后访问时间：2013年9月12日）

会之外的任何组织，所开展的募资活动都不得报道。与绿十字有着深厚感情的厦门媒体，在收到救灾倡议书的时候也第一时间想为绿十字作出募集动员，但在上报领导之后却被告知，只能报道指定的政府救灾机构，这为公正地传播公益组织赈灾的消息也增添了一定的阻碍，令人遗憾地错过了开辟更多救援通道、整合赈灾资源的机会。

（三）民间公益组织对国家宏观救援体系和运作不够了解

在一些具体援助过程中，民间公益组织有时还不能为政府和灾区需求提供及时的补充和支持；政府与民间公益组织以及志愿者之间还没有能够形成持续的合作伙伴关系。而民间力量在迅速行动的同时，有时无法及时准确地掌握政府在救灾安排方面的信息，对国家救援体系的组织和运作也不甚了解，例如有很多民间力量在一时间都聚集到了媒体曝光比较多的地方，造成物资和人员在短时间内的“扎堆”。

（四）没有统一指挥，信息共享程度不够

尽管有些民间组织联合起来形成协作网络，建起信息交流平台，但目前还没有建立起一个统一而强大的信息共享平台，前方也没有一个组织机构有能力统一指挥大量来自民间的人力、物资。

例如，在开展救灾工作的第一周，在地震重灾区茂县，一些来自民间公益组织（NGO）的志愿者由于手续不全，无法立即参与到前方的救援行动中去。很多志愿者到了一线以后不知该往哪去。这样，政府对NGO“全开放”时出现的混乱局面就不难理解了。

（五）对民间公益组织的管理制度和政策有待规范

虽然社会各界对志愿者和民间公益组织给予肯定，但是对民间公益组织的管理制度和政策还有待规范。目前对于民间公益组织，还只有相关的管理方面的行政条例，而且也不够完善，相对于民间公益组织的迅猛发展，管理上还大大滞后，典型的比如民间组织的注册、登记难问题。目前民间公益组织有很大一部分是在工商部门注册，在税收方面对这些机构发展极为不利。还有一些未登记的NGO也积极参加了抗震救灾，严格来讲它们的活动是违法的。因此这些组织即使参与进来，也缺乏法律保障，影响其活动的开展。

五　社会参与灾害管理面临的挑战和机遇

就此次汶川地震，国际上可借鉴的著名自然灾害及抗灾案例包括：台湾 9·21 大地震，日本阪神地震以及南亚海啸。这些案例大体将灾后工作分为救灾阶段、安置阶段和重建阶段三个阶段。

如台湾 9·21 大地震后的灾后重建工作就随着时间分成三个具体阶段：第一阶段大约在灾难之后的一个月内，这个阶段的主要工作目标是生命安全的维护，包括“生命救援、临时安置、危机处理以及需求评估”等。第二个阶段大约是在一个月到半年之间，主要的工作目标是“安置服务、情绪安抚、赈灾措施、资源协调”等。第三个阶段大约是在半年到三年、五年甚至更长的重建过程，整体重建计划分为“公共建设计划”“产业重建计划”“生活重建计划”与“社区重建计划”四大项。

此次汶川地震之后的处理也基本上分为应急救援、过渡性安置和恢复重建三个阶段。目前，已经基本上结束紧急救援阶段，开始进入安置和恢复重建阶段。汶川地震的过渡性安置和恢复重建工作却面临着比以上几个国际案例乃至唐山大地震更大的挑战和复杂性，具体表现如下：

首先，此次地震震级大和烈度强，而且覆盖范围主要在山区，余震将持续 3 到 5 个月，由此引发次生灾害等严重问题，如地质灾害、泥石流滑坡以及已经危及数以百万计群众安危的堰塞湖问题等，这些因素将直接延缓救灾和安置阶段，为重建规划的制定和落实带来很多不确定因素和巨大挑战。

其次，考虑到此次汶川地震对地质和生态产生的损害程度，灾后的重建经验将会是全新的。不像唐山大地震、台湾 9·21 大地震和日本阪神地震那样是生计或房屋的重建，更多的是生态层面的重建。由此产生的震后生态移民及安置以及生态恢复问题，也将更为复杂和充满挑战。安置和重建过程也将涵盖从经济、社会到文化、生态等各个领域。

最后，整个震区具有异常丰富的民族、生态、文化、社会等多样性，在震后的重建过程中要特别关注特殊人群和特殊地域的不同需求以及差异性极大的社区重建和文化重建工作，尤其是羌族、藏族等少数民族问题。此次震中位于阿坝藏族羌族自治州境内，其中北川羌族自治县（中国唯一的羌族自治县）也受灾严重。习惯于分散生活在山区林间的羌族、藏族社区及兄弟同胞，更是因为救援的困难而受创惨烈：人员伤亡折损、大量物质文化遗产损毁。如何在安置物质家园的同时，抢救和保护羌族等各个少数民族的文化，将成为此次灾后重建的重要课题。

如上所述，汶川地震表现出的种种特殊性使民间力量在安置和重建方面面临更大的挑战，但同时这也成为民间力量参与社会管理并借以发展成长的机遇。因为如此庞杂烦琐的安置重建工作，不可能靠政府承担所有负荷，正如上面我们分析的，政府和 NGO 存在功能差异，有些事情是政府不应该做也做不好的，这就给 NGO 留下了空间。

其实，所有的国际经验也都强调，在灾后救助和重建中，政府、学界、民间和企业四个方面应该组成通力合作的团队。而不同部门在每个阶段都有其不同的需要和角色。台湾 9·21 大地震之后，不同部门在紧急救援、安置和重建三个阶段的不同角色和定位如表 1—5 所示。

表 1—5　　不同阶段不同部门的角色和定位

阶段	政府	学界	企业	民间机构和志愿者
紧急救援	主导者；执行者	支持者；信息提供者	资源提供者；支持者	支援者；资源调查整合者
安置	主导者；资源提供者	监督者；信息提供者	资源提供者；服务提供商	协调者；参与者
重建	支援者；法令制定者	监督者；支援者	资源提供者；服务提供商	协调者；服务执行者

目前中央提出的争取在三个月内完成的重建规划总体方案主要包括：城镇体系规划、农村建设规划、基础设施建设规划、公共服务设施建设规划、生产力布局和产业调整规划、市场服务体系规划、防灾减灾规划等。由此可见，政府主要从宏观和基础层面考虑，而民间的不同参与力量恰恰可以在政府的基础上拾遗补阙。

非营利性公共服务领域里的组织、就业与政策分析

——基于63个组织的个案访谈结果

张秀兰　陶传进

第一部分　基本状况

一　调查的组织

本次调查的对象为民办非企业单位，以下简称为“民非”。调查方式为访谈，于2007年12月至2008年2月进行。我们共访谈了59个正式登记注册的民办非企业单位，此外还有4个未登记注册的，或在工商部门登记注册，但在性质与服务上与民非没有差异的组织。这些组织分布于7个省（自治区、直辖市）20个市、县，涵盖了民非的常见类型。

在59个民非中，有27个属于县（区、县级市）一级登记注册的组织，但基本不含在农村村庄开展工作的组织；有28个地市一级登记注册的组织；有4个省（自治区、直辖市）一级登记注册的组织；没有全国性的组织。

从这些组织的成立年份来看，3个是20世纪80年代成立的，23个是1991—2000年间成立的，其余33个是2001年至今成立的。

二　调查的方式

本次调查的方式为访谈，即招募访谈员进行培训，再通过他们对各民非组织进行访谈。为了保证访谈内容的真实与详细，我们在北京师范大学学生中招收调查员，要求他们的家庭位于被调查地区，能够直接或间接找

到被调查机构。即便如此，部分组织的访谈深度仍受到限制，一些访谈甚至要在不同时间里断续进行甚至中途更换访谈者。由于是个案访谈，我们没有要求严格的抽样。我们还将访谈提纲转化成一份简单的量化问卷，从而整理出一些定量结果。

三　调查的基本结论

随着公共服务领域向社会开放，社会中的各类资源涌入民非这一领域。

从人员上讲，有社会精英人物携专业特长而入，有下岗职工为了生存和创业而入，有资方携资金而入，有退休人员或复员军人携个人特长而入，此外还有因事业单位改革或政府部门内挂靠单位转化而伴随的人员身份变化而入。

从性质上讲，有救苦济困的慈善行为，有怀有公益服务价值观的创业行为，有以谋生、就业为目的的经营行为，还有以营利为目的的投资行为。

从服务内容上看，有的加深了某类服务的深度，有的拓宽了服务的广度，有的填补了社会中新产生出来的服务需求空间。

从服务的方式上看，民非主体体现了事业单位远不能相比的自主性与积极应对挑战的精神，显示了由此产生的效率优势。

由于社会公众生活水平的不断提高，人们越来越有能力购买以前无法考虑的公共服务，这就促使自主运作的民非可以就服务收费、依据服务收费而生存，并追求更高程度的服务利润。因此，民非已经在相当程度上市场化。

市场化导致服务效率的提高，也导致民非组织与政府的关联淡化，运作的自主性大大提高。同时，招工就业方面也与市场中的企业相差无几。(见以下“第二部分”)

虽然民非的社会化与市场化产生了非常积极的效果，但民非在社会地位、政策待遇等方面都还处于相当不利的地位，与事业单位比起来，“民办事业单位”显示了低人一等的特征。民非组织本身更想成为事业单位。其就业吸引力不足，除组织创始人之外，很难吸引到高水平的人才。

虽然如此，民非的公共服务能力与就业潜力正在更大程度地显示出来，以后的发展空间将会更加宽广。(见以下“第三部分”)

民非最有特色的社会效应之一是其发育所带来的公民社会效应。我们经常泛泛而论的“公民社会”在这里落到了实处。它意味着社会成员自主性的获得、社会价值的培育、社会选择机制的实现以及社会生活共同体发展空间的扩大。

民非是非营利组织的一种重要类型，它也应当是公民社会的核心成分之一。民非的发育可以从以下几个方面产生公民社会效应：社会成员自主地走上公共舞台、提供公共层面上的力量；社会成员可以展示出生活之上的各类高尚价值；社会公众多出了一种新型的社会交往场所，从而发展出有效的共同体；社会自身可以更加灵活地满足自己的各种健康生活要求；社会选择机制有了实现的基础。（见以下“第四部分”）

最后，我们借助于本次调查反观民非的本质以及相应的公共政策问题。民非服务行为的性质涉及慈善、公益和营利三个方面。调查发现，很难使用单一的慈善、公益或营利性质来描述民非。民非本来是慈善性质的，但随着社会购买能力的提高，慈善性质在萎缩，民非越来越像是一个营利企业。这时的民非实质上是一个营利—公益的混合体，营利要求与公益要求混合在一起。我们的问题是如何使得民非更加偏向公益的一方，而不是营利的一方。这是一项重要的技术，需要我们去探索解决。

民非最初发展为营利—公益的混合体之后，由于社会就业的压力，会出现服务拥挤的现象，服务组织由于相互牵制而很难脱颖而出。只有社会购买能力继续提高，才有助于一部分组织进入更高档次。但此时又会面临怎样提供高档次服务的技术以及如何真正保证非营利性的满足问题，以及与此类问题相对应的公共政策问题。（见以下“第五部分”）

第二部分　从运作机制的角度看民非

一　公共服务的社会化

“公共服务”是一个被广泛使用但内涵并不十分严格的概念，在很多情况下，它指的是教育、交通、医疗卫生、水电煤供应、公共信息发布等以社会公众为对象的服务。[①] 本报告重点关注这里所说的教育、医疗卫生以及其他社会服务、社会福利等“以社会公众为对象的服务”。

社会化是指由过去的政府主办，转变为现在的社会主办（通常是私人主办）。在科教文体卫以及社区服务、社会福利等方面，过去的服务职能由国家提供，主体是事业单位。1998 年，民办非企业单位这种组织形式出现。过去那些事业单位以及挂靠在党政机关或事业单位下面的一些机构，开始转化为民办非企业单位。相应的管理措施上的变化是，这些单位需要首先找一个业务主管单位（往往是原来挂靠的单位），然后再到民政部门登记注册。与此相对应，一些新成立的同类功能的组织则需要找到相应的业务主管单位，然后到当地民政部门登记注册为民办非企业单位。

所以，民办非企业单位也曾被称为“民办事业单位”。在许多服务领域，如教育、医疗、养老、科研等，国家的事业单位与民办非企业单位并存。

由此，我们第一个要关注的问题是：这些本来要进入到事业单位的服务内容，在由民办组织提供时，将会有什么样的变化？或者说，从公共组织向社会组织转化时，服务内容的增加值是什么？服务方式上有什么变化？是什么人以什么方式进入这一新的领域？

（一）进入民非领域的创业人员

1. 拥有一定专业特长的社会精英人员

这些人员从不同的方向进入公共服务领域，实现着自己在社会中的价值。它们的特征是拥有一定的技术特长，这些技术有的来自祖传，有的来自过去在公共组织中的工作经历，还有的来自复员军人在部队里学到的一些特殊技术。我们从以下案例片断中可以大致看到其基本概貌。

某眼科医院：“医院的创始人 G×× 是 G 氏眼科第十九世传人，为了继承和发扬 G 氏眼科和我们中华民族的传统医学，在 1996 年 6 月创办了我们医院。我们医院的国际国内专家都是相关领域的领军人物，也是我们医院的尖端力量，院长本身是省政协委员、市人大常委、农工党市委副主任。”

某民办医院：“我们治疗的方法比较独特：研究推广蜂毒疗法，治疗

① 张春霖：《公共服务为何需要国家干预》，吴敬琏：《比较》（第 17 卷），中信出版社 2005 年版。

关节病，开发蜂产品。创始人×××以前是空降兵军医，在部队用蜂毒治疗军人的职业病，退休后想将这一疗法进行推广，也算老有所为。”

2. 出资方

公共服务领域既可以获得社会声望，又可以赢取利润，自然会吸引资方加入。资方加入后可以雇用专业人员进行经营、管理。

某民办中学：“加拿大籍华人M××，他的老家就在本地，目前是房地产业的老板。他主要想通过办学和政府多接触，通过办教育来提高自己地产集团的声誉，在名和利两个方面都是有期望的。”

3. 退出职场人员

退出职场的各类人员都可能进入民非领域，尤其以下岗人员创业最为典型。

某小童星幼儿园：1996年成立，发起人是原单位幼儿园解散后的下岗工人。

河南开封某图书馆：“本组织的发起人原来是下岗职工，迫于生计，开始摆书摊卖书。基于原来练摊的经验，对图书市场及国家的有关规定有一定的了解。后来发现，在政策许可的范围内我们可以开一个图书馆。于是加以行动。最初只是想赚点钱养家糊口。”

除了下岗工人，退休人员也是进入民非领域的另一支重要力量。

4. 怀有利他动机的人员

实践表明，民非是一种便于实现利他目的的社会组织。在我们调查到的民非创业者中，一些怀有各种利他社会价值观的人员是格外引人注意的群体。这些价值观源自中国文化传统下的价值观、人的慈善性、社会成员的社会事业追求、爱国爱家乡的价值观等。

某外语学校负责人：“我以前是做IT的，当时参加了一些个人成长的课程后很受启发，就辞去了以前的工作，进入培训业。我当时办学校的时候，营利、公益与慈善和做一番社会事业的想法都有。但就促使我进入培训业的动力而言主要是想做一番社会事业，但是其他两者也有考虑。当时我参加了一些课程，通过对自己的了解和意识的提升以及自身的社会责任感就促成了我想做一番社会事业的想法。”

某公立学校的分校（分校为民非）校长：“我以前是××中的教学校长。后来退休了，就返聘回来当分校的校长。不过××中分校和其他学校的分校一样，都是公立学校派生出来的，说实在话，都是为了盈利。公立学校不许收高价，教室和招的学生都有限。学生们还都想上好学校，所以我们这些公立的学校就办一些分校来满足这些学生，同时也是为学校创收。”

“就我个人而言，我之所以接这个摊子，是因为我干教育这么多年了。我觉得办学就是要办得让家长满意，让学生发展。我就是想让这些没办法接受公立教育的学生们也能很好地成长。”

这代表了一种访谈中遇到的典型情形：利他动机、追求公益价值常常存于民非举办者的心中。在他们投身民非组织的创建时，利他虽不是唯一的但却是重要的动机。而在一般的组织法人、公立机构中则难以看到这一点。这是一个值得思考的现象。

某养老机构：负责人是国家的事业单位退休人员，是SL市城建部门的干部。退休后，觉得建立个托老院可以让自己的老年生活更有意思，不是很乏味。“做这种社会公益事业，符合我当时建立托老院时的初衷，如果是以营利为目的就改变了我的本意，我现在不缺钱花，就想做点有意义的事情。现在我的托老院建立几年了，我觉得我很满意。”

吉林省某户外运动俱乐部：本组织的发起人是四个兴趣相同的朋友，本着对户外运动的热情，自筹资金创建了该俱乐部。因为喜欢并热衷于户外运动，他们对于组织户外活动，如登山、攀岩等有一定的经验。“我们创建××的初衷并非只为营利，通过举办的各种活动我们更希望把有共同兴趣爱好的人组织在一起，缓解工作中的压力，增进人们的了解，并达到体育健身的目的。”

某民办医疗研究所：“我们这样的民办组织其实有两个目标，一方面我要维持自己的生活，创办研究所为的是营利、赚钱；第二还有一个目的就是希望能够发挥自己的特长，在中医药治疗糖尿病这个医学领域做点研究工作，为医学事业多少出一点力，也谈不上贡献。我不希望把营利据为己有作为唯一的目的，我想，现在自己在营利养家糊口的同时，能够为社会为百姓做点好事，岂不是更好吗？”

5. 上面委派

在民非中有一批组织是由事业单位或者政府机关内部的组织转化而来的，这里的工作人员多由上面委派。事实上，这类组织往往转化深度不足，政府的特征仍然很明显。可以说，他们只是在名义上具有民非的标牌。

在所调查到的59个民非组织中，有四个这类组织，他们仍然带有官方的烙印，其典型特征是：政府仍有一定的拨款，工作人员可由上面委派，市场竞争程度较低，组织的自主性偏差。

（二）民非服务的性质：由慈善到营利的完整光谱

民非领域里的公共服务性质多种多样，从纯粹的慈善，到可以叠加于营利行为之上的社会公益，再到几乎是纯粹的营利行为，体现了由慈善到营利的完整光谱。

1. 较为纯粹的慈善

慈善属于公益的一种类型，慈善的目标是帮贫扶困。

现实中，的确可以看到这类组织的存在，他们所提供的公共服务主要有：帮助穷人、帮助老人、帮助妇女儿童、帮助身体健康方面有需求的人以及其他方面有困难的人等。在我们所调查到的63个组织中，最典型的这类组织有3个。

除此之外，更多的具有慈善性质的组织开始将自身的服务收费化，其慈善性已经退化，这与社会公众服务购买能力的提高有关。

上海某福利院："刚开始创立时只有几个老人和孤儿，其中既有上海市福利院寄养在此的孤儿，也有家庭付费寄养在此的残疾儿童或成人。目前共有孤儿300多名，全都是残疾人，其中智力稍好的有1/3左右，16岁以上的有50%左右。保育员等共70多人。全县就这一个福利院。"

"最近几年服务人员一直在增加。因为福利院的规模越来越大，现在全部需要服务的人员一起就400多位，还有很多需要专门护理的人员。但是，我们对人才不会有什么吸引力。"

"我们每年会接待很多献爱心的单位、个人，还有一些旅游团体的游客。这是我们生存的来源之一。"

2. 非慈善型社会公益

社会公益与纯粹的慈善不同之处在于，前者不一定是在帮助贫困者，而有可能是在帮助普通社会公众。例如教育事业，穷人与非穷人都有此需求，它是培养人的事业，关乎未来的社会公民持有什么样的价值观、成为什么素质的人，是典型的社会公益事业。在我们所调查的案例中，几乎所有的组织都有或多或少的公益成分。

以下是一些由访谈资料整理出来的数据：

问：本组织在提供服务过程中，有没有一个明确的价值理念？（58个

有效回答)

答:有:93.1%

没有:6.9%

问题:这一理念是否具有以下性质(多选,总和超过100%)

结果:慈善类:38.2%

公益类:43.6%

社会事业(理想)类:27.3%

良好的经营品质:41.8%

问:本组织有没有一些公益性服务内容?(59个有效回答)

答:有:78.0%

没有:22.0%

问:本组织在提供服务过程中,有没有一个明确的价值理念?(46个有效回答)

答:慈善类:84.8%

其他公益类:15.2%

由于普通社会公众有能力购买自身需要的服务,因而这样的公共服务提供行为是可以有利润盈余的。也正是因为这一原因,社会公益与营利行为的结合构成了民非服务的一个典型特色。

以下案例可以向人们展示出,公益价值是如何融入营利行为中的。

某蜂疗医院:据访谈员手记,“他们的蜂业联合社将于1月14日挂牌成立。当时的考虑是,周围的蜂农力量单薄,在技术和发展思路上都不行,抗风险能力差,而老军医对蜂行业比较了解,知道销路在哪(日本对蜂产品的需求较多)。他想扩大自己的事业,实现个人价值,也想做些有益的事情,回报社会,退役不退休,保持革命晚节。在访谈中能感受到这个老军医作为军人的荣誉感和责任感,他说,他从一个不懂事的孩子,受部队培养成为现在小有成就的人,他很感谢部队给了他很好的待遇,他办退休军人疗养院也是基于对军队的感情;他们全家都是党员,觉得很光荣,家人对他做公益事业很理解,医院工作人员也很尊重他,遵从他的想法积极配合去做公益活动。”

某私立中小学:“(与公立学校相比,我们)要求教师实施以人为本、科学民主的管理。在这里学生不受歧视。我们因材施教,不放弃一个学生。我们的服务方式更加体贴。我们的办学理念就是‘人人受到关爱,个个都能成材，让学生满意，让家长放心’。我们采取了一些更加人性化的措施，比如接送学生，开通家长信箱，定期汇报，以及召开家长会，这些都是少不了的。我们学校大多是一些留守儿童，还有一些被公立学校放弃的学生和一些认为教育失败的学生，（我们都不放弃①）当然，我们也有一些优秀学生慕名前来。”

某养生服务中心：创始人L××，以前做针灸，后在老干部局从事保健工作，退休后为中医院院外医生。一直从事中医养生研究，看到很多人盲目吃西药，破坏体内平衡，病情越来越严重，“太遗憾了”，而中医一些简单的动作和小药方就可以预防和治疗疾病，因此想推广开来，让人们更新健康理念。

（我们）经常免费去单位或社区讲课，在季节更替时，去宣传春夏秋冬四季保健知识，进行心理健康知识咨询；教大家一些动作、偏方，以促进身体健康，传承发扬中华医学。我们工作人员都是全身心付出，很有奉献精神，比较传统，金钱味不浓，人情味很浓，人缘很好，来往的顾客都关系很好，对我们很尊重，相处很融洽。②

长春市某老人院：“我们护理的概念里包括临终关怀和生命后期关怀，有的公立、事业性单位就不包括这些，因为毕竟难度较大，他们主要管‘三无对象’。我们的服务人性化。说实话我们做是良心活儿，所以服务态度啊、一些细节工作啊，我认为我们做得比较好，其实老人院需要的就是多一些关怀。这对提高入住率也有很大帮助。”

3. 以营利为目的

营利取向的资金进入民非领域后，营利目的将占据重要比重。实际上，所有社会公众进入这一领域，都含有增加自身收入的潜在动机。只是我们很难断定，这一目的与其他价值各占多少份额。

云南某民办中学：该中学的负责人回答，“民办学校没有任何拨款，经济上自负盈亏，以生养校，以前我（被访谈人）在公办学校（某当地

① 在当地公立学校中没有这种措施；对于“特殊学生”的放弃经常是公益学校的特点，一些民办慈善学校就是针对那些不为学校所喜欢的学生开办的。

② 在公立组织中，医患关系已成为当前的一个严重而敏感的问题。

最好的中学）工作时的感觉是，校长有治校的自主权力，花的钱都是国家的。现在在民办学校做校长，花一万元以上的钱都必须由出资人决定，很多对学校发展有利的事就不能做到，因为出资人投资，就只看重盈利。民办教育是过去教育产业化的产物，还好，现在在十七大的报告中开始讲教育要反对产业化。如果国家行政连人们生活基本的东西都不能保证，这就是行政无力。教育的总的走向应该是由政府来管。在条件允许的大城市，民办学校已成为高级资源，供给有经济能力的人来自主选择。私人老板以教育来赚钱，这本来就不对”。

社会化是指服务由社会来提供，即由社会成员来提供服务资源，比如资金或人力。而市场化则是指资源的市场配置，是指服务的提供者依据服务需求自主决定服务的“生产”。其中需有两个前提条件：第一是社会公众已经有能力来购买公共服务，因而，生产者作决策的依据是消费者的行为选择；第二是服务的社会化，据此，服务生产者可以灵活地依照市场来决定自己的服务内容。

市场化主要表现在如下几个方面：第一，服务收费几乎成了民非经费的全部来源；第二，民非组织以通过提供高水平的服务从而赢取消费者为最高目的；第三，民非组织与政府的关系已经退居到很次要的位置，民非具有相当高的独立运作的自主性，市场几乎是决定它们运作的唯一要素；第四，民非的招工、就业已经市场化，工作人员也在相当程度上失去了志愿性与公益性；第五，没有账目公开与社会评估制度。

（三）服务与收费

民非依靠服务收费来生存，服务费用几乎成了民非的全部生存来源。因而，自主运作的民非将依据被服务者的消费选择而提供服务，这就是市场化最典型的表现。

1. 提供什么服务

民非的服务类型包含各种广义与狭义的公共服务，即过去由事业单位来提供的各种服务类型。最常见的是各类教育、培训、医疗保健，其次有社区服务、社会福利等方面。

2. 为谁服务

服务的对象是普通社会公众，主要集中于儿童、老人、疾病患者。服务内容涉及人的健康生活和各方面的发展。服务对象的范围是民非登记注册的地域范围，如一个市或者一个县。被服务的人群主要是各类受教育者和因身体、年龄等原因而需要获得保健、医疗、赡养等人员。

3. 服务由谁出资

理论上，慈善机构的运作经费可以有多种渠道来源：政府资助（事业单位甚至可以全由政府承担）、社会或慈善机构资助、自己出资（只投入、无回报），然后才是服务收费。

但是，由于社会购买力的提高，目前的民非已经改变了性质，甚至有些资方投资于民非就是为了基金回报。于是，供方与需方之间的这种市场关系得以形成。

在我们所调查的绝大多数组织中，服务收费是组织生存的全部经费来源；服务收费在80%或以上的组织，其数量占据了总数的82.8%。

只有少数情形下不需要依赖服务收费，即能够获得来自政府的部分资助，这些组织一般都是由过去的公立组织转化而来，此外也包括一些慈善、福利组织。更少数的情形则是来自社会的捐助，这仅限于偶尔出现的慈善组织。例如：

在我们上面列举到的为残疾人服务的福利院这样典型的慈善型组织中，除了服务收费之外，还有少部分单位、个人或游客的捐款、捐物，但服务收费仍然占据主要成分。

一个位于西部贫困地区的医院，会得到一些国际慈善组织的捐款，但这种款项要求用于特定的行动目标、为指定的人员服务，所占比重也很低。

政府很少为民非指派任务，也谈不上政府购买服务。这是因为，政府有属于自己管辖范围内的事业单位，他们更可能依靠这些组织提供所需要的服务。

这也与社团的情形不同，社团最为头疼的一件事情就是政府的插手、干预和不提供相应报酬的任务分派。这与社团承接的更多是管理功能，而民非承接的是服务功能有关。

4. 服务目的的市场化

民非组织以提供高水平的服务、赢得消费者为目的，这表现在内部管理、服务内容选择、服务质量的追求以及服务理念等方面。

（1）内部管理上，基于工作成绩的薪酬激励机制

这与企业的情形很相似。实际上，由于民非主要以服务收费为生存手

段，这种现象也是正常的。

某艺术学校："在我们这边，对老师的要求要比公立学校高很多。因为在我们这样的民办机构，和公立学校竞争只能靠真本事，家长对我们的要求也高，所以大家都全是靠自己的能力吃饭，教不好就要走人，压力相对大些。我们的老师都是按照授课数量提成，课多钱多、课少钱少，工资全由业务水平和教学成绩决定。"

（2）服务内容上，需求导向的服务提供

如前所述，民非服务贴近生活、围绕需求进行。例如，武校、艺术学校等都是在社会有需求而公立组织又不能提供专门化服务的情形下产生的。

开封市某图书馆："国家办的图书馆有严格的上下班时间，周六周日都休息，而我们的时间比较灵活，他们一般下午六点钟就下班了，我们一般的到七八点钟才下班。"

（3）服务质量上，以高质量赢得消费者

在民非服务中，争取客户成为提高服务质量的动力。

某婴幼中心："公立组织的老师由国家开工资，所以敬业精神不够。我们要生存就需要教育教学质量高，饮食居住环境好，老师对待孩子的态度好等一系列服务，以便提高自己的孩子入园率，不然我们生存下来很难。"

（4）服务的理念

59个被调查的组织中，55个有明确的服务理念。其中，41.8%的理念具有倡导有效经营、诚信服务的特征；38.2%的理念具有慈善性质；43.6%的理念具有非慈善型公益性质；27.3%的具有社会事业特征。

一些典型的理念如：

某武术培训学校：理念是"仁义道礼"。"我们想要从小培养孩子的正义感，不是教他们怎么打人。"

某养老院：理念就是"拿别人的老人当自己的老人照顾。"

某外国语学校："从办学一开始，我对教育的看法就是'培养真正的人'，而一个真正的人要有很高的情商，要有一定的社会责任感，还要有良好的学习能力。在我办学的过程中，我也一直跟老师灌输这样的理念。"

某户外运动俱乐部：其文化理念是"自然、健康、积极、友爱"。

5. 招工、就业的市场化

民非吸纳人才与用人几乎完全按照市场化的方式运行。

(1) 招聘方式

从以下民非招聘工作人员的主要方式中可以看出，它们已经与企业的招聘方式很相似，但也能体现民非自己的特征，其中最大的特征就是留下自己的弟子、学员与志愿者：

网上发布招聘信息

去人才招聘会

通过熟人、亲戚、朋友、同行之间的介绍（又经常是有“关系”之人）

通过广播电视等宣传媒体

组织自己去找

弟子、学员、志愿者

就业者前来应聘

对40个有效回答的组织进行量化处理后的结果是：组织最主要的招聘途径是熟人、亲戚、朋友、同行之间的介绍，占27.5%；其次是求职者前来应聘，占22.5%。这两种方式都是非正式的人员招聘方式，这与组织规模较小有关，也与在地方上人们之间的相互熟悉和关联密切有关。(各种招聘方式见表2—1)

表2—1　　本组织最主要的人员招聘途径

招聘方式	组织个数	有效百分比（%）
网上发布招聘信息	5	12.5
去人才招聘会	2	5.0
熟人、亲戚、朋友、同行之间的介绍	11	27.5
通过广播电视报纸等宣传媒体	6	15.0
自己到学校等单位去找	5	12.5
求职者前来应聘	9	22.5
自己培养	1	2.5
政府委派	1	2.5
总计	40	100.0

（2）志愿者

这些组织中的志愿者较少，这显示出他们并没有普遍动员起社会中的非资金性资源。在59个组织中，30个没有志愿者，15个只是偶尔有过，14个有志愿者。

（3）对应聘大学生的能力要求

民非需要应聘的大学生具备两大类能力：一类是专业能力，另一类则是为人的基本品质。值得重视的是，后者更为民非所看重。

而在专业能力方面，虽然专业知识与其应用能力占据了最主要的位置，但人们还是非常注重实际操作能力。一些部门非常注重“实战经验”，另一些部门则注重“沟通能力”或动员能力。这与我们身边的毕业生在就业市场上见到的情形一样：各类组织对于工作经验等非常重视，往往作为必要条件附加。

但在这里也能够体现民非的特殊之处：由于这里从事的工作多是人和人之间打交道的事情，因而对于人品、爱心、责任心等方面的要求甚高。

我们在访谈中问的一个问题是，“本组织提供服务的过程中，需要人才具有怎样的能力、素质或品质”，回答是开放性的，没有给出固定的选项。（对41个有效回答的组织进行量化处理后的结果见表2—2）

表2—2　　　　民非组织需要工作人员具备的能力

需要人员具有什么样的能力	选择的组织个数	有效百分比（%）
为人的基本品质与素养	26	63.4
责任心	19	46.3
爱心	10	24.4
团队精神	4	9.8
专业知识与专业应用的能力	24	58.5
实践经验	12	29.3
与人沟通协调能力	9	22.5
营销策划管理能力	3	7.3
开拓创新能力	1	2.4

某社区服务中心：“我们希望人才首先人品要好，要诚实肯干；做管理人员要有耐心，做普通员工要不怕脏不怕累，满足服务对象的要求；另

外就是技术型需要技术熟练。

做服务性工作，人员的协调性相当重要。不管是男是女，做这个工作需要的是细心还有亲和力。”

（4）培养人才的市场取向

民办教育培训机构的显著特征就是市场取向，即努力培养与就业市场需求相匹配的人才，以便学生毕业后能够找到合适的就业机会。由此，他们在教学设施、课程设置、教材体系等方面往往显示出与公立学校的差别。

以下是东北某市民办旅游文化中等职业学校的案例片断。该市共有三所旅游学校，另两所是公立学校。

我校以培养技能型劳动者为主突破口……偏重实践教学和场景教学。第一学期学生以考取普通话证及计算机初级操作员资格证为目标。第二学期以考取导游资格证、餐饮技能证和客房技能证等各项专业职业技能证为目标。第三学期以考取秘书职业资格证和公关员资格证为目标。

我们现有比较完备的多媒体教室、形体训练室、客房实训室、餐饮实训室、语音室和图书阅览室，开发和编写导游实务、客房实训、旅游韩/日/英语、手势语、军训课、形体训练等13门校本教材，逐步构成学校新型课程体系和教材体系，这些都是另外两所公立学校所没有的。

6. 民非组织与政府的关系：关联度降低

民非组织相当程度上是自主运作，既得不到政府的支持，也没有太多的政府干预，这种关系非常类似于政府与企业之间的关系。

在民非登记注册之后，他们与政府的关联程度降低，绝大多数组织反映，他们能够相对于政府完好地独立运作，在服务提供过程中没有政府的控制或干预，这与社团的情形差异较大（后者的人选、运作、经费等经常受控于政府）。与此同时，一些组织还能得到政府的支持。

因此，现在已经没有哪一家民非在抱怨政府的干预与控制，出现的只是认为政府没有提供应有的支持或支持不足。这样看来，各地政府倒真的将民非当成企业看待了。

当然，也有少数组织在访谈中认为，政府部门的各种收费、检查一定程度上干扰了民非的正常运作。

某外语培训学校："政府部门对我们没什么支持，自然也没什么监管。业务主管单位就是××市教育局了，他们平时几乎不管我们的。只有到年末会有教育资源的一个检查，会看看学校硬件条件，像教室、多媒体之类的。例行公事的检查。其他就没有了。支持行为也没有，他们也不会给我们做什么广告。不合理的收费也没有。制约行为也没什么，我们一般很守规矩，其实一般情况下，都没什么，只有违规的时候才会感到制约。……我们还没有违过规，所以也不知道。主要就是各项指标不达标的话，会要求停办或整改。"

"登记管理机关才不管我们呢。主要就是业务主管部门来检查。支持行为也没有什么。没感觉有什么不合理的收费。"

将访谈结果转化为量化数据之后，有以下表2—3的结果：

表2—3 民非与政府部门的关系

组织的自主运作程度	组织个数	百分比（%）
完全自主	23	54.8
基本自主	19	45.2
总计	42	100.0

组织是否得到政府支持	组织个数	百分比（%）
有	15	35.7
无	27	64.3
总计	42	100.0

组织是否遇到政府的偏见和刁难	组织个数	百分比（%）
是	7	17.1
否	34	82.9
总计	41	100.0

除此之外，政府还会委托民非做一些公共服务。只是与政府附加的负担不同，在提供这些服务的过程中，民非通常能够获得相应的好处，比如

一定的付费、社会声誉的提升，或者是政府部门的固定补贴（不与具体工作相挂钩）。（见表2—4）

表2—4 服务内容中是否有政府委托的任务及该任务的性质

是否有政府委托的任务	组织个数	百分比	委托服务的性质	组织个数	百分比（%）
是	17	41.5	不收费的公益活动	3	17.6
否	24	58.5	政府布置的免费任务	6	35.3
总计	41	100.0	付费任务	8	47.1

某民办学校：在被问到“现行制度对于该领域更好提供公共服务的障碍是什么”时，被访谈者回答：“没有什么，它也不制约你发展，像公立学校办什么模式，需要审批，私立学校虽然也需要审批，但机动灵活性较大，只要不违反政策，他们都批准。没有障碍。”

某艺术学校：“按照国家政策，从文件上看，还是很好的。但是实际运作起来，在支持、扶助等方面并没有实际的动作，本应该给予的资金、设备、活动协调等各方面的政策支持也完全无从兑现，基本上处于放任自流的状态。”

由此可见，政府在这些领域的政策环境较为宽松，与那些热点领域（环保、艾滋病、特殊的慈善、扶贫）相差甚远。表现为：没有太大的登记注册问题，没有太大的双重管理的问题，没有政府的干预问题，没有太严重的找你干活不给钱的问题……总之，这类组织俨然已经成为市场化运作的“企业”。

7. 民非之间出现的服务竞争

民非组织之间出现的服务竞争已经带来明显的市场效应，效率优势也由此得以展现。

某民办图书馆：“现在图书市场竞争很激烈，我们地区就另外有三四家，如果不提升自己的服务档次，就会很没有竞争力。”

在我们的访谈中，当地提供相同服务的民非平均有11.3个（针对18个组织的访谈）；提供相同服务的事业单位平均有7.4个（16个组织的访谈）。这些民非在提供服务的过程中，主要竞争对手如下：

事业单位： 42.5%

民非： 47.4%

企业：　　　8.8%

未登记组织：11.8%

在针对18个组织的访谈中，有7个认为“本服务领域已形成激烈竞争”，其中5个认为属于“恶性竞争”，10个认为有一些竞争，只有一个认为没有。而且几乎所有的组织都认为近年来竞争越来越激烈。

8. 没有账目公开与社会评估制度

在所调查的组织中，42个被问到的组织只有4个的账目向社会公开，这4个组织属于那种更具慈善性质的、有时会得到社会捐赠的组织。其余38个组织都不公开账目，而且也并不认为自己需要账目公开。

某艺术学校：其账目不向社会公开，只会向家长和老师公开。“因为我们的服务对象固定，又没有接受过社会的捐赠，所以没有公开，而且也没有公开的平台，不知道向谁公开，也没有这个必要。向家长和老师公开，是为了赢得老师和家长的信任，为组织的长远发展考虑。”

公共服务的评估看起来与账目问题不同，42个被问到的组织中，32个有服务项目的评估。但是，这些评估除少数是组织内部的评估之外，基本上都是上级政府部门的评估。这样评估的效果还需进一步考察。

某养老机构：“我们财务没有审计，因为完全是自主经营，自负盈亏，民政的补贴金额很少，所以政府部门不会来审计。”

综上，在这些民非中已经很难看到非营利组织的特点。

二　民非服务的运作特征

由于社会化与市场化，相对于公共组织，民非组织运作的优势可以归结为三点：第一，民非拥有的价值优势；第二，民非拥有的自主运作的优势；第三，民非拥有的服务优势。

（一）民非的价值优势

公共服务的社会化，使得社会价值进入公共服务之中。社会价值不但表现于它们对服务内容的选择，还表现于服务的人性化。

关于服务内容的选择所体现的民非组织的价值追求，请看以下案例。

河南某市青少年活动中心：从这一案例中，可以看到民非是如何提供公立组织正在回避的“风险服务”的。该组织于1994年正式注册。服务内容是为两岁到六岁的学龄前儿童和七岁以上的在校中小学生提供学校之外的教育，目的是在服务对象家庭教育薄弱的情形下补充适当的社会教育。目前，组织的全部运作经费都来源于服务收费，并能够因此而生存。但同时，该组织所追求的公益价值目标却可以产生独到的服务效果，因为它意欲解决当地公立学校普遍存在的问题，即不敢让孩子出去郊游。

举个很浅显的例子：现在教育部门三令五申，孩子不准走出校门，走出校门就要经过教育部门批准，你想想，孩子呀，他们的天性就是玩，你要是不让他走出校门，天天都在学校待着，他能学点什么？知识是从社会汲取的，学校只是用来汲取书本知识的。如果是就按教育局那样，我就只能把孩子封闭在学校里。我成立这样一个（私立）机构以后，就可以自由组织一些活动，比如踏春呀、游玩呀等这些活动，只要我在确保安全的前提下，我都可以这样做。

如果了解公立组织目前在安全问题上是如何小心翼翼，便可以清楚这种做法的意义了。在这个案例里，我们看到了两类组织的行动差异：公共组织典型地以不出事为原则，而民非首要考虑的是孩子本身的需求问题，而不是自己的风险回避问题。

而对于孩子的安全问题，当我们问到“万一孩子出了点事怎么办”“是否有最后的责任界定问题”等时，组织的回答是：

在我们单位一般不存在这一问题，我们有比较完善的措施，实行家长接送，学校还有监控设备，监控学校的周边环境。但不是说没有发生意外的可能，如果一旦发生意外，我们要划分责任，属于学校没有做到的事情，比如有一个大坑，学校没有填平，存在了安全隐患，这些都是学校的责任。但有些属于孩子自己的责任……

可以看出，民非也不是一味地将风险承担到自己的肩上。公立组织那里的“小心翼翼”（监控系统）与划清责任的技巧，在这里也都做到了。在安全防范的硬性措施上，他们与公立组织实际上是非常接近的。但民非并没有停留于这一点，而是看到了公立学校服务内容的缺口，并将之补上。“安全保底+高端服务”成了一个重要特色。

下面这个案例则显示民非的公益慈善价值带来的人性化效果。

某中草药研究所：“我们要求护理人员和医生的服务态度一定要好，

不能像公立医院那样医生护士都是冷冰冰的，板着脸孔，我们希望病人能够感受到我们的热情和支持，为病人加油鼓劲，从心理上给他们以温暖，这样也有利于病情的康复。

具体来说，比如日常的护理工作，我们尽可能的对病人热心，尽心尽责。对一些脾气比较差的病人也要尽量包容，不能随意辱骂喝斥，要定时查房，关注病人的病情变化，病人有什么需要只要按一下床头的紧急按键，护理人员就会去查看病人有何需要。医生也时常会到病房去转一转，不会像公立医院那样医生只见到一两次，做完手术就不见踪影，我们这里因为地方小也很方便医生巡诊，可以更快更及时地注意病人的新情况。总之，要让病人感觉我们这里很温暖，每个人都是友善的，都是想帮助他的，我们大家一起努力，共同与疾病作斗争。

我们现在正在打算建立一套奖励机制，让病人来评选态度最好的护理人员，对他们进行一定的奖金奖励，这样应该可以有利于促进护理人员的服务工作。”

（二）民非的效率优势

摆脱了政府控制，民非得以拥有运作的自主性。自主运作产生了效率优势。请看下面这个案例：

吉林某托老服务机构：该组织成立于2002年，为当地的老人提供托养照顾服务。现有5名全职工作人员，其中大专学历1人。

组织负责人是国家机关的退休人员，退休前是当地城建部门的干部（其丈夫也是市里工作的干部）。“退休前自己亲自去过公办的敬老院，感觉条件很不好，卫生也不好。”“因为当时还在工作岗位上，是去考察，去的时候估计他们还精心打扫了，即使打扫过还是这样。”于是，当事人产生了自己办敬老院的想法。

值得关注的是，作为一个民办组织，该机构能够让服务价位高于公立组织：

公办的敬老院每人每年2000元，我们这里每人每年5000元。

当然，这样的价位是建立在其独特的运作与管理方式基础上的：

我自己本身也在托老所居住，和这些老人一样一起生活。真正达到了

“家”感觉的托老所，这就是我们的标准。

我们的服务肯定是要提升的，不提升我们就不能满足每位老人的需求，就不能符合我们的理念和准绳。这几年我们都在不断的进步，经常组织我们的员工在市里学习培训。

我自己是想把这个托老院越办越好，我自己也老了，说不上什么时候就没有力气管这些事情了，我现在把我的女儿拉到了这里帮助我，我希望她能以后接受我的事业。我的女儿现在就想全面提升我们的服务质量，还是年轻人有作为，她想找一些大专以上学历的毕业生来我们这里工作。全面提高服务人员的知识水平，提高自己的服务理念。

公办的敬老院的人员工资是1000元到1200元左右，我们的是800元底薪加上绩效奖金。看的是自己的服务水平。

而从下面这则案例可看出公立组织面临的制度制约。

某幼儿园：“我们当前寻找的业务主管单位是团县委。本来是应当找县教体局的。但是，教育部门太复杂，当家的人太多，不利于我们开展工作。你看那么多处室，那么多局长，你让我们听谁的？要有什么事找了这个还要找那个，找了那个还要找这个，太复杂……如果一旦成为一个公立组织，牵我们鼻子的人就会更多，想做任何事情都很难，不能按我的意愿去做事情。我希望更开放一些，我搞教育，只要不违背孩子们的心理，不违背家长心理，不搞反动事情，只要有利于孩子身心健康，我都可以去做。”

民非不像公立组织那样能够获得政府的资金保障，且服务收费又经常比公立组织更加低廉，但却能够生存和发展起来。以下例子可以说明其原因所在：

某中医研究所：“公立医院是国家出钱办的，有充足的资金，场地、建筑、病房、医疗设备统统都是政府出资，当然这些硬件条件比我们要好很多，那些昂贵的医疗设备，私人诊所没有几十万是买不起的。他们的规模也比我们大很多，你看我这个研究所，自己买的房子，资金有限，也就只有这300多平米的两层楼，但是对我个人而言已经是倾囊而出了……我们服务收费比公立组织低，大约低20%左右。

我们虽然收费低，但是毕竟规模小，所以支出也比公立医院少，不像公立医院有很多的行政部门，这些管理部门也都要消费支出，这部分支出我们就省下了。我们支出主要就是购买药材和发放工作人员的工资，还有添置一些硬件设施。

所以，我们工作人员的工资与公立医院差不多，专业医生的工资比公立医院可能还要高一些。”

上海某养老院：“我们的服务价位比公立组织低，我们是通过自己种菜、蒸馒头、节省开销等方式来解决资金问题的。”

某外国语学校：“同样的课程，同样的课时，公立组织的服务价位要比我们低一半。我们除了支付老师的工资，还要支付房费。所以肯定比他们高。所以我们要提供一些特色的服务，我们的优势不仅是老师水平高，课堂气氛活跃，寓教于乐，同时我们还要解决学习之外的问题，这是那些公立组织不会注意，或者没有能力解决的问题。”

（三）民非的服务优势

需求导向、响应敏捷，是民非组织的服务优势。在过去由政府主导公共服务领域的时期，公共服务能否获得，依赖的是政府是否设置这样的事业单位以及事业单位的具体做法，因而很容易发生服务供给与需求错位的问题。如今民非的服务似乎完全变了样，不管是基于公益服务的理念还是基于获得报酬的目的，民非都会以公众需求为上，并且对这些需求响应敏捷，能够将服务的视角延伸到公众生活的最细微处，显示独特的优势。

某民办幼儿园：“我们主要是给本地0—3岁的孩子、外来民工子弟2—6岁的孩子提供保育服务。就是照看孩子，教他们唱唱歌、做做游戏。我们一般主要招收一些公立幼儿园不愿招的孩子。我们的服务方式比公立幼儿园的更灵活，比如早上上学可以晚一点，晚上放学可以晚一点，收费也要低一点。因为家长上班、下班的时间都不一样，这样可以方便家长接送，也让他们减少了很多不必要的费用。”

某职业中专：“我们的用人及专业设置可根据情况自主选择，教学方式长短结合，可以随时调整。组织管理程序简单直接到位。我们更加贴近农民，到群众中去主动接触了解服务对象，这是公立组织、事业单位不容易做的事。比如服务时间和地点的机动性以及超负荷劳动强度的认可性方面。”

三　政策法规与政府监管

（一）登记注册的基本状况

1. 管理单位

民非有两个“婆婆”，一是业务主管单位，二是登记管理机关（即各地的民间组织管理局）。民非需要首先找到业务主管单位，合格盖章后再到登记管理机关登记注册。这种管理被称为双重管理。

民非业务上主要是由业务主管单位管理，而执法管理则由登记管理部门负责。

民非实行的是分层管理的原则：各地的民非接受各地的业务主管单位与登记管理机关的管理。

2. 登记注册的程序

在申请登记注册方面，民非与那些纯粹的公益慈善组织不同，它们既没有明显的寻找业务主管单位的困难，也没有明显的登记注册的困难。后者尤为轻松。

在登记注册前，申请者需要首先找业务主管单位批准。这一步一般没有实质性的难度，最多只是费一番周折而已，即使存在难度，一般也能够通过私下关系加以解决。在41个有效回答的组织中，有27个认为当初寻找业务主管单位批准不难，6个认为有些难度，8个认为很难。在此之后，到民政部门登记注册更为简单，32个认为不难，3个认为有些难度，4个很难。真正难点很可能表现在手续的烦琐上。

民非登记注册的程序可以一个市级民办学校为例予以说明：注册时先要报省教育厅审批，省教育厅给予相应的办学许可证。然后再在市一级的部门报审其他手续。这是业务主管单位这一关。然后，再到民政部门登记注册。最终，才能得到办学许可证。从登记注册所花费的时间也能看出其难度，这个时间在各地基本一致：找业务主管单位平均约4个月（3.98个月），最长的为两年。找登记主管部门办手续则平均约为两个月（2.05个月），最长的为9个月。①

民非登记注册的简易性，与一些活跃的民间组织登记注册的困难性形

---

① 但这个时间长度与民政部门承诺的10个工作日还是有差异的，一个民非组织也谈到了这一点。

成了较大的反差。

以下是一些典型的案例：

某民办学校：这是一个农民企业家为了满足当地群众享受现代教育的需要而创建的。当被问到“当初本组织找业务单位批准时难度如何，又是怎样解决的”时，其回答只是简单的一句话：“这个难度不大，很容易解决。”在被问到登记注册的难度以及解决办法时，回答仍为“难度不大，很容易解决”。

某民办医院：“登记注册难度肯定是有的。不过最主要的问题还是审批手续比较烦琐，市卫生局的各项规定都得达标，各相关部门也都得做通工作。”

某艺术学校：“找业务主管单位还算顺利，用了近两周的时间。主要是因为国家政府部分公务员办事拖沓、效率不高以及他们重视程度不够造成的。在申请前我们调查了一下市场，并从民政局了解了一些相关情况，知道需要按要求向文化局提供一些资料和素材，但提供后对方不太重视。我们的办法是：等待，并经常去催，也托了一些关系。找登记管理机关用时近两个月，资料上交后，按规定民政部要下来调查核实，但他们迟迟不进行这一项工作，当时他们一直以等副局长从外地回来签字认可为理由不予办理，这期间等了很长时间。为此，导致工商部门找麻烦，希望注册为工商企业，强制不得后罚款1500块钱。个人感觉是因为大家（包括政府职员）对民办非企业很不了解，不明白到底是做什么的，跟自己没关系，只是觉得是私人的，又不会对自己有什么切实的好处，因此不予关心不当回事。我们的解决办法仍然是：等待，不断地催，并托了一些关系。”

民非登记注册的简易化，将促使更多的社会组织更加自由地进入到公共服务的市场中来。

3. 注册为民非的理由

在目前的民非中，多数情形是全国性地或地方性地被统一指定为民非，另一些情形下则为自己选择。例如，民办学校（正规教育）就是全国性地统一指定为民非；而民办医院各地的规定并不一样，有指定为民非的，有指定为企业的，还有的是组织自己可选择的。在绝大多数情况下，民非之所以成为民非，是因为政府的规定如此。在57个有效回答中，35个组织认为这是统一规定，11个认为这是自己的选择，11个认为本来就该如此。

实际上，民非自己的选择余地很少，他们无法选择成为事业单位，要选择的话也只能在工商企业与民非之间选择，而前者需要交纳更多的税收。

例如某艺术学校，其办学宗旨是推广艺术教育，繁荣TH县的艺术，让孩子们能够接受正规的更好的音乐教育。该校在当地遇到的登记注册政策是，此类组织可以注册为工商企业或者民办非企业。

4. 注册级别

此次调查涉及县级、市级、省级登记注册的民非。县为民非登记注册的最低行政级别，往上依次是地市级、省级、全国性，其趋势是越往上民非数量越少。所调查的组织的分布为：

县（区、县级市）一级登记注册的组织：45.8%；

地市一级登记注册的组织：47.5%；

省（自治区、直辖市）一级登记注册的组织：6.8%；

全国性的民非：0%。

需要说明的是，由于我们没有调查在农村开展工作的民非，所以，县级登记注册的组织比例与实际相比偏低了不少。

民非服务对象的地域范围与其注册级别一致。

（二）运作中的政府监管

在登记注册之后，政府对民非的监管就很松懈了，这很有些严格进入宽松运作的味道。政府对民非的管理模式与对于事业单位的管理模式很相似，但不同地区、不同组织有所差异：

吉林某婴幼中心："管理（与公立组织）都是一样的，可能对民办的管理监察更加严格一些。我们和公办的幼儿园要求一样，检查一样，培训一起培训。基本是一致的。"

某养老院："对于我们，除了年审，其他时间处于无管理状态。对于公立组织可能要管得多，因为他们要拨款。"

上海某养老院："政府部门对我们的管理是比较宽松的，我们自己只要能够维持组织的运转，基本上政府和我们的关系比较松散，不像公立组织是隶属于政府部门，要定期向政府部门汇报工作状况和运行情况，财务状况也要向政府汇报。"

某民办中学："政府部门对我们基本上平时没怎么管过，只有在有人告发违规办学时才会有管理。公立组织也差不多。

业务主管单位每年都会有检查，就是评比。我们只能参加少数的几个评比，一个是德育评比，还有师德评比，年度教学质量检查和安全检查。其他还有一些评比我们民办学校就不能参加。”

（三）政府管理中的一些问题

1. 审批与登记注册中的问题

民非组织审批与登记中最主要的问题就是政府办事拖拉和需要找关系。严格地说，非常多的民非是通过找关系、造假材料而审批与登记成功的，但他们中的很多组织至今运作良好，并构成了公共服务中的一支更有效率的力量。这说明，我们的政策正在阻碍一些本来能够良性运作的组织进入合法性的体系。以下是一些访谈中遇到的具体案例片段。

上海市某区养老院：“当初登记注册过程中，找业务主管单位时，一直说设备不合格，资金不够，可有的比咱资金还少的都申请下来了。也是因为现在的养老院多，比较难申请，后来还是找了原来部队的老首长帮忙，才批下来。”

某市托老所：“2002 年申请登记注册，2004 年 3 月才办下来。我们当初建立的时候就是想应该是民办非企业单位，这么长时间正式批下营业执照主要是审批手续费时很长，上报材料，考察我们的房屋面积设施，安全部门的检查等，用了一年多的时间，这还是通过关系找人才算是快点，没有卡我们。”

“当初找民政部门审批的时候，我们还算是容易的。当初登记的时候 SL 市的民政部门工作人员都不知道这些条例，我们最后是在××市拿回来的条例（××省关于下发《关于大力推进社会力量兴办社会福利事业的若干规定》的通知），SL 市民政局的工作人员当初都不知道有这样的通知。”

“审批下来后，要找民政部门进行登记，那时我们的托老院已经设施齐全，完全通过了审核标准，但是民政部门还是办事拖拉。总是不予登记，很着急。最后还是我们找了关系，通过我自己本人以往的社会地位、资源才审批下来。我们都知道《通知》中规定我们这种民办的社会福利事业的单位用房用水用电都享受民用标准收费，可是民政部门的人什么条例、优惠措施都不知道，我们和他们说也没有用。还是我们自己去××市找人拿到相关规定，最后这些优惠措施才得以实施。我们本来是想做公益事业的，可是这么费事费时的审批登记手续，让我有些心里不舒服。本来民政部门应该鼓励我们做这样的事情，可是却表现冷淡。”

某公立学校举办的民非分校：当被问到“如果在资金、专业方面，政府设立一个更加规范、严格的民办非企业标准，以便促进该领域更加规范化运作，你的看法如何”时，其回答是：“当然，有的话更好，但是关键在于制定的标准是一回事，真正执行起来未必能落到实处。主管部门也没有那么多的精力来监管。其实报审的时候，所有的组织都造假，没办法的事，因为规定本身就很不合理，你要求我有相应的资金投入，很多都是公立组织的钱直接转过来就是了，还是国家的钱。对师资的要求就更是可笑了，你都没有给我办学的资格，我怎么去招老师？就算我招了，他也不会过来的。所以都要造假。让我们这种依托公立学校的办还放心点，最起码还可以从总校调拨。所以说国家很多规定都是反着来的，但是这也是没有办法的事。”

某老年公寓：当被问到“当初登记注册过程中，找登记管理机关时，实际程序与条件与民办非企业单位管理条例中要求的是否一致，差别在哪些地方”时，其回答是：“基本一致，不过就是跑了好多次才完成登记注册，并不像条例中所说的十个工作日就可以了。”

2. 政府监管的问题

在现阶段，政府监管问题较多，主要表现为两个方面：其一是不管，其二是政府执法部门的“扰民”。

政府不管的情形如：

某市托老所：“说实话，我们自从审批下来后，主管部门就没有管过我们，什么时候都不来我们这里看看，我觉得没有什么政策出台，就是有什么政策出台民政部门也不知道，知道了也不会告诉我们，上次我们申请用水用电为民用价格，都很费事，因为民政部门根本就不知道这个规定，我们自己找到了还要我们找关系托人才办下来。根本没人管。”

“我们现在没有部门过来检查，就是每年有安全防火部门到过。”

“政府唯一关注的就是安全：我们开办到现在就没有人来检查过，就是由安全部门进行了消防通道检查，那些公办的敬老院，国家财政拨款，年底有补助慰问，房子是国家建的，工作人员国家开支，不存在生存危机。”

政府“扰民”的情形如：

某婴幼中心：“我们当时还不是很费劲，现在办才费事，现在不知道怎么回事又重新换了一次许可证，这次许可证要交400元，还要拿20000元做押金，说是没有20000元就不给证。还有我们的收费要物价部门审核，这也收了我们400元，过几天说还要办组织机构代码还要大概500元，到公安局办公章还要500左右，这些钱交下来很费事费时，而且莫名其妙。我们1998年的时候就有许可证了，现在又要换新的许可证，这不就是明摆着要钱么。现在想做点事情很难。倒是审批什么的还不是很慢，只要交钱就很快。”

云南某民办中学：“……还常常在用钱的方面发生很多问题。比如人事局长下来检查，局里的人要求去唱KTV，毕竟人家是来检查的，说要吃什么，要去什么地方唱歌，作为校长也不能说不去。十几个人去了之后一般都要花几千块钱。可是问题在于，上级各个管理部门来学校检查的时候，都是需要精力和财力去应付的。既然来检查了，这些检查是必须要应付的，钱也是必须要花的。”

另外，一个养老院负责人向我们谈了他的四点疑惑：

“第一，一些办得比较好的养老院或幼儿园在别的地方又新开了多个连锁形式的幼儿园或养老院，那么这算不算违反民非不能办分支机构的规定呢？

第二，关于收费一些人并不知道标准，政府在这一方面有没有相关的规定呢？他们员工的工资也出现高低不齐的情况，有的养老院每个月才400元。有的是600元。是不是在这一方面，国家也没有出台相关的政策规定？

第三，非营利的尺度不好计算。什么叫非营利，他该拿多少才算是非营利？自保是人的天性，人人都有攀比心理，希望自己比他人过得更好。举办小型民非单位的都是一些具有传统小农意识的下岗工人或者是农村人员，如果不满足他的这些需求，这项事业将不会持续下去。如果他拿比一般人工资高的收入是合理的。但是拿多少才算叫非营利，我们的企业创办者可能与政府之间有着不一致。自我满足与非营利之间存在不存在调和的可能？

第四，政府自己办的养老院比其他养老院档次高，收费也比一般的高出许多，这是许许多多一般家庭所担负不起的。这到底叫不叫公益？如果政府在公益这一方面都做不好，还能指望一般的小单位在公益方面做得很好吗?”

3. 政府的支持问题

缺乏支持是另一个重要的特征，其具体情形如以下案例所见。

某中草药研究所：“像我们这样的民非单位，基本上资金、场地、人员的问题都是我们自己解决，政府也不大会管我们，目前我也没有接收到任何政府方面的资金支持，如果政府能够重视我们的事业，在政策上、资金上来帮助我们，那是最好不过的了。我们也希望我们这个行业能够更加规范化、标准化，这样一来，对我们整个研究工作都有好处。”

某民办学校：“政府没有什么支持行为，县里面的教育局对县里面一些民办学校还有支持，给一些编制之类的。我们市是没有的。在国外，私立的学校国家也有投入的。咱们国家几乎没有。倒是没有什么不合理的收费，也没什么制约行为。”

某老年公寓：“没有享受到任何的财政补贴和优惠，除了基本不交任何税费。每年只花一次钱，那就是年审费。”

第三部分　从就业的角度看民非

民非的整体社会地位远远不及事业单位，就业吸引力与此状况吻合。这与上面谈到的民非在效率与服务价值方面的特殊优势形成反差。当前，民非服务正在向市场深层拓展，显示出较高的服务与就业潜力，但前行的路上仍有障碍。

一　民非提供的公共服务数量与从业人员

（一）民非服务的数量

在教育、医疗、社区服务与社会福利等方面，民非都在迅速崛起，正在成为一支与公立组织并行的服务提供力量。我们在访谈中，调查到位于4个省（自治区、直辖市）的17家组织，它们的相关数据如表2—5所示。

表 2—5 民非在各地不同服务领域里所占的比例

所考察的地区	考察地级别	公共服务类型	该类服务中公立组织数量	公立组织服务量比例（%）	该类服务中民非组织数量	民非组织服务量比例（%）
浙江	县	养老	15	80	2	10
吉林	地级市	户外活动	0	0	2	80
浙江	县	医疗服务	6	50	3	1
上海	区	养老	4	14	24	86
上海	区	养老护理	3	30	1	30
上海	区	交响乐团	7	90	1	10
上海	直辖市	艺术馆	2	60	1	30
河南	地级市	图书馆	1	35	4	60
河南	地级市	养老	1		25	
河南	地级市	外语学校	2	10	12	60
河南	地级市	中学	55	80	15	20
河南	地级市	养老	2	7	25	80
吉林	县	养老	10	15	14	55
河南	县	中小学		85	50	15
吉林	县	婴幼儿服务	8	60	7	30
河南	县	琴行			15	
吉林	地级市	旅游文化中职学校	2	65	1	35

注：服务量指总服务中服务人数的总和。表中的服务量比例为估计值；表中服务量总和不为100%，因为还有一些未登记注册的组织或者散户在提供该类服务。

（二）民非组织中的人员数量与构成

在所调查的民非中，组织的平均全职就业人数为 26.2 人，其中大学以上学历的 14.6 人。这一数据显示出，与国家事业单位相比，民非的人员素质还是有不足的一面。

例如，某民办旅游中专学校，当前正在实行教师学历的达标制度，要求三年之内达到本科以上学历，否则将解除劳动合同；与此同时，还出资鼓励教师进修在职研究生。此情形与公立学校是难以相比的。

在一些专业性很强的民非组织中，就业人员基本上都是大学及以上学历的人员，如学校与医院。而在社会服务、社会福利领域，则以大学以下学历的人员为主，如养老机构。

民非组织平均有兼职人员 5.2 人，主要是在组织中做后勤事务的人员或者做兼职教学活动的教师。组织平均有事业编制的人员 4.8 人，体现出由事业单位走向民非的印迹。(各项数据见表 2—6)

表 2—6　　组织就业人员基本状况

	组织数量	最大数	最小数	均质	标准差
本组织全职工作人员数	57	0	197	26.19	36.512
大学及以上学历人员数	57	0	187	14.60	30.560
企业编制人员数	40	0	15	0.55	2.428
事业编制人员数	40	0	67	4.77	13.178
社团编制人员数	40	0	0	0.00	0.000
行政编制人员数	40	0	3	0.08	0.474
无编制人员数	40	0	157	23.13	35.905
兼职工作人员数	55	0	65	5.16	11.774

二　民非的社会地位与就业吸引力

比之事业单位，民非的社会地位和就业吸引力均不具优势。

民非有其独特的优势，其可以拥有市场中的独立运作优势，也可以在服务水平上超出于公立机构，又能得到政府的一定“亲近”；但民非也有它的劣势，即不具有公共组织所具有的体制内的种种优势，例如独特的社会地位、政府资源、特殊待遇、社会保障……因此，民非实际上处于“二等组织”的地位，因此，在就业吸引力上居于劣势，尤其是那些位居中小城市及以下地区的民非，他们很难吸引到名牌大学的毕业生；民非里的就业人员也存在着往高处走的现象。

(一) 民非的就业吸引力低

民非的就业吸引力不仅低于事业单位，而且低于当地正规就业的平均水平。

在提供有效回答的 37 个民非组织中，30 个组织认为本组织对人才的吸引力比事业单位低，3 个认为差不多，只有 4 个认为自己的吸引力更高。与当地企业的吸引力相比，民非虽然情况稍好一些，但基本格局与此一致。

就业吸引力低的突出表现是，在当今大学毕业生找工作难度极大的背景下，民非仍然没有显示出自己的吸引力。在有效回答的33个组织中，13个认为大学生想来，20个认为不怎么想来。而对于名牌学校的毕业生，认为其想来的更是下降到寥寥3个组织。只有那些民非中的佼佼者才敢于考虑名牌大学的优秀毕业生。比如，一个民非做出了这样的回答："目前大学毕业生希望进入本组织工作的人比较多，其中不乏医科院校毕业的优秀大学生"，这样的民非已经属于相应领域里优秀专家创办的著名服务机构了。

对新生高素质人才吸引力低的另一方面，就是在这里就业的下岗职工较多。从接收下岗职工的情况来看，17个被问的组织中8个有下岗职工，这个比例应当大大高于公立组织。并且，在组织的举办者中，下岗职工就是一个重要的组成部分，如被调查的养老院、图书馆，都有下岗人员创办的。

就业吸引力低的直接原因是薪酬低。在员工的工资待遇方面，12个被问的组织中，有9个比该服务领域里的公立组织的工资待遇低，而且大约低1/3左右。例如河南某市，当地最低生活保障水平为300多元/人·月，而被调查的某养老院的最低员工工资只是这一水平的2倍；本行业中收入最差的组织，其员工收入仅能达到这一水平的1—1.5倍。

医疗、教育领域中的民非，如好的医院、好的学校，其生存状况还不错；但是，还有更多的属于其他领域的民非，其生存状况并不理想，如一些社会福利机构或者其他服务组织，许多组织甚至连组织负责人都在生存线上苦苦挣扎。在上海，政府规定，养老服务机构的工资水平不能高出最低保障（850元/月）的2倍。

关于民非的就业吸引力状况还可见以下对某民办中专学校进行访谈的案例。在这里，民非比提供相同服务的公立组织更加努力（已经很难得地做到了收费比公立组织更高）、服务更好，但工作更加动荡、工资更低。

问：在政府的优惠政策上，本组织比同一领域里的公立组织缺少什么？

答：缺少财政拨款与扶持，政府基本不管我们，我们更多的是与CHCH大学联系，它们会给予我们一定的帮助。

问：服务价位上，本组织与这些公立组织相比是高还是低？差别多少？

答：由于我们学校的硬件条件以及师资的保证相对都比较好，所以我们的服务价位上也相对高一些，不过也没有高出太多，像我们学校的学费大多专业都是3800元/年，公立学校大概是3000—3500元/年。

问：民办与公办组织的服务收费相差不多，但公立组织能获得更多的政府资助。在这种情形下，你们是怎样解决运作资金问题的？

答：尽量维持现有的收费，如果生源好的话，再稍降价也可以维持资金运作。当然还有就是争取社会上的一些捐赠，比如与一些毕业实习以及有工作关系的企业建立联系，我们会争取更多的资金来发展我们的学校。

问：你们工作人员的工资能比公立组织差多少？

答：平均差500元左右吧。

问：在服务设施上，你们与公立组织的差别是什么？

答：硬件上可以说我们不比公立组织差什么，差就差在口碑上，在人们固有的观念当中，公立的总要比民办的要稳妥一些。

民非就业吸引力低下的表现还可见以下案例：

某民办中学："我们是民办，还没有公立的吸引力强。比如，如果毕业生能进矿务局（注：指当地比较大的国企），就不会选择去那些私立学校，包括本地其他的私立学校。在人们心目中，私立学校还是没有公立单位的保险系数高。民办学校的政策还不到位。"

另外，还可以从我们访谈员的感受中看出民非的就业吸引力。在访谈完了1—2个组织之后，他们对于民非的印象得到改变，能够理解他们的苦衷和公益行为。但仍不会选择进入其中工作。例如，一个访谈员的看法是："虽然通过这次访谈我对这些单位的情况有了更多的认识，但是我依然不会选择去这些机构工作，不过可以考虑利用闲暇时间去做志愿者。首先，因为单位给我的发展空间不够；其次，工资待遇等各方面比较低。所以，我对去这些单位就业的态度和访谈前一样，没有太多改变。"

（二）民非的社会地位不高

1. 没有公立组织的优惠待遇，传统上"低人一等"

在与事业单位相比较时，42个被问的组织中，有15个认为自己有

“被歧视”之感。的确，体制内的与体制外的差异遍布民非领域。

首先，看民办教育领域：

某中学校长：“政府虽然说公办和民办享受同样的待遇，但事实上只是这么讲，落实到真正的政策就不考虑民办。民办学校没有任何拨款，经济上自负盈亏，以生养校。”

“最初政府还比较关注民办学校，毕竟当时是新生事物。可现在政府完全不管了，民办学校招生就是‘吃剩饭’，公办不要的学生我们才可以去捡。如果家庭困难的学生考上公办学校，或者差几分，不得不去第二志愿的中学，我们愿意提供奖学金让他们来我们学校上学，学生自己也愿意，可公办学校不愿意，他们就告到教委去。”

另一民办中学校长：“办学场地、教师工资福利、财政的补贴，公立组织是什么都有，而我们是一无所有。我们现在依托××中，还好一点，我们没有实验设备就去总校做实验。老师一时有什么问题，总校老师还能来帮忙。比起那些完全民办的学校，我们还好一点，还算是依托公立学校获得了一些政府的支持。但是直接的支持根本没有。”

某外国语学校：“公立组织占据了一些等级考试的考点资格，所以在竞争上较有优势，因为你只有在那里参加培训，才能参加考试。他们可以拿这个来争学生，挤兑其他培训机构。这点就很不公平。考点应该面对所有的学生，不应该只对自己的学员。”

“我们没有获得什么政府资源。公立组织的话，他们老师的养老金、住房公积金、失业保险金之类的都是国家出。他们只用支付课外的费用。还有他们的教室不用付租金，也省很多钱的。自然成本就很低。”

其次，看养老领域：

浙江省某中心敬老院：“公立组织他们能获得更多的资金，基本上整个组织的运转都是政府出钱的，而且公立组织也不完全免费，他们也提供有偿服务，收费比我们还高，所以他们的房屋和其他硬件设施自然比我们的要好。”

“在场地审批方面，我们就没有享受到政府的优惠政策，比如公立组织要建一个养老院，对他们的场地面积是没有限制的，但是我们要去申报审批我们组织的建设用地，政府就会限制一定的面积，不能超过一定的数量，还有对接收人数的规模也是有所限制的，要求根据我们的硬件设施接纳能力来接收老人，而公立组织在这方面就相对自由很多。”

再次，看医疗领域：

某县中草药研究所："新农村医疗政策，农村村民参加医疗保险，根据个人医疗费的不同价位，有一定量的补贴，这个政策也只有公立医院实行，我们私人诊所是不实行的。这样一来，有些农村的病人就会更愿意选择公立医院就诊了，因为有补贴的，可以减轻医疗费用。"

最后，民非与公立组织待遇上的差异不仅仅是制度规定上的，还有主观上的歧视：

某幼儿园："每年都会有很多来自单位和个人的捐款或资助，但是这些资金一般都会被政府部门优先考虑到公立幼儿园的贫困儿童，而对于民办非企业单位的幼儿园来说，几乎没有相关部门对这些儿童进行过资助。"

某私立医院："与做同类或相近事情的政府组织及事业单位相比，政府小看民营机构，执行上有政策不依，不讲实际情况，有时以权谋私，小题大做。在公立医院很容易解决的事情，在我们这儿就搞得很难。"

某民办学校："与公立学校待遇不平等，比如国家的'两免一补'政策就没有得到落实，地方财政特别是县里都以各种理由给拒绝了，全国人大已经通过的《民办教育促进法》没有得到具体落实。我们的财政压力比较大，凡是收费的项目我们都要足额交纳，比如卫生啦，防疫啦，环保啦……政府投入不够，根本没有财政拨款，我们主要依靠'以生养生'，办学困难比较大。而提高教师待遇、改善办学条件、学校的建设都需要资金。公立学校就不同了，他们的经费全部由政府解决。"

某职业中专：在访谈中提到政策上与公立组织相比有待遇不公之感，比如专项资金分配不公，场所用地规划审批不公等。

某养老院："过年过节政府会送来慰问金和粮油。但是，公立组织多出一些企业的慈善活动捐赠，政府的慰问金也多。"

2. 社会公众不理解

民非身上最显著的标签经常就是"借助于公共服务而为自己赢取利益"。一些民非在登记注册时就遇到了政府部门这样的偏见，这在有钱人进入该领域时更容易发生。

不只是政府部门，公众也普遍存在这种偏见。如前所述，某民办学校认为，"硬件上可以说我们不比公立组织差什么，差就差在口碑上，在人们固有的观念当中，公立的总要比民办的要稳妥一些。"

而以下则是我们自己的调研员在调查完成之后的感受，由此也可看出在调查之前这些调研员对民非的看法也是片面的：

访谈员感受1："以前对民办机构没有什么认识，但是感觉很不可靠，诸如民办的大学等。而且感觉大多以营利为主。经过本次调查后，感觉这些组织当中有很多是很务实的，而且他们对新近事物的态度更为开放。"

访谈员感受2："我发现有相当的民办企业的盈利并没有想象中那么多，另外我看到了有的企业负责人真的具有社会公益心。"

访谈员感受3："我做的三个访谈性质差别比较大，一个是书画院，一个是福利院，一个是后勤服务。

虽然都是民办机构，但是艺术类的机构功利性和营利性要小一些，后勤则属于营利组织，但却是下岗职工再就业的出路，福利院虽然是民办的，但却是上海最大的，这些都给了我不同的感受。

以前的看法认为民办组织就是私营的，小工厂性质的。访谈后知道民办组织可以是因为自己的兴趣，可以是为社会服务，而很多创办人则是为了自己当初的梦想。例如开封××组织的老总当时只是因为自己妻子下岗，而上海××福利院的院长则是从自己照顾老人孤儿做起，无形之中我发现自己心中充满了对他们的敬佩，一帮退休干部办起的书画院既丰富了夕阳红的生活，也施展了自己的兴趣，都是很有意义的事。"

3. 不利的处境，"贫瘠"的领地

民非提供的公共服务是一块"贫瘠"的领地。以下几个方面可以为我们揭示出"贫瘠"的原因。

第一，像教育卫生这样的服务，其服务对象虽然不一定属于弱势群体，但民非却需要与事业单位竞争。而这是不公平竞争，因为公立组织得到政府全方位的支持，这是民非所不能望其项背的。

第二，一些民非的公共服务对象多为弱势群体，尤其是边缘贫困群体。比如，像社会福利这样的服务，其所针对的需求者正是社会中的最贫困的群体或者是最需要帮助的群体（如老年人）。

第三，许多服务位于社会生活开发的边际地带，这些服务对于丰富社会生活是有益的，但服务的开发却需要具备创业精神，并须做好顾客不足的思想准备，开始阶段并没有市场的保证。

因此，民非人员的薪酬经常处于当地社会就业薪酬的底线，属于最接近当地低保线的薪酬水平。

4. 政府支持与组织优势反差鲜明

民非接受政府优惠性支持的程度与其具有的优势形成鲜明的对照。在提供公共服务时，各类组织的效率、活力与吸收社会资源的能力若由高到低排序则是：

企业→民非→事业单位

民非优于事业单位，这是本文第二部分的结论。至于民非与营利企业的比较，我们这里没有系统的资料，但却能零碎地看到。如某眼科医院认为："现在如果让我重新选择，我倒是想选择成为工商登记的私营性质的企业而不是民非。原因是：创业之初遇到的困难比想象的多，很艰辛，所以觉得作为民非组织更好。但随着医院规模的不断扩大，技术和设备实力的不断增强，感觉还是工商登记的私营性质的好，因为经营灵活，经济收入好。"

另一方面，政府对于各组织的支持若由高到低排序则表现为：

事业单位→民非→企业

企业在这里关系不大，因为他们难以大量提供公共服务。于是，我们看到的实际上是在事业单位与民非之间的一种体制缺陷。民非更有效率、活力，却得不到政府更多的支持、不能吸引更好的人才。因而，在访谈中发现，许多民非都向往成为事业单位。在53个被调查的组织中，有24个表示更想成为公立组织，3个想成为企业，26个仍然希望保持民非组织的身份。

实际上，有一些组织已经正在努力或已经转化成事业单位。例如，这次进入抽样框而被抽到的上海某民办学校，在调查时就已经转化为事业单位而使得调查不得不中止（我们希望转而调查其转化过程与机制，但被对方婉拒）。

三　民非的就业潜力及趋势判断

即使存在上述的各种问题，对于民非未来的就业潜力和趋势，我们仍有一些比较乐观的判断，但认为需要关注一些重要的环节。

（一）组织发展势头良好，就业趋势在增加

有两个原因促使民非朝向好的前景发展。

第一，绝大多数民非组织正处于积极的变动调节中，其关键的变化趋

势表现为稳固领域、扩大规模、拓展服务。

在中国，私人服务进入公共服务领域还只有一个不长的历史，直到20世纪90年代初，过去完全由国家兴办的事业单位才开始部分地转向由私人或社会资金兴办，同时社会中也出现一种有别于社会团体的民办组织。1996年中共中央办公厅、国务院办公厅发出《关于加强社会团体和民办非企业单位管理工作的通知》之时，才开始正式使用“民办非企业单位”的称呼，而其管理条例的颁布则已经到了1998年，距今仅十来年的时间。我们调查的组织中，有67.8%的组织成立时间在8年或8年以内。考虑到组织的成长有一个过程，它们的未来应更加值得期望。

在接受访谈的40个有效回答的组织中，有30个在最近1—3年里有增加工作人员的趋势；71.1%的组织在最近1—3年里对人才的吸引力在增加。

某艺术考级培训中心：“我们每天都在创新，从最基本的舞蹈编排、课程设计上来说都需要创新；再有就是我们中心继续扩大开发，在外县设立培训点，保证一定数量的生源，还有需要提高教学质量，我们希望可以组织学生参加各种文艺比赛，组织一些专场演出。”

某文化传播中心：“随着我们知名度的提高，请我们做策划的人也就多了，你做得越好，人家越满意，发展空间就越大。想要以后把我这个文化传播中心再往外县推出去一些。”

某民办医院：“我院的发展趋势较好，随着今后规模的不断扩大，工作人员会缺乏，现有24名全职工作人员，1—3年内大概增加30人左右。”

第二，社会需求正在增加，许多过去不存在的需求已经表现出来，这就需要有更多的组织提供更多样化的公共服务。

访谈中，我们通过这样一个问题来展示公共服务的未来前景：“在你看来，在这一服务领域，可以继续开发的服务空间或创新点大吗?”结果，81.9%的组织看到了自己组织的创新发展空间，认为“较大”或“很大”。在另一问题中我们看到，有73.2%的组织“有进一步开发新项目或扩大原项目的打算”。

某青少年活动中心：“随着家长对孩子教育意识的改变，他们都渴求孩子能够成为一个有素质的人才，那么这个仅靠学校教育满足不了，所以只要我们去开发好去做好，这个空间还是相当不错的。”

河南省某社区服务中心："现在独生子女很多，他们的父母很多都需要我们的服务，需求很大。还有日间护理、老年用品专卖等，需求也很大；再是，结合医疗的服务空间也很大。"

吉林省某养老院："现在各家的条件越来越好，夫妻有的工作都忙，双职工，尤其是年轻点的，不愿意做家务，所以以后服务空间还是会越来越大的。"

甘肃省张掖市某医院："我院可以向河西地区和周边省区扩大服务空间，政府已将公费医疗、农村新型合作医疗、城镇低保等定在我院办理和实施。"

某外语培训学校："现在办培训学校的门槛越来越高，比如投资规模、教室数量、教师资历的门槛都在提高。"

（二）增加服务与就业潜力的瓶颈：不良循环有待打破

民非发展的瓶颈在于这样一个不良循环有待打破：民非的发展主要受困于资金与人才两个因素；它们形成对服务质量和组织发展的制约，而这种情况反过来又降低了民非对人才的吸引力和优化资金状况的可能。

民非的发展受困于资金与人才，这一结论几乎见于对所有民非的访谈中，从为贫困群体服务的慈善类组织到企业家创办的大型民非机构，几乎都是如此。我们在访谈中问道："本组织提供服务的过程中，最大的难点在于哪里？"在一个单选回答（总和100%）中，45.5%的组织认为难点在于资金。（见表2—7）

表2—7　　组织提供服务的最大难点

难点	组织个数	百分比（%）
资金	15	45.5
人员	3	9.1
政策或政府环境	5	15.2
尖端技术	2	6.1
场地	1	3.0
生源	6	18.2
不规则竞争	1	3.0
总计	33	100.0

某民办医院：这是一个顶尖的民办医院，他们认为，在开发自己主导性服务的过程中："困难肯定是有的，主要是相关优秀人才的紧缺。""开发新项目最容易出现的问题是出现技术瓶颈难于攻克；而扩大原项目的问题还是相关尖端人才的紧缺。"

某民办中学："我们学校开始办学的时候只有20多人，发展到现在的130多人，全靠贷款。资金和师资是我们最大的问题。没有钱老师就少，优秀的人才进不来。现在（随着学校发展）好多了，不过目前来说，资金和师资仍然是最大的问题。"

其实，不仅民非如此，在市场营利组织中，形形色色的企业也是如此。资金应当是组织发展的第一要素。于是，我们陷入一个不良循环中：由于缺乏人才而难以更好地服务；由于服务的局限而收入不足，难以将组织做得更好，也难以吸引人才。最终结果是，除了少数创业者之外，民非这里人才状况不良，优秀人才不愿意进入，也因为如此，民非的服务能力增长缓慢。

公益慈善领域更是如此。公益提供者很难产生大量的专业人士，服务收费者更难以保证让那些专业能力很强的人进入这种薄利场所。

在考虑怎样打破这一不良循环时，我们会想到政府的支持，那么首先就应当思考这样一个问题：在我们的公共服务领域，在事业单位与民非之间，为什么前者的就业地位高高在上，后者则几乎位于就业领域的最底层？

当然，谈到支持，我们还需要考虑支持的方式，这是一个具有技术含量的政策行为，而不是简单的"投钱"行为。后面第五部分里对此将有详细分析。

第四部分　民非发育带来的公民社会效应

民非是非营利组织的一种重要的类型，也应当是公民社会的一种核心构件。民非的发育可以从以下几个方面产生公民社会效应：

★它意味着社会自主地走上公共舞台、提供公共层面上的成分。

★它意味着社会成员可以展示出生活之上的各类高尚价值成分。

★它意味着社会公众多出了一种新型的社会交往或满足共同体需求的场所。

★它意味着社会自身可以更加灵活地满足自己的各种健康生活要求。

★它意味着社会选择机制有了实现的基础。

★最后，它还意味着公共组织可以借助于另一套组织体系（即公民社会组织体系）来实现公共服务。

一　社会力量自主地走上公共舞台

民非的职能是提供公共服务，在过去这是政府、事业单位的专属领域。如今，民非也可参与其中，这意味着人们可以自主地从事慈善公益事业，或者在公共领域里自主地创业，社会力量自主地走上公共舞台。

在下面一个案例中，可以看出民非为社会成员提供的创业空间。

某艺术学校负责人：1995年毕业于云南艺术学院，毕业后在一所公立艺术学校教书，在学校里一天上两个小时的课，大多数时间都闲着还必须在学校待着，时间上不自由、感觉自己在浪费时间，因此想自己独立做一些事，以便合理安排自己的时间，并且在办教育的同时还能在社会上做一些其他的事。于是创办了该艺术学校。

除了组织发起与运作者之外，一般社会公众也可以以志愿者等形式自主地走上社会舞台。在这一方面我们的起点还很低，例如在吉林省某市，一个组织的回答是："我们没有志愿者，这城市就没听说过有志愿者。"但我们又看到，正是民非的发育，使得一批现代意义上的志愿者产生出来。

前面说过，在59个组织中，除了偶尔有过志愿者的组织之外，14个组织有志愿者。志愿者行为有时也有官方主导的特点，如在一个慈善特征稍强的组织中，"会有由官方组织来的小学生等来参加志愿活动"。有时，志愿者是为了自身能力的增长而参与，如在一个艺术学校："有志愿者来，一般集中在假期，约1—2人。志愿者主要是还没有毕业的学生，希望来学一些东西、锻炼一下，同时还可以用学校的乐器自己学习、练习。"

除此之外，也开始出现了真正的志愿行为。如在某服务于残疾人、老人儿童的福利院："有献爱心的志愿者来帮着照顾小孩，喂饭，洗衣服等，他们是大学、中学、小学各类学生，个别单位还有医生义务来义诊。暑假较多。"再如某社区服务中心："一些家长为了让孩子体会劳动艰辛，愿意送孩子过来做志愿者。因而，该中心会利用暑假寒假期间组织一些类似少先队活动的那种，最后会给参与者一些补助，不是很多，目的是让他们体会到收获的不容易。”

二 民非对社会生活的影响

（一）满足现代社会生活需求

社会财富的增加与物质生活水平的提高，使得人们追求一些新型生活方式，而新型生活方式需求的满足，需要来自新型组织的服务供给。例如：

吉林市某户外运动俱乐部：“我们创建××的初衷并非只为营利。通过举办的各种活动，我们更希望把有共同兴趣爱好的人组织在一起，缓解工作中的压力，增进人们的了解，并达到体育健身的目的。”该户外运动俱乐部的文化理念是“自然、健康、积极、友爱”。

上海某交响乐团：其负责人介绍，“我在1995年离休，当时上海市教委即邀请我为上海市大学生（交大）交响乐团及上海市中学生（南模）交响乐团进行培训，十多年来我与这些学生乐团的成员以音乐为纽带，建立了深厚的友谊。这其中的许多乐手从学校毕业后都各自走上了工作岗位，但他们中的很多人爱好音乐的心始终未变。他们常跟我说，老师，什么时候我们能再与您一起演奏交响乐？还有一些国外的朋友，如来自欧洲、日本的交响乐的爱好者，他们碰到我也跟我说希望有机会在您的指挥下一起演奏交响乐。他们都有这么一个愿望。我知道成立一个交响乐团是非常艰难的，但是大家的热情感染了我，经过几年的酝酿和努力，也经有关部门的支持与批准，终于在2005年正式成立了该乐团”。

“本交响乐团目前约有七十多位乐手，其中外籍人士有二十余人。他们每人都有自己的工作，都是利用业余时间来参加排演与演出活动的。这些乐手都是业余的，没有分文报酬，而且风雨无阻，每周三都准时出席排练活动，有的是从很远的地方赶来，有的一下班就来了，连饭也顾不上吃。还有一位日本朋友每次要从苏州赶来。还有一些是有一定演奏水平的大学生。”

这是一支以白领为主要成员的城市交响乐团。乐团中，有博士生、外企白领，也有在沪工作的外籍人士，他们自带乐器、自行排练，因为对音乐的热情走到一起。“我们不断地深入到工人当中，比如：宝钢，还有老干部中心，少年宫成立，情人节等，这样的演出有的是免费，有的是很低的门票，就是为了让大家感受到我们在做一件有意义的事。”

（二）拓展一种新型的共同体空间

共同体又称为社区。社区的本义是指人们由交往、熟悉、认同而形成的一个社会空间。但是，由于社区的含义越来越带有地域的特征，我们转而使用共同体这一概念。

追求归属感深植于人的心理需求之中，因而共同体是人们的一种重要需求，人们以这种方式相处本来也是传统社会的一个重要组分。传统社会中，人们身处以血缘、地缘关系为基础的首属群体之中，其归属需求从而得到满足；现代社会，随着社会分工的发展，人们的经济活动方式、生活方式发生了深刻变化，人们的社会需求也越来越丰富，首属群体的重要性下降，基于社会分工的次属群体蓬勃发展，多种多样的共同体应运而生。人们在这些次属群体中形成密切交往圈子，感受到社会生活的本源滋味。

结社而形成的社团显然是一个更好的选择，但同样为 NGO 的民非也不失为不错的选择。在民非内部，人们虽然以提供服务为目的，但组织成员之间的关系还是明显不同于公立组织。在民非内部，人们之间形成的关系缔约比起公共组织和企业组织来更接近公民社会共同体；不仅如此，民非服务的一个最大特征是：服务提供者与被服务者之间十分倾向于结成最亲密的关系。以下分两个方面来看：

1. 民非组织内部

民非组织内部具有以下特征：

第一，民非组织相对较小，内部成员之间容易形成团队式的，而非科层化的关系。

第二，民非提供服务时需要爱心等人性化的成分，组织与被服务者之间的这种关系容易延伸到组织内部。

第三，组织之间的竞争压力与管理压力也促进了组织内对良好生活空间的追求。这方面与企业相似。

第四，民非组织成员通常持有共同的目标，易形成较为优质的人际关系。

我们访谈中问道，“组织内部管理者与普通成员间等级是否严格？”82.9%的认为不严格。又问道，“团队精神如何？”87.2%的认为团队精神好，其余的认为一般。

某养生服务中心：“组织内部没有什么等级，大家很团结，有什么问题一起商量，有什么发现一起交流。这里的金钱味不浓，大家是因为喜欢，愿意，而不是为了钱才做这个的。这里的关系很单纯，很坦诚，没有什么钩心斗角，大家按劳分配，都没有什么怨言。”

其他组织的回答如：

“等级不是很明显，我们也不需要。团队精神方面一般，太应该加强了，这也是我一直以来的工作重点之一。”

“有管理人员与服务人员的区分，但一旦忙起来，管理人员包括负责人我本身在内也参与服务，团队精神体现得很好，因为我们有共同的目标与理念，就是给老人提供我们力所能及的最好的服务。”

“同事关系、团队精神都比较好。因为利益和目标是一致的、一体的，一损俱损、一荣俱荣。工作的时候，我们很严格，之后我们就是朋友，没有什么上下级的说法。我们平时都是很好的朋友。”

吉林省某户外俱乐部：俱乐部采取会员制，有共同爱好的人聚在一起并由领队带领进行野外活动。在一次次的活动中，会员之间、会员和领队之间已经成为默契的朋友，共同见证 QF 的成长。”

“在俱乐部的会员中，无论是公司老总还是普通员工，在参加活动时没有差别，他们一同享受协作的快乐。在野营、漂流等活动中形成的人与人之间的友谊是在日常繁忙的工作中没有的。另外 QF 也经常组织一些公益活动，如植树、献血等。”

2. 民非组织与其服务对象之间

与一般性的市场服务不同，在民非服务这里，通常服务者与被服务者是面对面地互动，人性化是其内在的规定性，加之他们之间较为长期的共处，因而这里可以发展出信任、利他等积极的精神品质。而组织与服务对象之间的良好关系，又是公民社会发育的沃土。在这里，我们很容易看到更为典型的融洽、人性化与关爱。

某幼儿园：“在我们这里教师和学生相处很温馨。课余老师会和学生一起玩耍，这就是教师和学生的一个的融合，不会像公立学校那样一下课就把孩子抛在讲台下。”

某老年公寓：“尽量让老人们有一个好心情，有一种家的温暖感觉，使他们意识到自己并没有被遗忘和忽视，自己的这种受关爱的状况会维持下去，不会到哪一天就消失了。”该老年公寓尽量丰富老人的精神生活，引导他们学习和娱乐。在每一年为每一个子女无法为其过生日的老人免费过生日，为春节不能回家的老人过除夕。他们还积极促成报社以及志愿者团体来老年公寓进行联谊与志愿活动。除此之外，他们还开展一些提倡敬老爱老风气的活动。例如，教育与引导那些把老人扔在养老院就不管的子女，尽量让他们能来看父母，能与他们说说话；到社区进行尊老、敬老与爱老的教育宣传，把老年公寓办成一个尊老、敬老与爱老的宣传与服务窗口。

某敬老院：这里具有的共同体的特征已经表现为组织与社会的有效衔接。“有志愿者参与，主要是当地中小学的学生，他们在节假日会来我们敬老院帮忙打扫卫生，替老人剪指甲、洗澡、洗头，陪老人们下棋，聊天，读书读报。这些志愿者，有部分是我们通过广告新闻招募的，比如陪老人聊天，下棋，参与娱乐活动等。另外一些是学校或者县团委组织的集体的，他们是助人为乐，来帮助我们打扫敬老院的环境卫生，每位老人的床铺卫生，还有老人们的个人卫生。每次他们来，老人都特别高兴，有些老人还会把这些学生当作自己的孙子孙女，拿出自己攒的零食分给学生吃，学生也很孝敬老人，总之双方的感情都很融洽。如果可能的话，我们还想请职业学校的老师给老人上上课，可以教他们怎样选种子，科学耕种，因为有些老人清闲无聊，在附近的闲置田地上种菜，对他们来说也是一种精神上的寄托，或者再学点手艺打发时间也可以。”

三　民非的社会价值

（一）展示基本生活之上的各类高层次价值观

民非服务中经常能够展示出一些高层次的价值观来。它们来自社会，而民非也通过这样的展示，把社会中高尚的一面体现出来。

某蜂疗医院：根据访谈员手记，“在访谈中能感受到，这个老军医作为军人的荣誉感和责任感，他说：他从一个不懂事的孩子，受部队培养成为现在小有成就的人，他很感谢部队给了他很好的待遇，他办退休军人疗养院也是基于对军队的感情；他们全家都是党员，觉得很光荣，家人对他做公益事业很理解，医院工作人员也很尊重他，遵从他的想法积极配合去做公益活动。”

而当事人说：“我是军人，比较注重自己的社会形象，对工作人员要求比较严格。如果患者困难没钱付医药费，我们就不要了，所以不会有拖欠医药费的矛盾。”

我们看到，这一份价值观来源于社会，具体来说来源于当事人的社会生活经历，然后又通过民非融进社会之中。

某民办医院的创始人G××是G氏眼科第十九世传人，1996年6月创办了这家医院，其目的是为了继承和发扬G氏眼科和中华民族的传统医学。“我们的理念是‘以创新为魂，诚信为本，医德为先，惠人为上’。”

由此可以看到，中国传统文化中的精髓部分，也在通过民非展示出来。

某养生服务中心的创办者L××，一直从事中医养生研究，看到很多人盲目吃西药，而中医一些简单的动作和小药方就可以预防和治疗疾病，因此他开办养生中心，想让人们更新健康理念。

> 我们本来就不是为挣钱，中医博大，不能失传了，要让更多人了解中医养生的功效，让后人也知道。

这是公益价值的一个具体表达，并且这种价值也体现到该中心的具体服务之中：“就是在路上一个捡破烂的，看见他不舒服，也会邀请他到中心里进行治疗。”“我们工作人员都是全身心付出，很有奉献精神，比较传统，金钱味不浓，人情味很浓，人缘很好，来往的顾客都关系很好，对我们很尊重，相处很融洽。”

在市场的力量越来越强劲地进入社会领域，社会中的情感、非物质性价值越来越淡薄的背景下，我们看到了民间公共服务组织出现的一缕清新的气息。我们此前谈的一些组织的理念，如“拿别人的老人当自己的老人照顾”，或者是倡导“仁义道礼”等，都是这种价值的体现。

当然，民非的价值追求需要实质性的社会力量来支撑，仅靠非营利的制度规定是不能解决价值问题的。对这一问题我们将在本文下一部分继续探讨。

（二）构建公民社会时代的价值源泉

在一个传统社会正在消失的环境下，民非不仅能够传承优秀的价值观，更能够“创造”价值。公益性的非营利组织都有自己的组织使命与价值理念，浓缩了一套特定的社会价值。

前已述及，民非组织很容易发展出人们之间的信任和关爱，是公民社会优良精神发育的沃土。民非不仅仅是既有社会价值的表达者，而且它们本身就是社会的一个构成要素。民非不仅是既有社会文化的表达者，而且还在依据时代而创造着正面的价值文化。于是，社会价值在这里获得了新的培育土壤。

某民办学校：“在这里学生不受歧视。我们因材施教，不放弃一个学生。我们学校的大多是一些留守儿童，还有一些被公立学校放弃的学生和一些认为教育失败的学生，我们都不放弃。当然，我们也有一些优秀学生慕名前来。

与既有的公立组织、事业单位相比，我们的服务方式更加体贴。我们的办学理念就是‘人人受到关爱，个个都能成材，让学生满意，让家长放心’。我们采取了一些更加人性化的措施，比如接送学生，开通家长信箱，定期汇报，以及召开家长会，这些都是少不了的。”①

这里体现出来的价值更具有现代社会尊重每一个人的特征。它可能与举办者的个人价值理念有关，也可能与市场竞争等有一定的关系，但无论如何，它与公立组织是不同的，其价值来源于民非这种社会组织的积极建构。

某城市交响乐团：倡导用心灵来感受艺术，用艺术去感动灵魂。每一个来到乐团的人首先要知道乐团的宗旨。

某外国语学校：“从办学一开始，或者说我对教育的看法就是‘培养真正的人’，而一个真正的人要有很高的情商，要有一定的社会责任感，还要有良好的学习能力。在我办学的过程中，我也一直跟老师灌输这样的理念。

这可能和我办学时的初衷一样，当时我自己内心的成长让我觉得要把这些运用到更多人身上，尤其是孩子们。而教育是一种很好的途径，虽然我是搞外语教学的，但是外语教学背后的育人是我更看重的。此外，我还认为在家庭这个系统中，家长这个资源要调动起来，而很多家长都不知道

① 在当地公立学校中没有这种措施。

如何教育。我希望能和他们分享我这么多年来的感受。我们会开设家长课堂，这个是免费的，有时邀请我的一些朋友，有的时候是我自己，及时给他们传递新的教育理念，还有一对一的针对解决学员家庭内部各种关系。然后再让他们去影响更多的人。针对学员，我们会组织他们参加各种社会公益活动，前面说过的敬老院、孤儿院。还会搞一些情商训练营，让他们对自己的父母，对自己都有一种全新的认识。

在上面这个案例里，价值理念的选择与专业性结合在了一起，与人的成长的专业理论结合在了一起。

某养老机构："在我们这些行动的背后的文化理念是：老有所养，为老人建造一个温馨的家园，让老人的精神站起来，让传统文化中尊老的精神在这里体现。我们准备组建一个社区老人联谊会，可以让一些不住公寓的老人来此串门娱乐，享用我们的设施和器材。我们还要制作一些展板和护理养生的小册子，在节日的时候到街上进行宣传展览和分发。"

这就是我们所常说的文化，其中使用了传统文化中的尊老观念，既与西方文化不同，也与政府的养老机构不同。且"老人联谊会"这样的观念中还含有"组织""参与""沟通"等一系列的理念成分。

某文化传播中心："中心是我成立的。大的说是为了弘扬我们 TH 县的民族文化，因为我们 TH 在历史上就被称为'礼乐名邦'；小的说就是想有一个社会效益，我们给演员、书法家等各类艺术家搭建一个交流演出的平台。"

在这里要表达的价值则是弘扬一种文化，传统文化的弘扬也需要通过社会组织来实现。

到了这里，我们需要思考一个问题：在政治观念之外，在意识形态之外，这个社会中的有关社会生活、社会服务的价值体系应该如何建立？是否还像过去那样指望国家或政府自上而下地建构？其实，社会性的价值理念提供场所已经越来越由公共组织转向社会组织。其缘由则在于，公共组织需要提供社会中的基础性的公共服务，如社会保障、国家安全、经济发展、社会与经济稳定、基础设施建设等，而一些高层面的价值由于存在着社会选择的差异问题而难以由其统一提供。

四 民非与社会选择机制的成活

公共服务领域实现社会选择，是满足民众需求、解决服务资源紧张的一种策略。社会选择的另一个作用是为社会成员提供多样化的服务，改变原来由公立组织单一提供的局限性。而民非的多样化服务提供既来源于提供者的不同价值观，又来源于服务提供中的市场分化。

因而，有了社会选择机制，无论是供方还是需方，由于志愿性的凸显，双方有基本的共识，管理就有了更多的依据。同时，更为多样化的服务实际上为不同需求的人提供了自己需要的选择。

下面三个民非办学的案例，生动地体现出它们提供的富有特色的服务，不难想象，它们明显回应了民众在教育方面的多样性需求。

某职业中专学校的理念是"培养真正的人"，践行这一理念的具体做法如下：

1. 加强军事训练课、公关礼仪课、形体训练课的养成作用，开展课上、课下、校内、校外文明礼貌和养成教育系列活动，践行八荣八耻，发扬校训、校风。

2. 强化一日生活制度。进一步规范学生的一日学习、生活秩序，使其树立整齐划一，令行禁止，遵守规章制度的好习惯、好作风。

3. 强化全程管理。……

4. 强化思想教育。准军事化管理与思想政治工作密切结合，提高学员执行准军事化管理的自觉性。针对实际问题，对学生进行爱国主义、集体主义、社会主义荣辱观教育及法制纪律、艰苦奋斗精神教育；加强校园文化建设，创造和谐的人文环境。

5. 强化学生安全管理。把学生安全工作纳入准军事化管理内容之中，以人为本，珍爱学生，关爱生命，落实《学校安全管理工作制度》，经常检查，堵塞漏洞，杜绝事故。

"由于我们是处在远离市区的××经济开发区，人烟比较稀少，所以我们施行的是封闭式教学，学校实行准军事化管理，公寓化管理模式，常年设置军事教官3人，出校请假，双休日回家登记，统一服装和发式，学生必须在校内食宿。开始的时候，有些学生不适应，经常违规。这样不仅危及他们自身的安全，而且也让学校、家长担心，并且由此会产生过一些矛盾。"

该学校在实行严格的军事化管理的同时，实行人性化的服务，以德育先行，实行阳光教育，对所有学生精心关爱，并实行“首遇责任制”，以和谐的师生关系促进学生良好品行的养成，同时做到定期与家长进行沟通，共同来关心学生的发展。

其中，“首遇责任制”是指所有教职员工都是首遇责任人，遇到安全事件时要积极认真，急事急办，富有责任心，不得以任何借口推诿、搪塞、拒绝、拖办或置之不理。学校的具体措施有以下几点：（1）凡家长来访等，第一个遇见的教师要及时处理并在第一时间报告政教处或分管校长；（2）凡学生发生伤害事故，第一个遇见的教师要及时处理并在第一时间报告政教处或分管校长；（3）坚决反对遇而不顾不问。

对比公立学校在严格要求、处罚学生时遇到的社会压力，可以看出，以社会选择为基础的社会化服务组织将具有更为广大的生存空间与社会效益。

再举一个云南某县武术培训学校的案例。组织发起人 W××早年当过侦察兵，武术受训于部队，后来又转学医术，主要是中医，从部队退伍后，回家乡开了一家中医诊所。

我们是真正的素质教育，不光是要学习好，我们主张“仁义礼道”，来我们这里学习的孩子，除了教你习武，锻炼身体，还从小就培养他们的正义感，培养很好的品性，教他们怎么做人。

我们的课程除了教武术，也还教医学人体简谱，学武术的人多少你都要懂一点这方面的东西。除了这个，我因为在县司法部那边有熟人，所以叫他们学法律的进来给学员讲过几堂关于法律知识的课。所以，我觉得，我们的教学内容，不光让孩子学武术，还让他们懂得怎么做人，知道武术并不是滥用的。

有一些孩子可能生性有点好斗，孩子嘛，本来就好奇，但是来了我们这里，经过学习武术，你让他真正知道了什么是武术，反而把性子变得更稳；有一些孩子生性懦弱一些，学习武术变得更有自信，所以我觉得我们的教育方式对孩子还是很有好处的。

暑期的时候是全封闭管理，我引入了部队的军事化管理方式，孩子吃住都在我们这里，每一天的课程我都安排的很满，早上7点起床，什么时间练功，什么时间吃饭，几点睡觉，都是有要求的，你必须按照我们的安排来。这样能改改孩子的各种毛病。对老师对学生都是有严格要求的。让孩子学会遵纪守法。

每年寒暑假组织练武的孩子去看望五保户，一些孤寡老人，帮他们洗衣服、做饭、扫院子，我还从诊所里拿出一部分，买一些药品，免费给他们诊治。这也是对孩子们的教育，要让他们明白习武之人要有爱心、要有孝心。

一些孩子在家的时候不会做家务、不会孝敬老人，在我们这里学习之后，这些毛病都改掉了，家长也很高兴，所以我们在家长那里口碑很好；另一方面，人们总是觉得我们习武的人都是生性好斗、头脑简单，但我们照顾孤寡老人，也还是改变了很多人的看法，知道我们习武的人都是有爱心的。

最后是一个幼儿园的案例。该园的主办者谈道："（我）一直从事教育工作，最大的心愿就是真正地做到从应试教育转变为素质教育，这是我办园的准绳。我开办婴幼中心就是想实施素质教育，这是完全在营利之外的，因此我特意联系北京的城怀教授，参与他的孩子潜能开发计划，我在市里首次开设了特色教育班，国语艺术教学班，蒙氏班等。这些有特点的班开设主要是为了素质教育作试验。"

此次调查使我们看到了民非服务社会化的种种创新，但总的看来，社会选择的机制远未形成，新的社会公共服务中必不可少的一个环节还在缺失。如在教育领域，目前仍是公立组织居于垄断地位，除此之外则是社会资本进入而形成的"贵族学校"，只有一小部分人才能选择进入，这使得社会选择只能在贫富维度上展开，而不能在其他维度上展开。针对这一问题，我们应找到进一步完善社会选择机制、促使社会精英进入的有效途径。

第五部分　慈善、公益与营利：民非的本质与变化分析

一　民非本质及其变化

（一）民非的"去慈善化"与慈善萎缩

民非所提供的社会服务领域，本质上是社会公益与慈善领域。由私人出资为社会公众提供教育、医疗、培训等各种服务都属于这种情形。由于这样的公益性，政府也加入这一行列。但随着社会公众服务购买力的增

加，过去一些公益慈善领域也开始变得去慈善化，在教育、培训、医疗等服务方面，真正属于慈善范围的已经缩小到残疾人、边远贫困地区的居民、农民进城务工者等。并且，即使是在这个群体之内，社会本身的购买能力也在增加。基于这种状况，政府的资助策略就该随之而做相应的动态调整。

1. 民非的公益慈善本质

从国际上看，非营利性机构在提供教育、医疗、社会服务、社会福利的过程中，所提供服务的内容与其非营利性相结合，产生了社会中最广大的一类慈善性质的公益组织。

如果按照私益人的假设，人们将选择那些能够有人购买服务的领域进行运作。如果没有公益慈善，那么与穷人及弱势群体相关的领域将无法获得服务。公益慈善的大量出现改变了这种格局，由于第三方出资，社会服务向着过去的“荒僻”角落渗入。可以说，公益与慈善是社会服务开发的前锋。

近一年来，社会中出现了被形容为“公益井喷、慈善时尚”的社会公益繁盛的局面。这与社会财富的增加，尤其是国内和跨国的一些大企业家的增加有关。他们是目前慈善捐款的主角。除此之外，另一个原因是国外慈善资金的大量介入，在它们的资助下，国内出现了众多的小型公益服务组织。

此外，政策条件是社会公益繁盛的另一个原因。2004 年基金年会管理条例出台后，以企业或个人捐款而成的非公募基金会大量出现，仅2006 年年底基金会的数量就比 2005 年年底多出了 163 家。这些公益资金进入的领域是与社会弱势群体的各种需求有关的领域，相关的人群有孤儿、艾滋病感染者、残疾人、智障者、穷人、农民工、西部地区农民等。这些服务是社会所需要的，一旦社会有需求但没有购买能力时，就需要公益与慈善了。

2. 公益领域的市场化趋势

目前，绝大多数新兴的民非组织都是在社会购买力提高的情形下产生的，那些在过去社会购买力不足时还被视为奢侈品或慈善需求的社会服务，如今也已经转化为非慈善性的正常需求。

例如，北京市残疾人康复机构，这听起来是典型的慈善机构，也最容易获得国内外的资金资助。但是，据中国社会科学院社会政策研究中心

2007 年的一个最新研究结果，我们已经能够从中看到市场化的趋势。其中十余家被调查的商业注册的康复组织，它们在 2006 年的运营中已经微有盈余。

另外，从残疾人康复机构多种类型的共存这一点上看，也能说明问题。目前，残疾人康复机构是事业单位、民非、企业共存的局面，分别由国家出资、私人慈善出资和服务收费。这种现象表明，即使是残疾人家庭，如果他们位于发达地区（例如北京），仍可以提供其康复费用。这些家庭可能已经拥有了一定的购买能力，他们唯一缺乏的只是服务机构而已。

（二）公益与营利混合并存的社会服务局面

当社会购买力足以支撑起民非组织进行收费经营时，慈善性消失，但公益性却并不一定消失。那些基于服务提供者非营利性动机的、以提高被服务者的福利为目的的行为，均可称为是公益行为。因此，在新式的社会服务提供中，社会公益不再简单地表现为为贫困人员提供免费的或不高于成本价的服务，而是表现为“公益附加值”，即在基本服务的同时所提供的关爱、友好、共享利益以及其他各种帮助等成分，它的效果体现在服务内容的差异与服务质量上。

由于这样的公益行为是附加在收费行为之中的，因而这样的行为拥有“营利—公益”的综合特征。其典型情形如中国传统社会中的医生，他们既收取费用，又讲究“积德行善”。

1. 公益动机的普遍存在

在调查中可发现，民非组织是社会公益的“富集”场所，即使是那些表面上典型的营利组织，也充满着公益性。

此前的数据揭示出，民非组织普遍拥有自己的理念，而这些理念又以公益与慈善为特征。

除理念之外，慈善型公益内容又渗透在组织的日常行动中。在所调查的 59 个组织中，46 个有公益性服务内容，占 78%。而其中又有 36 个属于慈善性的公益，即为穷人、弱者进行免费服务。

我们前面已经多次阐述过，众多的组织拥有自己的特殊价值观，这是他们进行公益服务的基础。除此之外，访谈中还可以看出，民非组织在为人服务的领域耕耘多年，还会出现“做着做着就出现了爱心”（某养老院负责人的话）的现象。

最后，公益还能促进经营，这也促使人们更多地从事公益行动。

以下是一个典型的营利夹杂着公益的案例：

某敬老院："除营利的价值之外，我们组织应该也是一种公益性的福利机构，其实我原本就没有想着要靠办敬老院来赚大钱，主要是我看到农村的一些无依靠的老人流落街头，衣食无依，没有子女在身边照顾很可怜的，尤其是年纪大了，病痛也很多。我自己现在也五十多岁了，也不想着要开创什么事业，只是想着自己还有点医疗护理的专业，又能够为社会做点事情，何乐而不为呢！家里又有空房间，能够安置这些老人，所以我和老伴就把敬老院办起来了。我们现在收费也比公立组织低，对于一些经济上实在有困难或者没有子女的孤寡老人我们也会免费接收，但是毕竟我们还要经营下去，所以免费的对象不可能太多。"

2. 营利动机不同比例的夹杂

当然，在公益动机之中还掺杂着营利要求也是最正常的现象之一。

于是，我们见到了一个巨大的公益—营利区域，这是一片巨大的可游移空间。一边是营利、是市场，另一边则是社会价值、社会公益；社会公益普遍存在，但营利动机或许更为强大，足以与公益要求相均衡。

（三）总体变化格局的规范化表达

1. 理想情形：由慈善转化为公益

这是我们最希望见到的。当慈善性质失去之时，我们可以保留那份公益价值，而这在组织性质上则呈现为典型的非营利组织。

2. 不理想情形：由慈善转化为营利

当社会有能力购买服务时，服务组织就可以是以营利为目的的。这个时候，一个组织有能力使得自己伪装为非营利组织，而实际上却通过在账目上做手脚而将利润据为己有。

在获得基本的报酬之后，是考虑被服务者的利益还是组织自身的更多利润，这实际上构成了一个矛盾。

3. 归总：慈善区→"公益—营利"均衡区

当社会购买力不足以保证服务提供组织的保本服务时，组织的性质为慈善组织；而当社会购买力提高到一定程度、组织能够通过服务收费加以维系时，组织进入到"营利—公益"均衡区。随着社会购买力的增加，更多的社会服务能够由社会自己出资购买，从而超出了慈善区域，民非即转化为公益与营利的混合组织。

4. 慈善区的基本状况

在慈善区内，社会对服务的购买能力没有超出服务提供的成本线，故其特征是：社会资源冷冷清清，政策环境恶劣。

5. 公益—营利均衡区的格局

公益—营利均衡区又分为两个亚区。

当社会购买力初始超出服务提供成本线时，社会公众可以购买一些低价位服务，这些服务的档次有限，提供者更可能是一些缺乏技能的一般就业者。他们可能具有社会公益心、慈善意识，但技能往往较差。由于当前社会就业压力巨大，一旦有社会购买力显示出来，就会有大量的服务提供者蜂拥而上，造成服务的拥挤，拥挤又导致服务档次难以提升，故称此为“低档次服务拥挤亚区”（简称“拥挤亚区”）。

当前，在一般的社会服务方面，即使是最需要慈善的领域，在这时也已经开始向“拥挤亚区”进军。

而当社会购买力达到一个新高度时，出现了对高端服务的需求，如专业性更高和技术更强的医院，设施一流的养老机构，“贵族学校”等。而强大的社会购买力也促使服务提供组织致力于提供高档次的服务，故称此为“高端服务亚区”（简称“高端亚区”）。

（四）拥挤亚区：服务提供的“拥挤”与规范的缺乏

随着购买力的增加，民非服务领域出现了最初的有利可图。一进入拥挤亚区，情况变化明显：大量拥挤的劳动力蜂拥而入，形成混乱的市场，也掩盖了公共服务应有的公益成分，严重时还会出现恶性竞争。

这个时候，由于各地政府鼓励就业的政策，大量人员涌入公共服务领域；社会中的零散劳动力也自己搞公共服务的“家庭作坊”，他们难以登记注册，构成了公共服务的“地下市场”。在各类教育、培训、养老服务、幼儿服务等方面，这种情形较为典型。

以下是一些服务拥挤甚至恶性竞争而又缺乏规范的案例：

某民办高中：“民办学校之间的竞争还是很激烈的，尤其是在高三复读生的抢夺上，真是什么招都用上了。我不知道这算不算恶性竞争，但是拿钱买学生的事情真的是太荒诞了。民办的高中为了抢夺生源，会做一些虚假的广告，说自己的升学率多高多高，但是根本就没有那么高。还有一些学校为了提高自己的‘升学率’，把县里面的一些高分的学生在高三的时候挖过来，所谓挖就是给他们钱让他们过来，如果考上什么学校再给奖学金之类的。考上了就算自己的升学率。这些都会严重误导家长。”

某养老机构：“竞争会越来越激烈，因为我们不用交税，一年就交一次年检费就可以了，在入住率高的情况下，还是收益大于投资。越来越多的人开始办起养老院。”

另一养老机构：“现在倒没感觉到什么无序竞争。只是那‘40、50人员’（注：是指40—50岁之间的人员，他们中的一大批处于下岗群体中）现在担心我们办得好，而我们呢就担心那些大的养老院把我们吞并，这是社会的竞争规律，倒也可以促使我们做得更好。”

某户外俱乐部：“近几年同行的竞争增加。三四年前，我们创办QF俱乐部的时候，户外运动还是个新兴事物，知道的人不多，组织的人更少。随着活动的推广和人们这方面意识的提高，越来越多的人参与进来。户外运动越来越受到人们的关注，一些原本不是这个领域的组织感觉很有市场，也试图进入，但是他们提供的服务不正规，人员方面不专业。另外没有相关的政策出台，使得组织活动的时候没有章法可依，我们也只能参照已有组织的规则和一些的标准来规范活动。”

某艺术培训学校：“本地有一些同形式但不正规的培训机构，打着我们的旗号，进行不合理竞争。他们有些甚至没有注册，办学水平较低，砸了艺术培训行业的牌子，需要政府的规范。”

（五）高端亚区：吃力的拔高行为

随着社会购买力的持续增强，民非领域进入高端亚区，向社会提供高档次的社会服务。

由于我们对于公共服务的社会购买还很有限，所以高端亚区还不是很发达。但是，如果不将服务的质量看成是由硬件决定，而更多地看成是由软件决定的话，那么，我们也足可以在现有购买能力的情形下提供高品位的服务。

其实，我们已经看到，那些正规的民非组织都在追求着自身档次的提升，而社会的发展也越来越需要建立起真正为人的高层次生存与发展服务的组织。但是在这一努力的途径上横亘着两道“大坎”。其一是由拥挤区进入高端区的路径艰难，难就难在大家的恶性竞争上，由此产生了同一笼中的螃蟹互相拉扯、不经公共政策上的实质改变谁也爬不上岸的效果；其二是高端区需要有关人的生存与发展的深层次理念、价值与相关的知识与技能，这也不是能够轻易获得的。

1. 由拥挤进入高端的艰难脱出

在我们的访谈案例中，一个显著的情形就是一些民非组织上接高尚的追求、下连严酷的生存竞争。

如某外语学校：他们的理念是要培养真正的人，其行动中也致力于体现这一点，理想化的目标清晰可见。但同时，他们却又面对着不择手段的竞争环境，需要在“恶人堆”中应对各种低劣的手段。

某青少年活动中心：他们的价值理念是既要保证孩子的安全，又不丢失高层次的人格发展，使得孩子接受优良的教育。但是，在这样一种远大的理想之下，是市场中激烈的竞争。当地（县级市）民非组织虽然只有一家，但是没有登记注册的散户能有30多人，其服务总量也能占到50%左右。“竞争激烈、秩序不好，属于恶性竞争，有个别人他们的教育处在一个很低的水平，为了拉拢学生，他们会跑到一些公办学校去，让老师帮助他们拉拢学生，招一个学生给他们多少钱，让老师从中获得一定的报酬。但是我们从来不这样做。”

某养老院：这是一家定位高档次的养老服务机构，有良好的服务效果，是少有的收费水平超出公立组织的养老机构。但是，他们面临的情形是：“竞争很激烈，我自己觉得是恶性竞争。那些新涌现出的登记注册的组织各项条件达不到要求，却在降价竞争。现在我们的价格也不得已而一直下降，不下降对我们很不利。我们本来想自己的收入多些可以更好地改善自己的条件和服务质量，现在却难以做到这一点。觉得应该有什么标准要求一下他们这些‘灰色组织’。”

“我们就是价格一直在下降，降到现在的这个标准已经很低了，我们不能损害老人的生活条件，我们要管老人的衣食住行，还要提高标准，没有经济作支撑没有办法。”

2. 价值导引与组织的高等级提升：一个无上的苍穹

前面说过，民非实际上已经成为公民社会时代的价值发源地。在这里，要实现组织运作的高等级提升，一要注重人的生存、生活与发展的专业性问题，二要涉及相应的与人的发展相关的价值导引。正是价值导引这一软性的成分在决定着人们的生活到底是什么、人到底是什么、生存的意义在哪里、人应当往哪个方向发展等。后者还会决定组织高等级提升的方向和实现的技术路径。这里存在着一个巨大的未知领域和探索空间。

比如养老，我们是基于传统的东方文化价值观还是现代的福利社会哲学？显然，不同的价值体系下有不同的做法、不同的理念表达方式、不同的文化活动内容。正是在这里，我们需要智慧的探索，这既不是政治，又不是硬件服务，还不是单纯的社会工作。

再如，某武术培训学校的理念是培养孩子的“仁义道礼”，这可是一套生存哲学的体现，如何才能做到位？还有“培养真正的人”含义如何？相应的文化如何、技术如何？

这些问题最终都将体现到公共服务的管理上，从而为公共服务的管理构筑了巨大的上层空间，而我们的知识与技能目前还不足以支撑效果显著的探索。

某户外俱乐部：“不论是组织什么活动，归根到底是和人打交道，怎样调整领队和活动参加者的关系，让参与者真正在活动中忘掉工作中的压力，增进人与人之间的交流，是我们所关注的。”

某民办中学：“我们需要开发的服务空间是鼓励学生的社会实践、提高学生动手能力，多参加大型比赛竞赛活动，还有一点很重要：注重情感教育、爱心培养。”

（六）公益—营利均衡区：如何促成更高比例的公益、更低比例的营利

当民非中营利要求与公益要求夹杂一起时，我们的问题是如何使得民非更加偏向公益的一方，而不是营利的一方，显然，投资人的动机是最重要的。

某养老院的负责人认为：“民非企业也有规模大的和小的，大的相对好一些，小的一般硬件不是太好，但软件不一定，有的服务很好，有的很差。一般是看投资人资金的多少与周转情况，当然还有创办人的理念，这些与服务质量和档次有很大关系。”

在拥挤亚区，有两种因素会激发人们追求利润而牺牲质量和档次：一是进入者就是为了谋求生存；二是高标准者在服务拥挤的环境中为了应对竞争，不得不更多地关注赚取利润，而不是如何增加公益和提高层次，即将牟利作为实现最终公益目标的手段。

于是，该领域服务的总体档次、竞争的激烈程度、组织被有效鉴别的程度，将决定一个组织的营利—公益的均衡状态。

在高端亚区，随着社会购买力的增长，一些组织会脱颖而出。此时档次与竞争或许不是影响公益—营利均衡状态的重要变量，但会出现投资

“有利可图”的局面，因而投资者的动机将变得相当重要。他们可以是公益性动机，也可以是营利性动机；他们的动机是影响组织性质的关键要素。

二 相应的公共政策问题

（一）慈善区的存在：政府应有相应的支持

任何社会都存在贫困者、陷于困境者，因此，人类社会永远有对慈善的需求。对于这部分需求，政府应有提供支持的责任。

上海市南汇区 QM 托儿所：虽然位于大上海，但该组织的服务对象却是一些公立学校不愿招收的孩子，大多是附近村民和农民工的子女。当初正是由于村办幼儿园的关闭，为了方便附近村民的小孩及外来农民工子弟能够入园被照顾，他们才筹集资金创立的。而在运作过程中他们遇到了很多困难。

> 我们收取的入园费较低，我们的保育员工资也很低，但还是没法给政府创收，上交的税收很少。我们也得不到政府的支持。比方说，幼儿园附近交通比较复杂，一直都没有红绿灯之类的设施，早晚接送孩子的家长总是提心吊胆，反映了很多次，没有用。
>
> 因为外来民工子弟越来越多，他们想让孩子入幼儿园的要求也越来越多，我们也想要扩大托儿所的规模。但是，幼儿园扩大规模的阻力很大，首先就是房子问题，政府现在根本不批土地给我们，到处都是商业买卖，像我们这样上交的税收又少，政府不放心上，这样的话，即使我们有心要扩大托儿所的规模也是有心无力了。

在幼儿园能够得到的支持方面，创办者说：“就是纳的税比较少一点啊。其他的要我现在说一下子也说不出来。”由此可见，此领域只是能够免除部分经营税赋，其他支持的确不多。

这样的状况造成的结果是，“就是（托儿所）的各种条件比较差，设施比较缺乏。保育员的素质普遍不高，大多数人没有很好的教育背景。因此，孩子们的启蒙教育比起公立学校的孩子来说要差很多的。提高我们幼儿园的规模和质量是当务之急。”那些接纳较为富裕家庭孩子入学的公立幼儿园直接受益于政府的各种资助，而穷人的孩子却不能。这种做法进一步加剧了社会的不公正性。

鉴于当前公共服务中慈善的萎缩效应，我们需要有针对这一领域的扶持慈善服务的公共政策。

（二）在慈善服务地带，存在着民非的紧缺与政府设置高进入门槛的失衡状况

在一些为穷人提供服务的公共服务场所，有民非组织提供资金的微薄之力，从而为被服务者提供巨大的帮助，但显然远未满足社会的需求。

例如，前述QM托儿所就对农民工帮助很大，因为除了那些设施齐全、收费很高的公立幼儿园之外，针对农民工特点创办的幼儿园十分稀缺。农民工的子女在上学前要么是“满街乱跑”，要么是被父母带到自己的经营摊位上。农民工家庭几乎没有可能将孩子送入公立幼儿园。

解决的办法显然是建立一些更符合农民工需要和负担水平的收费低廉的幼儿园。比如家庭式看护，或者将孩子小规模地集中起来进行集体游戏等。这需要此类服务提供组织的创办者要有非营利的意识，因为这里无法赚到什么“大钱”。但这样的思路却在政策这里卡了壳。我们看一下QM托儿所遇到的情形：“当时，我记得登记注册的时候困难重重，难度较大，要具备各种符合办幼儿园的条件。要一步一步地去做，没有办法的。”“我觉得要办一个这样的托儿所，实在不容易，即使真的想办，也需要很多的耐心。钱还不是最关键的，关键是你要符合那些办学校的要求，最好能和政府有比较好的关系，有熟人最好，事情办起来会容易得多，也会快很多。”

在北京有个“四环游戏小组”，就是为某市场中的农民工的孩子创办的，小孩子定期到一起做游戏，不收取任何费用，这种做法既减轻了父母看护孩子的负担，又促进了孩子的身心发育。但是，它也无法登记注册，原因也是难以达到创办幼儿园的标准。于是，农民工的孩子仍是在父母的摊位边散跑，或者是在父母有事无法照料时寄托在朋友家中看护。

于是，在一些弱势群体所在的领域，我们的公共政策制造了这样一个强烈的对比：要么是一片荒漠，要么成为“皇宫”，中间不允许有过渡地带。

（三）拥挤亚区：需要对民非服务的鉴别与选择

拥挤亚区带来的问题是：服务档次的高低不分，整个服务领域倾向于一同“沉沦”。这个时候就需要有一批组织提前上岸，进入高端亚区。但

由于公共服务中市场特有的信息失灵现象，依靠市场自身很难做到这一点，需要政府或公益性的社会中介组织出面才行，但现在缺乏这一环节。

目前，我们看到的或者是“黑斑”“灰色组织”，或者是缺乏现实基础的理想主义者，有心无力的高境界追求者。

但是，我们不赞成取缔那些不成熟的、低档次的社会组织，它们也是社会力量的自发产物，也有自己的市场，这些人也需要生存。我们需要的是鉴别，从而将一些组织区分出来。

政府的鉴别，等于在市场之外增加区别不同服务组织的另一份力量，它替代的是强制性的取缔，通过政府鉴别，对于符合标准的组织采取支持性政策，鼓励它们的组织提升，为它们赋予更高的社会合法性。而我们知道，追求社会合法性正是这些组织当前最显著的标志之一。

某武术散打培训中心：“政府没有具体规定我们非要办成民办非企业单位，我是从YX市（注：是该县所在的市）了解到了一些民办非企业单位的情况。申请办理这个培训中心的时候在县民政局，他们给了一份《民办非企业单位管理条例及实施细则》，我详细地读了一下，基本了解清楚民办非企业单位是一个什么东西。”

“因为我在申请办理过程中，觉得政府要求会计师事务所进行验资，对我们进行专业资格的审查等办理环节都严格，比较去工商局注册一个企业单位要规范的多（工商局不要求验资、也不对专业技能进行审查），要更严肃。”

“专业资格证书就是要标明你的身份，你的经历，还有你要懂，懂武术，有资格证书，我是侦察兵出身，我有个部队上发的专业证书，那个就是了。验资报告要先提交你的资产情况，由技术监督局的会计师事务所审核，他们下发验资报告，再把全部材料拿给民政局注册。审查环节都很严格。”

尽管有上述种种规范，该组织同其他一些追求高境界的组织一样，最终还是难以真正找到一条“高尚”起来的路径；也很难被政府部门真正地关注、获得社会的良好认可。

虽然如此，我们还是看到了一条可行的路径，这就是通过政府（或者社会）专业性的鉴别，建立一条通道，让组织沿其前行，前行的目标正是我们社会组织所紧缺的社会合法性、组织运作的真正严肃性……一旦能够鉴别，就可以让部分民非组织向着更好的政策环境靠拢，同时提升它们的社会声望，最终让它们接管过去公立组织所拥有的那些社会与政策资源。

在对云南某市进行调查时，当地除被调查的艺术学校外，还有一些正规全日制学校艺术补习班和一些不经注册或不规范的音乐培训组织参与竞争。后者一般教学水平较低，收费低廉，甚至只有专门培训机构的1/6。有些家长不会考虑教学水平，只认价格高低。而一些不正规的培训机构，因为政府不管，在办学规模、水平等方面都没有受到限制，尤其是连注册都没有，因此成本很低，收费也低。

调查时问某幼儿园："如果在资金、专业方面，政府设立一个更加规范、严格的民办非企业标准，以便促进该领域更加规范化运作，你的看法如何?"

其回答是："我觉得不错。这样政府能够进行更规范的管理。有政府管理了，如果能够在资金上帮助一下就更好了。我们目前处于一个政府不管的状态，我们有贷款，背着一个沉重的利息包袱。虽然都是为了公益，为了培养下一代，政府却没有给予我们相应的帮助。"

当问到某老年公寓同样的问题时，其回答是："赞成这样做，这样自己就可以切切实实地享受到国家的各项优惠政策，此外就是在对外宣传和价格制定时有据可依，最后就是可以防止那种隐性的价格竞争和一些劣质服务。"

（四）高端亚区：如何促使人的"高端发展"

在高端亚区，我们遇到的问题是这些组织强烈的发展愿望和对于有关人的发展理念、知识与技能支持的渴望。这里需要价值、需要文化、需要专业；需要对人的生存与发展的揭示与"掌控"，而不是简单的社会服务管理，更不只是组织内部的管理或简单的对于某类群体的管理。

这里需要为人们提供较高境界的服务，提供符合人的发展的内在规定性的服务，而不只是养老的"养"、学会的"会"。比如，"养老"，其中就含有多层次的成分：养→为其提供娱乐的机会→为其提供交往的机会→为其提供自我作用发挥的机会→为其提供感到人与人友好的机会→为其提供感到生命神圣的机会→为其提供感到生的值得、死不可怕、价值溢满、人人友好、人生圆满的文化氛围。所以，这里向上有无尽的苍穹。

但是，现实中的组织在追求这些目标时，存在着能力、见解与知识上的局限，需要有人能够帮助他们。如果有一个提供此类服务的机制，将十分有助于民非组织的发展。

（五）整个“公益—营利”均衡区：如何促使均衡朝向公益偏移

在整个“公益—营利”均衡区，我们面临的是如何使均衡朝向公益偏移的问题。例如，我们如何使投资者更多的是因为热爱教育才投资办学，而不是因为看到这里赚钱的机会好才投资；或者我们如何使一个资金不多但有办学目标理想的人进入该领域，而不是让资金多但不懂教育的人在此主宰。这一问题分为以下两种情形：

1. 高端亚区里的情形

在高端亚区，较为容易实施这一操作，我们只要严格控制其营利性的滋生即可。而当前的非营利性政策形同虚设，这正是我们需要改进的地方。一旦我们能够控制其营利性的滋生，保证其非营利性，让想进入的企业感到在此营利无望，那么，进入者将有更高的公益价值倾向。这就是抑制营利动机、促进公益动机的策略。

某学校被访校长：“以前我在公办学校（××一中，当地最好的中学）工作时的感觉是，校长有治校的自主权力，花的钱都是国家的。现在在民办学校做校长，花一万以上的钱都必须由出资人决定，很多对学校发展有利的事就不能做到，因为出资人投资，就只看重盈利。”

“投资人关心的是赚钱，不是教育本身，可教育如果要办好，是不能那么快就考虑赚钱的，甚至是不考虑赚钱。对民办学校来说，能经营着走就可以了。”

当被问到“本组织是否有进一步开发新项目或扩大原项目的打算”时，回答是：“没有新的扩大计划了。生源难度大，这个学校办了 7 年还不赚钱，教育管理的人关心的是教育，投资人关心的是赚钱，不能太好的协调。”

这样的冲突正反映出非营利性政策的缺失。因为如果严格按照非营利组织的制度办事，是不会发生太明显的矛盾的。而现在的民非甚至连项目公开也只是向自己的服务对象公开，真正的非营利性根本做不到。我们也因此看到，保证真正的非营利是多么重要，不然，那些有钱人任意进入，公益与营利的统一就会被营利主导的动机所打破。

当然，我们也可以考虑政府适度的支持，以便减少企业的主宰程度，增加社会公益力量相对于市场资本力量的比例。企业家的出发点与社会事业创业者的出发点很可能是不同的，民非服务这里夹杂着许多高尚的、有益的价值观，它们经常是社会成员承担社会事业的出发点，而企业家未必具有这样的价值观。因此，如果政府出一些资助措施、让一些优秀的社会精英进行经营，那么，政府出资的正效应是公共服务获得了积极的受益；而如果政府不出资，仅有私人资金进入，其代价很可能是教育中公益性的价值理念得不到最好的实现。当然这样做也有另一个风险，就是重新回到事业单位的老路上去。

2. 拥挤亚区的情形

在拥挤亚区，我们遇到了巨大的政策困难。主要问题是：

第一，这里本来没有多少利润可图，进入者多是一些为解决生存问题的“散户”，经营者即使想营利，其当前的收入也很可能不会超出于非营利性规定的水平，非营利制度措施对经营者没有限制作用。

以下是我们对洛阳某老年公寓主办人的访谈：

问：“如果能够严格执行民间组织的非营利性，最终不允许民办将盈利据为己有，您是否赞成？能说一下您的看法吗？”

答：“在满足我以及家人的需求的情况下，我同意，但如果不满足，我将不会。此外，政府并没有履行他们的规定，这使我们基本上处于自生自灭状态，所以我们不太愿意把收入全部用来投资和改善条件上。那样我还不如自己到外面打工。”

问：“如果要求做到真正的非营利，该怎么办？”

答：“如果这样，我们将不会继续做下去（注：被访者这里没有正确理解非营利的意思）。我办养老院的初衷是因为我下岗了。但我还要生活，养家糊口，如果我办的单位，不能满足这些，那我还不如出去打工。生存是第一位的，如果连自己都生存不好，那怎么有心思去开办公益事业。此外，如果我把盈利都投入到公寓的建设上，看到老人的生活改善了，而自己的还不如他们，我的心中会是什么滋味呢？如果硬要我回答，那就是政府必须进行资金扶植，政府的政策必须到位。当然，如果都做到非营利，要我不退出，我也会，人都有良心，政府帮了我们大忙，我们也会支持它。”

实际上，上述经营人员的想法是合情合理的。只是，如果我们对于社会服务有一个更高的期望值，就应当鼓励和支持那些朝向更高目标行进的、不以解决自身生存为取向的含有更高公益成分的经营者了。

第二，非营利制度措施不仅不会增加公益成分，相反，由于它为经营者减免了税收，会吸引更多的人进入，增加竞争的激烈程度。因此，税收减免实际上是在使服务对象受益，而服务提供组织没有受益。

第三，公益性本来就不等同于非营利性，那些以商业形式注册的服务提供组织，同样具有一定比例的公益性价值取向，而且其整体模式与民非没有什么区别。

由此可见，我们无法通过非营利制度来解决问题，而是需要设置一个政府或社会的鉴别机制，比如对于组织及其服务对象的评估制度，即一个鉴别与选择的机制。而以下案例则说明，我们的鉴别选择机制远远不到位，即使是真正的非营利性组织，在组织运作者自己看来也远远没有达到应有的水平。而且他们认为，真正达到的话对组织发展是有好处的。

以下是我们对某旅游中专学校的访谈：

问："如果能够严格执行民间组织的非营利性，最终不允许民办将盈利据为己有，您是否赞成？能说一下您的看法吗？"

答："原则上我当然是赞成。民办非企业本来就应该是非营利的，如果想营利的话，就不该注册为民办非企业。所以，现在重点就是如果严格执行非营利性，那么，一定要确保对任何一个组织都是同样的政策，绝对不能有的地方紧，有的地方松，否则的话还不如不执行。"

"不以营利为目的是会促进这样组织更加发挥其公益性的特征，人们会更信任这样的组织。信任度对于我们民办非企业来说是非常重要的一个问题，信任度是我们与公立组织相比最大的缺陷。但从另一个方面来讲，为了发挥其公益性，只是靠执行非营利性是远远不够的，最重要的还是政府应该给予更多的扶持。"

民非当前的问题是缺乏社会公信力，社会地位低下，人们互相怀疑，非营利性的应有尊严没有得到体现。政府应当通过政策引导，使得高尚、公益、公信可以在民间产生。在高尚的、有公信的社会环境下，才更能够使得公益—营利的张力关系向着更加公益的方向偏移。

为社会底层赋予尊严、为社会本身赋予尊严，这是公民社会所必不可少的。我们应当尊重每一位创业者、尊重每一个人，人有尊严后才能更加自尊，从而行动起来为他人提供高档次的服务。

（六）政府支持

政府的支持其实挺简单的，不一定就是资金支持。先看一个案例：

某县武术散打培训中心：“太想让这些学校变成民办非企业单位来招生试一下，他们就知道招生有多难了；TH县体育活动太单调，尤其是武术更是停滞不前，可以说在我们成立之前，TH县根本就没有武术概念，武术已经被人们忘记了，除了我们一些武术爱好者经常聚在一起切磋，圈外的人根本就不知道武术了；体育局自己也不清楚民办非企业单位职能是什么，按理说，武术是中国文化，我们在宣扬武术文化教育，结果……我们招生实在是太难了，就跟讨饭的差不多……如果政府帮我们跟学校协调一下，情况就会好得多。”

1. 政府支持的依据

政府支持的依据在于，第一，民非具有的服务和效率的独特优势已如前述。而且，这样的优势并不以其在社会中的筹资能力为前提，即使政府出资、社会运作，也将优于当前提供公共服务的事业单位。因此，可以推出结论：事业单位朝向民非的改革，会得到更具有前景的公共服务效果；而事业单位改革的一个温和形式便是政府转而对民非增加支持，使之在社会地位与公共资源的获得上，缩小与事业单位的差距。

第二，民非的社会价值。民非是非营利组织的一种，是公民社会的组成成分。在这一点上，它与公立组织不同，它将带来显著的公民社会效应。在现代社会面临着价值空虚、生活空洞、共同体匮乏的时候，民非建设将成为有效的解决方案之一。

第三，民非将是一个新的就业增长点。它可吸纳从最普通的下岗工人到最高等级的专业人员，并且吸引力在快速增长。

2. 政府支持的方式

我们主张细分政府的支持方式，即采取对于慈善区的纯粹支持、对于拥挤区的选择与鉴别、对于高端区的技术性支持三种方式。尤其需要注意的是，支持并不一定就是资金投入。纯粹的资金投入甚至会产生消极效果。

某老人院负责人在访谈中说：“现在长春的老人院有上百家，光二道区就有40多家，因为政府没有规范的行业标准，老人院分布十分不合理，有乱建的倾向，也出现了不必要的竞争。老人院‘热’的原因有很多，就长春来讲，原因有三：第一，政府对老人院的前期投入无限制；第二，虽然盈利很少，但能解决下岗再就业问题，开老人院的多为下岗职工；第三，社会老龄化，也对老人院有需求。”

那么，在这种情形下，是不是就该政府撤出呢？也不是的，而是需要政府选择。之所以如此，就是因为不同的老人院在收益大小和服务水平上有不同的目标，在服务质量、目标模式上都有不同的水平，总之，公益内涵与运作标准存在差异。从理论上讲，政府应当能够区别它们，对其加以选择。

如果政府要资助一个服务机构，有四类人想办：有钱人、想就业谋生的人、有专长的人、有爱心或别的什么价值观的人。政府应当资助谁？答案难点在于穷人与富人之间，选择谁呢？

3. 政府支持的策略

在策略上，第一，政府支持必须具有选择性，因为不加选择的支持只能导致服务提供更加拥挤，不会改变服务档次。而且，选择性支持具有引导的功能。

实施选择性支持，首先需要有一种鉴别机制：谁更加非营利、谁更具公信力、谁更具公益性、谁更具专业性。于是，价值引导作用就在此凸显了。

第二，支持未必就是资金投入。例如，如下的支持策略可能更有效益：

社会声望支持≥政策空间性支持≥选择性资金支持≥不支持

第三，资金支持要在非营利的条件下进行，只有真正做到了非营利，支持的结果才会是让更多的资源流进社会公益领域。

4. 关于建立民非的评估—培训机构的设想

政府的支持、支持谁、效果如何等，都需要评估，其中非常需要设立评估的技术标准：社会需求满足状况如何，社会选择机制如何，社会选择与公共选择的矛盾状态如何评价等，这都需要技术标准，而且难以产生固定的指标体系。

政府的支持包含技术性支持，其对于高端亚区的支持尤其应如此。目前，高端亚区已经显现一些朝向高境界追求的端倪，但受制于各种因素而难以拔高。基于这样的公共服务潜力，再加上政府的支持，我们可以建造一个民非创新的摇篮。

NGO在公共冲突化解中的作用机制研究

——以×村环境污染冲突的化解为例

牛雪姣[①]

一　问题的提出

近年来，我国的公共冲突事件呈现出发生频次增高、影响范围变广、处理难度加大的趋势。根据陈群祥的调查显示，仅2008年某省由于拆迁引起的公共冲突为40起，由于环境污染引起的公共冲突为21起，由于工资福利引起的公共冲突为11起，由于企业改制引起的公共冲突为24起。另有调查显示，目前，征地拆迁冲突、环境污染冲突和劳动争议为主的公共冲突急剧增长，据保守统计，2009年全国共发生各种类型的公共冲突事件10万起，2010年增长为18万起，2011年为18.25万起。从中国社会的现状出发，市场经济体制是以社会各阶层利益更高程度的分化为前提，不同阶层之间的利益分化则意味着更多的社会矛盾，在面对公共事务时就会产生更多的公共冲突。因而，在如此体制下，公共冲突不再是一种难得一见的偶然事件，而会成为伴随每一个公共事项所产生的常规性状况。因此，如何有效地预防和化解公共冲突已成为一个亟待解答的问题。

通常情况下，公共冲突的化解被认为是政府的职责。当前的中国社会环境处在政府行政主导的格局之中，而公共冲突化解机制的建设还很薄

① 牛雪姣，北京师范大学社会发展与公共政策学院硕士，香港城市大学人文科学与社会科学学院公共政策学系在读博士。

弱，这就导致在出现冲突时，冲突各相关方都不得不依赖政府出面解决，从而形成了对政府处理公共冲突的“无选择性依赖”的局面。但是，由于当前社会的官民对立、政府公信力不足等原因，公众对政府作为公共冲突化解的第三方进行干预缺乏必要的信任，造成了政府作为有权威和强制力的一方化解公共冲突时常常会遇到“高依赖、低信任”的困境。此外，我国政府主导的“维稳”模式过度依赖行政和强制手段，这就造成了公共冲突化解效果的暂时性，化解公共冲突重结果、轻过程，重数量、轻质量。常健认为我国政府处理公共冲突多以“表面的平静”为主导目标，采取自上而下的、权力压制的、以“堵”为主的策略与方式。这虽能产生短期的“维稳”效果，但却可能形成“沉默的火山”。目前，我国公共冲突的化解面临着有效化解主体缺失的困境。

因此，为满足当前公共冲突化解的迫切需求，弥补政府在公共冲突化解中的弊端与不足，提升公共冲突化解的质量和效果，我们有必要探讨政府部门之外的主体参与公共冲突化解的可行性与效果。

国内外的一些研究肯定了非政府组织（以下简称 NGO）在公共冲突化解中的积极作用。NGO 作为第三方介入冲突的化解，能够发挥重要的作用。杨洁认为，中国社会背景下的公共冲突化解，政府一直扮演着主导角色，但政府并不是公共冲突化解的唯一力量。由于政府在资源禀赋、人员结构和组织体系等方面的先天局限，NGO 的参与便为公共冲突化解的研究提供了一个新的分析视角。李亚认为，NGO 能够在公共冲突的化解中发挥重要的辅助与监督政府职能的作用。常健认为，化解公共冲突需要充分发挥各种类型的 NGO 在利益整合方面的作用，建设和整合公共冲突中各方利益的表达平台。赵伯艳认为，NGO 作为政府与市场力量之外的第三部门，由于拥有监督公共权力行使与抑制市场暴力的使命与责任感，而参与公共冲突化解是实现其使命的重要通道，从理论以及国内外实证研究经验来看，NGO 在各种类型的公共冲突化解中都发挥了重要作用。

另外，在笔者参与的某项目中，调研组连续三年跟踪调研了全国 32 个省（自治区、直辖市）的 100 多家环境非政府组织，对 68 家组织进行了深度访谈和参与式观察，发现在各类环境污染冲突事件中，社会公众、污染企业以及政府之间的利益冲突及矛盾往往是不可自我调和的，政府压制矛盾，企业逃避责任，公众缺少利益代言人，这迫使公众为了维护自身利益和权利，走上暴力冲突的道路。但在诸多公共冲突成功化解的案例中，我们发现，在政府失灵、市场失灵的情况下，非政府组织的介入对很多公共冲突的化解发挥了至关重要的作用。王子贤和林小香认为，仅仅依靠市场和政府是无法从根本上解决公共冲突的，在政府与市场之外还要寻求来自社会第三方的力量，而NGO就是社会最有效的组织形式。

但是，现有研究在肯定了NGO参与公共冲突化解的积极作用的基础上，较少有研究深入涉及NGO在公共冲突化解中是如何发挥其积极作用的，有着怎样的作用机制等问题，而这些问题则是本研究将要重点关注的。

因此，具体说来，本研究聚焦的问题主要有以下两个：

第一，NGO在公共冲突化解中应该扮演怎样的角色，其角色定位是什么？

第二，NGO是如何化解公共冲突的，其作用机制是怎样的？

二 文献回顾与理论框架

本研究以上述研究问题为切入点，首先回顾NGO参与公共冲突化解的相关文献，发现这类文献主要分为两大类：第一类是从NGO的优势与特点出发，分析NGO参与公共冲突化解的可能性；第二类主要集中在分析NGO参与公共冲突化解的作用与效果方面。这两类文献都普遍肯定了NGO作为第三方介入公共冲突化解的积极作用及优势，为进一步探索NGO在公共冲突化解中进行第三方干预的角色定位打下了基础。本研究又进一步回顾了冲突化解中第三方介入的条件、目的以及具体的第三方角色分类的相关文献，发现第三方介入公共冲突化解时，需要运用公共冲突化解的相应策略和机制才能具体发挥作用，于是，本研究又对公共冲突化解的策略与机制的文献进行了具体回顾，最终根据对相关理论及文献的回顾与梳理，建构了本研究的研究框架。

（一）NGO参与公共冲突化解的已有研究

1. NGO参与公共冲突化解的优势与特点

从NGO自身所具备的优势与特点的角度出发，分析NGO参与公共冲突化解的必要性的这类文献，有一个明显的共同特征，即认为NGO拥有的自然属性与价值观等使其与生俱来就拥有化解公共冲突的能力与技巧，是公共冲突化解第三方的不二人选。

NGO 具有非政府性、非营利性、自治性、志愿性、民间性、公益性等多重属性。公益性是 NGO 的基本特征，是区别于其他社会组织的本质属性和主要衡量标准。NGO 的这些属性使其作为第三方参与公共冲突的管理具有特殊的优势。现有研究主要从 NGO 的专业性优势、灵活性优势及其公信力优势三方面进行了分析。

首先，专业性优势。很多研究都提到了 NGO 介入公共冲突化解具有专业性优势，如 NGO 具有的专业性可以提高公共冲突化解的有效性。这种专业性使其对于某些公共冲突具有敏锐的洞察力，从而发挥 NGO 在公共冲突化解的前期预防作用。对于潜在或已经显现的公共冲突，NGO 可以提供专业化的建议；可以对公共冲突化解方案进行专业性的评估，提高决策的科学性；同时还可以发挥专业对口的优势，提供相应的物质、技术、人员的支持。

其次，灵活性优势。NGO 的组织弹性以及灵活的反应能力，使其可以在公共冲突事件发生之后，迅速地展开行动，进行事件调查、信息搜集、情绪舒缓和及时的服务提供。当政府介入迟缓之时，NGO 能够迅速介入公共冲突过程，这将会消解特定冲突干预角色的缺失或功能不足所带来的负面影响，对冲突情势的缓和起到积极作用。NGO 行动的自由度和灵活性表现在以下几个方面：第一，NGO 可以通过迅速地建立基层组织去参与地方决策；第二，NGO 可以与政府、同类 NGO、媒体合作，建立跨地区的倡议网络；第三，NGO 可以迅速识别民众需求，并利用有限的资源迅速反应。

最后，公信力优势。NGO 的公信力优势使其具有高度的社会导向性，即注重满足社会需求、迎合社会期望、秉持专业理性而不轻易被外界主体影响和控制，这是 NGO 介入公共冲突管理、把握自身角色定位、实现价值中立的基础。

2. NGO 参与公共冲突化解的作用与效果

当前，国内外学术界对 NGO 参与公共冲突化解的作用与效果的研究主要集中在两个方面：第一，从社会结构的视角出发，认为 NGO 可以作为社会的中层力量，在一定程度上代替政府出面，有助于缓冲政府与民众之间的冲突与矛盾，可以将自己作为官民冲突力量的稀释地带，因而在公共冲突化解中能起到有效防止冲突升级的作用；第二，以 NGO 具备的利益表达功能为切入点，认为 NGO 应当作为弱势群体、社会公众的利益代言人，建立公众对于公共事务治理的意见表达渠道，为公众的切身利益去与其他的冲突相关方进行谈判、协商与沟通，从而最终有助于争论问题的聚焦与解决，因此对化解公共冲突具有积极的推动性作用。

首先，现有国内外研究从社会结构的理论视角出发，认为 NGO 在公共冲突的化解中具有缓冲作用。例如，康豪瑟（William Kornhauser）指出，NGO 作为社会结构中的中层组织，位于政治权利代表与公众之间，这样的结构位置使得 NGO 可以协助政治精英与公众进行沟通与协作，通过其缓冲作用，搭建交流平台，从而可以在一定程度上释放出公共冲突的能量。同时，NGO 的多元化能够推动公众切身利益与自我认同感的多样化，降低了公众被整体动员参与到社会运动中的可能性，从而可以降低公共冲突发生的频次。赵鼎新认为，NGO 作为中层组织，可以帮助当地政府与民众进行对话，降低政府直接与民众发生激烈对抗的风险性，同时有利于淡化和释放社会公众的不满情绪。因此，从这个角度而言，这就使得公众不会因为情绪的冲突轻易地加入到各种大众运动中去。

针对我国的社会现实，学者们认为，我国当前公共冲突事件频繁发生，是由于我国社会的社会动员主要依靠政府，当政府组织能力下降时，社会就陷入一种自发和无序的状态与倾向，容易导致小范围的矛盾状态引发全局性的危机，因此，我国公共冲突的化解亟须培养具有冲突化解能力的社会中间组织，建构公共冲突的缓冲区域。

其次，另一部分学者从更为微观的角度探讨了 NGO 在公共冲突化解中的作用，认为 NGO 具有利益表达的功能，对于公共冲突的发生具有一定的抑制作用。例如，阿尔蒙德认为，如果社会公众无法通过成立组织或依靠现有的组织充分地表达自身利益时，任何一个偶然的因素都可能会引发公众以出人意料或难以控制的方式发泄长期积聚的不满，因此公共冲突的化解需要来自社会的组织搭建起利益表达的平台。拉尔夫·达伦多夫（Ralf G. Dahrendorf）指出，冲突的暴力性程度与相关主体利益清晰表达的程度呈负相关，当他们缺乏组织依托，利益难以表达时，就会导致大量负面情感因素的卷入，从而冲突更具暴力性，因此 NGO 的利益表达功能可以有效地防止公共冲突中大量负面情绪因素的影响。中国学者于建嵘认为，在我国公共冲突的化解需要特别注意为公众建立和开放利益表达组织，形成相对均衡的利益分配格局，这样才可以更加有效地预防与化解公共冲突事件。彭小兵等人认为，公民社会组织具有建构完善的利益表达渠道与信息交流平台的功能，它们可以为弱势群体进行利益诉求的表达，实现公共冲突的协调沟通和利益平衡。

（二）公共冲突化解中第三方的已有研究

现有关于公共冲突化解中的第三方研究主要集中在第三方介入公共冲突的条件、目的以及手段三个方面。赵伯艳认为，公共冲突在涉及第三方的利益，或冲突各相关方自身已无法处理冲突事件时，或冲突各方谈判破裂时，第三方介入公共冲突的化解会更加有效。常健等人认为，第三方干预冲突过程的主要目的是帮助冲突双方结束敌对态度和敌对行为，促进和解。第三方通过调解、斡旋、促进对话、仲裁、制造冲突缓冲的空间和时间、冷却冲突各方情绪、促进各方相互谅解以及冲突解决方案的达成来对冲突进行管理。当冲突各方的敌对行为需要加以控制时，需要由有权力的第三方来干预冲突过程；而当以修补冲突各方关系、维系各方长期共存与合作为主要目的时，由无权力、有权威的第三方对冲突化解进行干预效果更优。

国内外关于冲突化解中的角色分类的文献认为，公共冲突化解中的角色总体分为冲突相关方（interested parties）和冲突中的第三方两大类，对于第三方的角色分类，学者们从不同的角度又对其进行了具体的区分。

Evert Van de Vliert将冲突化解过程中的第三方干预角色归纳为以下八种，即“中立的观察者、盟友、委托人或选举人、有所得的代理人、专业的干预者、调解人、法官、决定性的权威”。Barsky Allan Edward更加细致全面地区分了冲突化解中的各种角色，即“利益相关方、辩护者（advocater）、专家或顾问（expert/consultant）、评估者（assessor）、促进者（facilitator）、调解者（mediator）、治疗者（healer）、仲裁者（arbitrator）、管理者（administrator）、缓冲者（buffer）、惩罚者（penalizer）”。

中国学者常健与赵伯艳在西方学者对第三方角色的分类研究的基础上，从第三方所持立场的维度，对冲突化解中的第三方角色进行了归纳和分类，认为第三方可以被分为辩护型第三方和中立型第三方。辩护型第三方是指居于冲突各相关方之外的，支持某一个冲突相关方，并致力于影响冲突化解的发展进程的个人或组织。辩护型第三方对某一冲突相关方的处境与利益得失十分关注，并为其献计献策，提供资源，以增强自己所关注的冲突方的力量，公共冲突化解中某一冲突相关方的代表者或代言人属于典型的辩护型第三方。辩护型第三方一般采取激进或直接的方式对公共冲突的化解过程进行干预，例如，政府在公共冲突的化解中由于利益关联，经常会扮演冲突中某一方的辩护型第三方的角色去干预冲突的化解过程与结果，此外，NGO 通常也会作为典型的辩护型第三方，为弱势群体争取公正与利益。与辩护型第三方不同，中立型第三方是指居于冲突当事方之外的，以中立的态度、价值与情感在冲突相关方之间进行调和与平衡的个人或组织。中立型第三方通常会适度地参与到公共冲突的化解中，不代表公共冲突化解中任何一方利益，用自身中立的方式与态度协调公共冲突中存在的矛盾分歧。

（三）公共冲突化解的策略与模式

现有研究围绕冲突化解的策略与模式的问题，建立起了一些冲突化解的策略模型。例如，目前被国内外学者普遍认可的是托马斯（K. W. Thomas）的冲突化解模型与帕特里奇（James Gilbert Paltridge）模型。托马斯区分了五种基本的冲突化解应对策略，即竞争型策略，就是各方都想运用全部的力量在冲突中获胜；迁就型策略，与竞争性策略相反，是完全为对方付出，不去想自己的目的；妥协性策略，即双方各有所得与所失；合作性策略，将各方关心的利益加以整合，充分满足各方要求；逃避型策略，是无视各方所关心的利益，各方都收回或忽略自身的利益需求。

帕特里奇提出，公共冲突化解有三种模式：协商模式、行政模式与系统模式。协商模式是针对竞争情形所采取的适当行动，他认为冲突化解的实现，是通过组织成员的贡献与他们获得的满意感之间的平衡感所实现的，协商模式的主体通常是不具备实权和权威的社会团体或精英人物等；行政模式适用于具有等级权威结构的组织，是一种科层命令的方式；系统模式是试图通过更细致的分析手段对决策方式进行重新计划，以便使各功能单位有序运行。本研究关注 NGO 介入公共冲突化解的具体情形，注重 NGO 作为不具权力的第三方采用非强制手段促使公共冲突中的各方达成协商，最终使得本处于竞争与敌对的公共冲突各相关方之间都获得了一定的满意感，从而化解公共冲突的过程。

（四）对 NGO 参与公共冲突化解已有研究的评述

目前关于公共冲突化解的研究主要集中在西方国家，在整个冲突管理的研究体系中，以人际冲突、国际贸易冲突化解等方面的研究居多，对公共冲突化解研究的比例仍然较小。20 世纪 70 年代，城市规划与环境保护等方面的冲突频繁发生，由此推动了欧美国家在公共冲突化解领域的研究，在公共冲突化解的协作式决策方式、参与式方法以及谈判斡旋等方面形成了研究重点。而我国对于公共冲突化解的研究是在最近三四年才刚刚起步，主要是在西方公共冲突管理理论基础上进行理论与实践方面的探讨，一些研究主要停留在翻译国外理论著作的阶段，还有部分研究开始探讨我国社会背景下政府应当如何化解公共冲突，只有很少一部分研究开始着眼于 NGO 介入公共冲突的化解。

目前，学术界对 NGO 作为第三方参与公共冲突化解的积极作用达成了一定的共识，普遍认为 NGO 在冲突化解中具有利益表达、信息提供、缓冲抑制等功能。其中最关注的两个方面是 NGO 协助政府释放冲突能量以及促进弱势群体权益维护这两个方面，类似的研究成果大多来自西方的研究经验，这些研究准确把握了 NGO 介入公共冲突化解过程中所展现的主要功能，但却忽略了在我国具体的社会现实中，NGO 与公共冲突各相关方、政府之间的互动关系以及这种功能实现的阻碍因素。我们可以看到，NGO 无论是协助政府释放冲突能量还是作为弱势群体的利益代言人介入公共冲突的化解，其扮演的都是辩护型第三方的角色，在这种情形之下，NGO 与政府或其他公共冲突相关方的关系也往往是对立，甚至是对抗性的。NGO 这样的角色定位并不利于公共冲突的深层化解。而 NGO 作为社会公益的代言人是指，NGO 不是任何一方的利益代言人，它是作为独立的、中立的一方在各个冲突相关方之间进行协调与化解公共冲突的。已有研究很少关注当 NGO 作为中立型第三方时，是否也可以化解公共冲突，怎样解决，为什么能解决，其作用机制是什么，效果如何等问题。

此外，现有分析 NGO 参与公共冲突化解的特点与优势的文献，很少关注 NGO 本身具有的价值观的特点和优势。NGO 具有平等、公正的价值观以承担起维护正义的义务。学者们在研究一些维权类 NGO 或者倡导类 NGO 时，发现 NGO 更容易站在全社会乃至全人类的利益高度来考虑问题，而不是地方保护主义。它们以自己追求社会公平公正的价值观而感到自豪，并努力地将其落实到行动之中。NGO具有的这种公平公正的价值观特点与第三方进行有效干预的公正性条件极其吻合，是NGO充当中立型第三方的内化因素。

目前我国学者对于第三方角色的研究主要集中在分析政府作为第三方能够扮演哪些具体的角色方面，还很少有研究关注NGO作为第三方应当具体扮演怎样的角色，如何以及为什么能够发挥这些角色的作用等问题，而这些还没有深入研究的问题，正是本研究要重点探讨的问题。

三　案例展示

（一）研究对象的选取

本研究通过对L组织介入G省X村水污染公共冲突化解事件的研究，试图分析NGO化解公共冲突的作用机制，本文研究对象的选取主要基于以下两个原因。

首先，研究选取个案属于特殊案例。本研究的个案选取依托于某科研项目对全国32个省（自治区、直辖市）的100多家环境NGO所进行的大规模调研，发现大多数的环境非政府组织介入环境冲突事件时通常都会作为公众的利益代言人，与政府、污染企业发生对抗，虽然也有不少成功案例，但大都过程烦琐、艰辛与漫长，而且很多组织在公共冲突事件结束后都面临组织转型、修复与政府等利益相关方关系等难题。然而，本研究所选择的案例是在调研中少有的一种情况，即NGO不作为任何冲突相关方的利益代言人，而是作为中立的一方，站在社会公益的立场上，在各个冲突相关方之间平衡利益需求，探寻公共冲突化解方案，最终帮助各方成功化解公共冲突。

其次，研究所选取的案例具有一定的便利性。研究选取的NGO与公共冲突事件的发生地点位于研究者的家乡，研究者对公共冲突事件中涉及的文化背景、语言习惯、具体情境有着更准确与深入的理解；此外，由于乡缘背景，研究者进入访谈的难度较低，和被访谈者之间的亲密感也较强，而且研究者获取各种研究数据与资料的资源与渠道较为丰富。

本研究用表的形式将研究对象进行简要描述（见表3—1）：

表 3—1　　　　　　　　　　L组织简要描述

<table>
<tr><td rowspan="2">L组织简介</td><td colspan="2">组织属性：NGO　成立时间：2004年7月　经费来源：国际组织、企业与政府资助</td></tr>
<tr><td>项目范围</td><td>L组织是G省的一家民间环保组织，目前有专职工作人员6名，兼职人员3名，外围志愿者200多名。组织致力于西部的环境保护事业，旨在改善与治理已经恶化的西部生态环境。成立以来组织的主要项目范围包括：改善与解决环境问题、公众环境保护教育、支持G省高校环境类社团的发展、环保志愿者培训与能力建设。
L组织在水环境方面的治理项目尤为突出，“G省水环境治理与交流项目”是该组织最大的一个关注水环境保护的项目，此项目旨在提升公众在水环境治理中的参与程度，通过收集污染企业信息，促使企业担负环境治理的责任，同时推动政府在环境治理方面的信息公开与透明。目前，此项目主要有三个分项：第一，“河流守护者”行动，致力于提高高校环保生态类学生社团的能力，推动大学生参与G省河流的保护；第二，黄河L段“乐水行”项目，旨在关注身边河流，定期考察周边河流，为志愿者提供交流环保理念与感受的平台，及时发现河流的变化；第三，关注城市社区饮水健康问题。通过L组织的参与，推动政府环保部门对污染企业的治理，督促企业完成清洁生产，实现环境制度与技术的提升，开展NGO第三方审核监督，解决社区饮水健康的问题。</td></tr>
<tr><td>案例背景</td><td colspan="2">X村位于G省L.Z市周边县区，地处黄河南岸，为河谷、坪台、沟坡和梁峁地貌，气候干燥，植被稀少，是一个以蔬菜、水果种植为主的传统农业村庄。村内主要收入以进城打工为主，农业收入在家庭收入中所占比例逐渐减少，村庄的整体经济水平较低。截至2011年，X村有327户村民，共1447人。该村庄内部以姓氏为划分标准区分成几个“派系”，其中以梁姓为最强势的一支。该村是L.Z市城郊村庄中少数几个直接饮用黄河水的村庄，这种习惯已持续了近百年，村民用水泵抽取黄河水，电提至村中高处的蓄水池，经沉淀后送往各个村民家中，整个过程中除沉淀以外，未采取任何消毒与净化的措施。当地政府于2003年为X村配备了一台小型净化水器，但因设备标准并不与X村的用水量相匹配，以及后续设备维护不到位以及净水剂的提供中断，一直处于废弃状态，并没有起到实际作用。2006年起，X村取水口附近陆续新建了W工厂与C水电站，对X村的饮用水安全造成了严重的威胁，由于饮用水污染问题长期无法有效解决，最终爆发了村民与当地政府以及污染企业之间激烈的公共冲突。</td></tr>
</table>

（二）研究资料的收集与分析

本研究收集的资料主要包括文件和访谈记录。在笔者研究的过程中，首先收集的是公共冲突化解过程中每一重要阶段的相关新闻报道，冲突相关方的工作报告以及NGO内部保留的相关文件与资料，如谈判记录、调查报告、会议纪要、录音以及录像等资料。本研究中，研究者仔细查阅了自公共冲突事件发生以来，NGO保存的各种会议记录以及政府部门有关此事件的报告材料，还有一些NGO在事件过程中保留的零散录音资料以及公众和NGO拍摄的零散视频材料。另外，本研究最主要的研究资料来源于访谈。本研究采取的访谈方式有半结构式访谈与焦点小组访谈两种方式。半结构式访谈既有一定的控制作用，又有一定的灵活性。因此，本研究以半结构式访谈的研究方法为主。在访谈过程中设计的开放性问题多以研究问题为导向，尽量不影响受访者的回答，只是引导受访者进行积极的参与，但研究者在一定的范围内对受访者的回答也做出一定的回应。

本研究对文件处理的主要目的是紧密联系研究的主要问题或主题。第一，分析文件在访谈中的作用，参照研究问题和分析框架，详细地阅读文件，把和研究相关的陈述记录下来，作为访谈提纲的参考之一；第二，对文件内容简要总结，从整体上把握冲突化解的脉络；第三，对访谈的录音资料进行转录，并根据不同的冲突相关方进行简要的归类；第四，对于访谈资料的分析采取扎根理论的方法，进行三级编码，对访谈资料进行重组与整合；第五，在具体的分析过程中，采用孙立平提出的“过程—事件”分析法，将L组织介入公共冲突的化解过程视为一种动态的过程加以描述、分析与理解。

（三）研究发现

1. 公共冲突化解的困境

第一阶段：“不闹不解决”——公共冲突的积聚

社会性公共冲突产生的主要原因是人们对于利益、社会地位、政治权利以及价值信仰的争夺。虽然，公共冲突会因为所关注的公共事项具体内容的不同而有所区别，但任何一种公共冲突，无论是环境冲突、拆迁冲突或是医患冲突，都会存在着几个重大的利益主体，他们之间的利益存在对立关系，对公共冲突的化解采取不同的态度。在X村水污染冲突事件中，存在着地方政府、污染企业与社会公众三个利益主体。

首先，在本案例三个冲突相关方之中，W厂与C水电站排放污染废水是引起X村水污染冲突事件的原因与罪魁祸首。2006年，某知名大型工厂W厂在X村上建立两家分厂，分别生产塑胶与保温器材，工厂将工业废水与工厂日常消耗的生活污水排入黄河，而且该工厂的排污口距离X村村民的黄河水取水口仅有20米的距离。工厂建成并投入使用后不久，村民们开始反映饮用水质量急剧下降。2007年，由当地政府批建并资助的C水电站仅距离X村的取水口200米，当年年底，C水电站建成蓄水后，X村村民普遍反映饮用水质严重恶化，水中杂质增多，伴有明显的臭味。村庄内的饮用水安全受到了极大的威胁，经济水平原本低下的村庄，由于水源的污染，其种植的蔬菜水果也大面积病死，对村民们的生命安全以及经济方面都造成了巨大的威胁与损失。

污染企业出于对经济利益的追求，在现实中很难自觉自主地去履行环境保护的社会责任。然而从行政职能上来说，L.Z市环保局在X村水污染冲突事件中是最大的责任主体，其行政职能履行的好坏直接影响着X村水污染是否能够被有效地制止与治理，但L.Z市环保局的实际做法引起了X村村民的极度不满与愤怒。

然而，当研究者在访谈时问起L.Z市环保局主要负责此事件的官员M关于环境执法不够彻底的原因时，他说出了“自己的无可奈何”：

这么跟你说吧，我本人就是学环境工程专业出身的，大学的时候是环保社团的积极分子，我们整个部门六成以上是环境相关专业的科班出身，大家到这来工作，不能保证说全部都是，但是至少有一部分的人是有想为环保做贡献的那么个心的。也就是说，从我们来讲我们也希望而且也应该把环境治理好，为老百姓服务。但是，这里面关系很复杂的，这个我也不好说，我们想把厂子拿掉，但我们说了不算，领导说了算，环境监察队有时候进不去（厂子），有时候进去了干不成什么事，干成事儿查出来了，执行又是难题，真的难办。

第二阶段，“闹事”——公共冲突的爆发

2008年6月12日，在X村村民为解决饮用水污染问题而做出的各种努力与尝试失败之后，共300多名X村村民分别聚集在C水电站与W厂门前暴力示威，砸毁车辆，向C水电站与W工厂内投掷石块等，要为村庄的水污染问题讨个说法。围堵事件持续一天半之后，政府派武警维持现场秩序，更是加剧了村民们的激烈情绪，警民之间发生了肢体冲突，4名村民与2名武警都有不同程度的受伤，并且有1辆警车被损毁，冲突现场一片混乱。① 之后村民回到村中，暂时结束了大规模的抗议与围观活动。

第三阶段，“闹了咋解决”——各种角色功能的失灵

冲突事件被压制后的第二天，环保局派代表与X村村民进行协商，但环保局工作人员一进村口，就遭到了20多名村民的反对和示威，整个协商会只持续了不到半小时，政府代表就在一片混乱中“匆忙撤离”了。这次草草收场的协商会议中，X村村民要求政府拆除C水电站，并要求勒令W厂搬迁，同时要求政府与W厂共同对X村造成的损失予以赔偿，但政府表示，C水电站与W厂的污水排放经治理后已符合国家排放指标，而且水电站拆迁以及工厂搬迁耗资巨大，拒绝承担责任，认为X村的饮用水安全问题主要是由村民直接饮用黄河水造成，而且政府代表对赔偿事宜“闭口不谈”，污染企业也仍采取“紧锁大门”的态度，公共冲突中的各个相关方相互不肯退让，村民们的愤怒情绪高涨，公共冲突的化解陷入了僵局。

案例进行到这里，我们可以看到，在X村水污染冲突事件中，污染企业是造成公共冲突的罪魁祸首，环保部门执法不力是引发公共冲突的导火索。但我们需要看到的是，在我国，环保部门“权责不对等”的问题极为突出，环保部门在极大程度上受制于地方政府。目前，我国以经济增长指标来考核地方政府政绩的单一标准使得地方政府对作为“纳税大户”的污染企业往往有着明显的地方保护主义倾向，即使中央政府多次反复强调环境保护的重要性，但事实上，我国的环保部门体系并非垂直管理，相对于中央的环境保护部门，地方环保部门要更加受制于地方政府，而对于处在弱势地位的公众来说，更是很难依靠自身力量有效地解决存在争论的问题。因此，在这种情形下，各种功能角色都处在失灵的状态中，公共冲突的化解一度陷入了僵局之中。

2. NGO介入公共冲突化解的角色转变

“身陷其中”的困境

在公共冲突的化解过程中，试图介入化解过程的第三方也许起初并不是冲突相关方之一，但由于第三方介入角色的差异，处理方式、管理手段

---

① 依据L.Z市某环境报社媒体报道、L组织资料记录以及村民口述经历综合整理而成。

的不当等因素，极有可能因为第三方的介入而引起公共冲突的二阶冲突①，政府就是其中的典型例证。事实上，如果NGO在介入角色与处理方式上有所偏失，同样有可能会将冲突的矛头引向自己，产生新的矛盾问题，从而使自己身陷困境。L组织在介入X村公共冲突化解之初确立的是与政府合作的态度和方式，这就遇到了令组织举步维艰的困境。

当L组织找到市环保局的相关负责人，表达自己的合作意愿之后，事情并未如L组织预想的那样顺利进展。一方面，虽然政府出于“合作也没有坏处，有人说能来啃这块硬骨头，那自然好”的考虑，表面上接受了这种合作关系，但实际上“虽然是好，毕竟我们是政府部门，你怎么做，我们都得谨慎考虑，而且说实话对于他们（L组织）到底能不能做成心里没抱太大希望。”② 另一方面，当L组织以一个“政府助手”的角色身份进入X村时，当地公众却视L组织为政府的“同伙”，对组织的介入十分排斥。

L组织与政府的“夹生”合作关系并未给L组织介入X村公共冲突的化解带来一个适当的角色身份，而同时，L组织在这种角色状态中，也难以与村民建立起信任关系，结果L组织便在这种“夹缝中”寸步难行。

人们通常认为，NGO应当具有而且实际也具有平等、公正的价值观，认为他们应该更容易站在全社会乃至全人类的利益高度上来思考问题。但是，当NGO介入像公共冲突化解这样存在着复杂利益关系的问题时，如果不能找到合适的介入角色，其与生俱来的优良基因则很难大放异彩，甚至会大打折扣，遭人误解，为自身介入公共冲突的化解制造了许多障碍与困难。

项目刚刚开始遇到的这个瓶颈给L组织负责人以及工作人员带来了很强的挫败感，大家开始反思组织介入冲突的工作方式、角色定位出现了什么问题。研究者在收集研究资料时找到了L组织的一次会议录音，这次会议可以说是组织介入冲突化解工作中的一个重要转折。

L组织Z先生：“我们是民间组织啊，来源于民间，为什么在政府那里受到不平等待遇，村民对我们也充满敌意，因为我们自己混乱，我们

① 二阶冲突是由第三方干预所导致的各方与第三方之间的冲突，是冲突升级和扩散的一种激烈形式。

② 研究者与市环保局官员M的访谈。

到底代表谁？我们是为政府说话，还是为村民说话，还是为污染企业说话？我们前两条路都碰了钉子，这次我们要跳出来，我们总是愚蠢地将自己置于冲突中给自己找麻烦，这次我们要代表我们自己，代表民间组织，代表正义的、公益的力量，我们要有独立性，我们要的是解决问题！”

L组织有了这样的思路指引后，开始重新寻求组织的角色定位，将“代表公益的力量”作为组织的角色定位。但如何能够让冲突中的各方认识与认同组织自身的新角色，如何让他们能感受到这份公益的力量，则需要L组织实实在在地行动起来。

“置身其外”的海阔天空

NGO在公共冲突的化解中要代表“公益的力量”，就需要行公益之事，而且要以一个独立的第三方身份，去运用自身的优势和特色，在公共冲突的化解过程中不断地寻求创新与突破。L组织就是发挥了自己作为一个NGO的专业优势，以公益的方式将其实践出来，为自己在“跳出”冲突的利益圈后，开拓出了一片广阔的天地。

首先，L组织以紧急救援为前提，在掌握了X村饮用水的基本情况后，组织独立筹资，向X村提供了4台大型净化水设备与200多件净水剂，邀请专业技术人员对X村荒废多年的原有净水器进行维护与修理，并且安排L组织的志愿者在村庄内对净水设备的使用方法等专业知识进行普及和指导，在短时间内提升了村民的饮用水质量，村小学和村卫生所的日常用水质量也得到了改善。

其次，L组织发挥自身作为环境保护NGO在环保这个特定领域的专业技术特长，利用组织自身配备的水质检测工具与专业志愿者团队，对X村进行了初步的水质化验与监测，并根据检测数据，及时地将相应的净水方案与技术建议推广给X村与政府相关部门。另外，L组织还在这一阶段，在X村组织了健康调查与环境宣教活动，组织的志愿者们到村民家中了解村民病史，必要时收集病例，向村民们普及水污染应急处理的专业知识以及环境维权的法律常识等，针对X村的具体情况，编写、印制并向村民发放了《水污染受害者援助手册》。

L组织在独立地运用了组织自身技术与资源，作为中立的一方介入公共冲突事件的化解，为冲突的解决做出实质性的工作之后，冲突中的相关方对L组织的角色转变表达了各自的观点：

市环保局官员 M："L 组织能做水质监测，我们其实很愿意，现在信息要更加公开，更加透明，更加公正，政府需要社会力量的监督，这也能帮助我们更好地为大家服务，这就是合作，取你所长，补我所短，上级部门有意见，因为不是我们自己公布的数据，是他们的数据，我们也不怕影响什么，而且 L 组织在之初主动向 X 村提供净水设备和技术推广，其实算是让我们看到了 L 组织在这件事中的诚意，也算是帮了政府个大忙。"

X 村村主任："他们给我们整个村子又是装机器，又是专门派他们的人来教我们怎么使用那些东西，他们还给家里出去打工的贫困户、小学、卫生所提供纯净水，这个是直到我们后来吃上活水（自来水）才停的。隔两天就会有学生娃来，测测看水咋样，能喝了不，村民们越来越觉得他们亲了么，觉得他们是办实事的，给了我们这么多东西，都没有收我们钱，也没提过，村里人都对他们感谢得很。"

L 组织以一个独立的、中立的、不代表任何一方利益的第三方角色介入到公共冲突的化解过程，通过组织的公益理念与行为，发挥自身专业特长，逐步打开各个利益相关方的心门，向政府相关部门、污染企业以及公众灌输信任、合作的解决问题的观念与态度，为 L 组织自身与公共冲突中的相关方建立了联系与信任关系，帮助冲突各方看清了互不相让的强烈对抗，或不闻不问的逃避并不能解决问题，而会造成"几败俱伤"，这为推进公共冲突的化解迈出了十分重要的一步。

L 组织干预公共冲突角色的转变，为其更加深入地介入 X 村水污染冲突的化解工作奠定了十分重要的基础，接下来本研究将要讨论 L 组织是如何在"置身其外"的海阔天空中"乘风破浪"的。

3. NGO 介入公共冲突化解的作用过程与策略

第一阶段，收集与分析背景信息

NGO 作为无权威（power）的一方介入公共冲突的化解，更多的是以化解过程为导向，目标是实现深层的稳定，而非只追求表面的平静，NGO 在公共冲突的化解过程中致力于发现、协调、整合以及化解造成公共冲突的深层原因以及冲突相关方之间内在的利益关系。

L 组织在确立了介入公共冲突化解的角色之后，首先发挥了 NGO 的灵活性、专业性与多元性等特点，积极进行相关信息的收集和调查，明确各个冲突相关方在冲突事件中应当承担的责任，摸清各利益相关方的真实想法与底线，努力寻找各方的利益重合区域。

L组织虽然在前期自行对X村的水质进行过检测，但为了监测数据更具权威性，组织独立出资邀请了国际著名的环境咨询机构U针对C水电站对X村取水口水质的影响进行专业论证，包括水电站的建成对降低河水流速、产生洄游、淹没农田、果园土壤中农药化肥残留物进入水体等各种因素的影响，U组织还分别对W厂的污水排放口与X村取水口的水质进行了比对分析。L组织作为第三方审核，对数据的取样与分析进行全程跟踪，并合作撰写了《X村水质检测报告》，从客观数据方面明确了各方应当承担的责任，同时也使得L组织对整个冲突事件的整体把握有了确实的依据。

L组织十分重视对各个利益相关方的背景资料的收集与分析，并突出了对各利益相关方需求分析。他们聚焦于冲突各方实际的利益需求，将冲突化解的方案建立在这种分析结果的基础上。冲突各相关方所提出的立场或许是完全对立、互不相容的，但L组织却在这场“立场之争”的背后，寻找着各方深层利益的“平衡区域”。

L组织在正式开始调解各个冲突相关方之间的矛盾前做了充分的准备工作。首先是通过主动提供资源（净水设备等）等方式与冲突各个相关方建立关系，虽然这样的关系可能并不是完全均衡，尤其与污染企业在准备阶段并没有建立起明确的联系，但这已经是在他们尽可能多的获得冲突中各方认同的基础上，才正式开始与冲突各方初步接触，并逐步建立起信任关系。其次，他们细致的背景资料搜集工作加深了L组织作为中立第三方对整个冲突事件的理解，使得他们能够在冲突事件化解的战略、策略、计划的选择和制订上更加积极主动与客观明智。

第二阶段，“传话筒”式的预先协调

NGO作为中立的第三方是在各个冲突相关方之间沟通水平十分低下、各方存在着误解与敌意，并使得各方之间无法进行谈判、协商或打破僵局的情况下介入公共冲突的化解的。因此，如果没有一定的预先协调的铺垫，NGO也很难成功地进行公共冲突的化解。如L组织R女士所说：“这个阶段，其实各方还没有完全具备彼此之间畅所欲言的能力，彼此心中还是有芥蒂存在，那我们就给他们赋能，在他们还在‘沟通的幼儿时期’先帮助他们学习彼此的语言，这是在我们的工作中很重要的一点。”

L组织在组织各个冲突相关方“面对面”协商之前的很长一段时间内，为X村冲突事件中各方之间的沟通与调解做了许多铺垫式的缓冲工作，采取了一种“背对背”式的调解方式。L组织作为中间人，分别听取村民、政府部门、污染企业的意见与需求，并且代为传达给其他的冲突相关方，如此就使得当地政府、公众与污染企业能够通过L组织这个信息传输点，初步了解彼此的想法，这种预先调解的方式，为L组织进一步深入工作打下了坚实基础。

L组织作为NGO这个非权威的第三方介入冲突管理的过程中，十分强调与各个冲突相关方之间友好、平等、自愿的沟通与对话，从而能够更好地了解冲突各方的想法，为他们之间的协商提供必要的条件，创造良好的氛围。但是，由于政府、公众、污染企业各自的特点以及对待冲突事件态度方面存在差异（尤其是污染企业），L组织在与各方的对话与沟通中采用了不同的方式与策略（包括组织与村民、组织与政府部门、组织与污染企业）。

L组织在为后续工作做预备的过程中，通过运用自身的专业性，发挥NGO的协调、沟通能力，识别公共冲突表面之下的利益关系，缓和各个冲突相关方之间的关系，很好地利用了角色优势，积极地表现出自身的冷静、友好、理智、公正与独立性。在这个阶段，主要是L组织通过自己与冲突相关方建立沟通与对话的渠道，而接下来，则是冲突相关方之间的直接对话。

第三阶段，组织会议协调

在L组织为X村举行调解会议之前，陷入这场冲突中近两年之久的各方还从未坐在一起讨论过冲突的化解，从这个意义上来讲，各方能够认同且前去参加会议，与L组织之前做出的一系列协调与准备工作关系密切。

L组织与L.Z市环保局进行商议，将调解会议的地点定在了X村村委会会议室，除在公共冲突事件中主要涉及的三方代表以外，还邀请了为L.J湾做取水口水质影响分析的咨询公司代表以及一位媒体记者参加了调解会议。

首先，L组织Z主任作为调解会主持人，分别介绍了到场的各方代表，并且说明了调解会的主要规则与流程。第一轮发言中，X村村主任首先发言，反映了村子常年喝不上清洁饮用水以及村民受害的事实，并要求“政府环保部门要命令W厂搬迁或停止生产，C水电站的泵房要重新换地方修建，并且要赔偿我们村民的经济损失，治理已经污染的水源。”政府部门表示："C 水电站泵房重新选址工程量较大，而且耗时较长，这样并不适合。"而 W 厂代表则表示"工厂刚刚运转不久，搬迁显然不现实，我们会加大投资，购置新的治污设备，处理好污水排放。"[①] 这一轮中，三方就如何能够使 X 村饮水质量得到长久保证存在分歧，村民认为如果 W 厂不搬迁或停产，C 水电站不重新修建泵房，类似的污染事件还会发生，自身的利益还会继续受损，而政府部门与 W 厂则认为村民的要求不符合实际，如此的解决方案成本太大。第二轮的 L 组织与 URS 的报告，则在一定程度上回应了三方在第一轮发言中存在的争议。L 组织与 URS 代表明确了 W 厂与政府批建的 C 水电站对 X 村水污染事件具有不可推卸的责任，但 X 村村民直接抽取黄河水、沉淀直饮的方式也存在很大的安全隐患。L 组织提出，"如果想要彻底解决 X 村饮水健康问题，我们建议铺设自来水管道。"第三轮的自由发言中，公共冲突中的各方就铺设自来水管道的成本、责任主体、技术问题、X 村村民赔偿问题、污染治理问题等进行了讨论。

整个调解会议按照 L 组织与政府和 X 村村主任商定的流程进行，从早上 9 时左右正式开始，直到下午六时才接近尾声，整个调解会议在相对平和与冷静的氛围中进行，L 组织积极适时调解并提出给予相应的资源补给，政府部门主动协商与让步，W 厂积极面对，最终调解会议达成了对 X 村水污染冲突事件的商议办法，即"政府出资为 X 村拉设自来水管道，W 厂勒令停业一周升级污水处理系统并向 X 村提供净水设备的后续维护费用，直到自来水管道的连通。政府与 W 厂共同负担 X 村因水污染引起的治病医疗费用。此外，L 组织做出承诺，将继续为 X 村提供净水剂与相关的必要技术支持。"[②]

最终，达成化解方案

第一次调解会议结束后的两天，X 村村主任找到 L 组织，表示对调解会议上达成的解决方案又产生了新的异议。这一次的矛盾聚焦在 X 村的灌溉用水水质如何保证，以及村民们通上自来水管道后产生的自来水水费由谁来负担这两个方面。村民要求"让政府给我们出以后大家的活水

① 研究者与市环保局官员 M 的访谈。

② L. Z 市环保局在此次调解会中保存的会议纪要。

（自来水）水费，能再把我们浇地的水弄得更满福（好）些更好。”[①] 村主任也向L组织说明村里已经和环保局的负责人表明了村民的立场，得到的是拒绝的答复，希望L组织能帮助进行协调。

为了进一步推动整个冲突事件的最终化解，L组织在得知村民新要求的当天，就派出工作人员与志愿者去X村和L.Z市环保局进行了解与协调，分别听取两方不同的声音。

L组织开始分别进行有针对性的工作。对于村民，L组织在村中向村民宣传健康饮用自来水的相关知识，“我们有次在村里办‘我爱我村’活动的时候，趁着那个机会么，大多数村民都在，就这个事情给他们算了笔账，呵呵，我们就说每月五块钱水费，省下看病大钱，跟他们说其实他们以前的饮水方式本来就是不好的，其实就算没有这个事，这个饮水方式迟早也得变，这是个长远的事，对后代也有好处等，很多村民当时就直点头。其实L大爷他们也知道，但可能当时觉得已经弄出这事了，作为村里的有头有脸的，这么收场也不好看，下不了台阶，态度也还是不明确，但其实从那个时候开始很多村民对于自来水费的事情就没那么在意了。”[②] 对于政府部门，L组织进一步细化了C水电站对于周边环境以及对X村农田灌溉水存在的影响，再一次明确了C水电站泵房重新选址的必要性。

随后，市环保局代表与X村村民代表又开了一次小型调解会议，就X村村民提出的关于自来水水费的支付问题与C水电站大坝重新选址的问题进行了讨论和商议，最终政府部门同意在两年之内对C水电站的泵房进行重新选址并修建，X村村民同意自己负担产生的自来水费用。

最终，通过L组织130余次深入到各个冲突相关方并在其之间的积极沟通与调解，以及公共冲突各方的努力与配合，X村水污染冲突事件的正式解决方案以协议的方式达成：即政府出资为X村拉设自来水管道，并要求水电站履行其职责，另选址修建水电站泵房，解决X村饮用水及农田灌溉水问题；W厂为X村提供后续的净化水设备及所需配备的净化水剂等相关耗材，并且由政府和企业共同承担X村民因饮用污染水造成的相关损失及赔偿；由X村村民自己负担日后自来水的使用费用。

通过案例，我们可以看到L组织在调解会议中所起到的作用。对于

① L组织保留的与X村村主任电话谈话的录音资料。

② 研究者与L组织志愿者W的访谈资料。

村民来说，L组织在为村民打通了意见表达渠道、为他们开放了参与公共冲突事件化解的公共空间、给他们赋予了很强的价值感的同时，也通过这种表达渠道，在一定程度上释放了他们心中由不公、愤恨、埋怨引起的非理智情绪；对于政府而言，他们为政府充分营造了舒适的“软环境”，凭借着组织领导人的个人魅力以及整个组织工作人员一点一滴的细致工作，帮助政府在调解会议中淡化和缓解了之前紧张、对立的气氛，让各方能够以一种积极、开放的心态，进入正常的问题讨论和商议轨道；对于企业来说，首先L组织能邀请其代表出席，本身就发挥了重要作用，同时，在调解会议中，让企业清晰明确自己应该承担的职责，了解村民的生活、情绪和态度，这为冲突化解方案的最终达成起到了关键的作用。

四　研究结论

（一）NGO在公共冲突化解中的角色定位

通过理论分析以及基于X村公共冲突化解的案例事实，我们能够看到NGO的公益性及专业特长是其在公共冲突化解中发挥作用的先天禀赋，其身上所具有的普遍主义的价值观（benevolence and universalism），使其在行为选择上更关注他人福祉以及全社会公共利益的保护，在其行为动机中，社会责任占据首要位置。就NGO的专业特长来说，其具有两种十分重要的专业能力，即动员公众参与和协调沟通的能力，因此NGO是公共冲突利益群体之外的介入公共冲突化解的理想代言人。但是，NGO拥有的先天禀赋要在公共冲突化解中发挥优势，需要找到适合的角色基础和准入机制，这就需要我们讨论NGO在公共冲突化解中的角色定位。我们以下图来分析NGO在公共冲突化解中的角色定位（如图3—1）。

假设A、B、C三方位于同一个利益关系格局中（即图中所示三角形），并且三方有相互冲突的倾向。在这个冲突关系模式中，三方之间存在利益冲突关系，并且每方都坚持自己一方的利益最大化取向，即认为最终的利益均衡点应当是在自己所在的三角形顶点的附近，这种情况就是我们所说的三方走向了冲突。一旦走向冲突，就意味着三方之间不仅是一种利益之间的分配关系，还存在着人与人之间的对立，于是就进入到了一个类似于最后通牒博弈这样的情感动用状态。转言之，就是他们可能沿着利益冲突而走向情绪化和对抗化，很可能会把对方作为敌人而产生一个价值

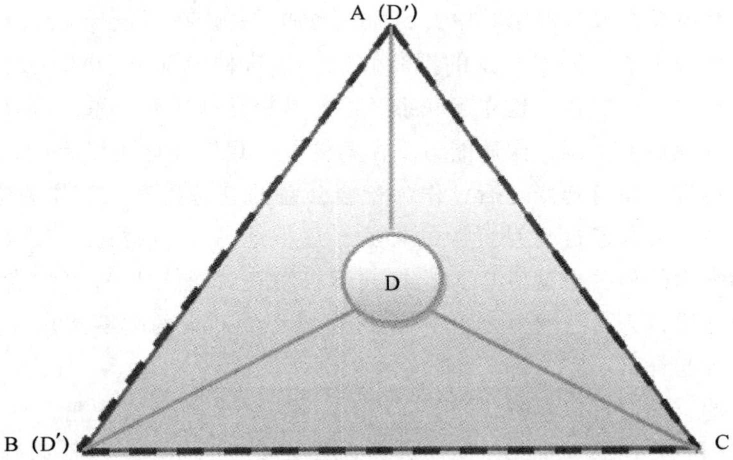

图 3—1　NGO 在公共冲突化解中的角色定位分析

函数的重新分配，从而产生非理性的利益分配机制，更严重的情况下会以消灭对方，甚至同归于尽作为自己的利益目标。因此，在这条路径上，三方远远无法达成一致性的共识，也就很难再进入到一个理性的利益分配格局中。正如我们在案例过程中看到的一样，L 组织在进行角色转变之前，作为政府的协助方或公众的利益代言人时，一直无法顺利开展工作，很难与公共冲突中的各相关方建立联系，将自己置于冲突各方复杂的矛盾与利益圈之中，工作的开展困难重重。

那么，在这样的关系格局中，当 NGO 位于图中的 A（D′）或 B（D′），即或代表公众，或协助政府，作为辩护型第三方时，事实上仍然是帮助自己所代言的一方实现其利益的最大化，仍然没有改变各方非理性的冲突状态，而且 NGO 以如此的角色介入公共冲突的化解很有可能加剧冲突的升级。此外，作为政府的助手这一定位本身就存在问题，这样的定位首先是基于对政府的定位而来的，先定义政府，再定义 NGO 自身，但我们看到政府本身存在例如环境上的地方保护主义等问题，用一个有问题的主体来界定另外一个主体，这并不合理。

当 NGO 跳出 A、B、C 所在的利益关系圈（也就是位于图中的 D 点）时，NGO 就不再是作为一个利益对立方，或者至少是博弈方而介入公共冲突的化解当中，这就消除了 NGO 与各个冲突相关方的利益敌对关系，使其获得了在利益分配过程中的公正性，即 NGO 在进行利益分配的时候，由于其利益关系没有深陷其中，因而就增加了一份在利益分配过程中的公正性，而减少了一份不公正的判断倾向。在这种情况下，NGO 拥有了公正性，与冲突中的各方建立起联系，甚至是相互信任的关系，可以尽情地发挥自身理性的协调、沟通能力。在案例中，我们同样可以看到，L 组织在成功地进行角色转变之后，作为社会公益的利益代言人，作为中立的、独立的第三方，通过自身资源的补给，逐步地与 X 村村民、政府官员等公共冲突中的相关方建立联系，打开了自身正式进入 X 村水污染冲突化解中的通道，为自己更好地介入 X 村环境污染冲突的化解提供了重要的角色基础与补给。

因此，我们可以看到，当 NGO 由某一方的利益代言人角色转变为一个独立的、公正的、中立的第三方介入公共冲突的化解时，他们就获得了施展自身协调、合作、平衡利益的技能的舞台与土壤，这种角色为 NGO 在公共冲突化解中发挥更大、更好的作用提供了必要的角色补给，这种身份为他们赢得了各利益相关方的信任，为 NGO 进一步介入公共冲突的化解提供了重要的角色基础和准入机制。

因此，我们可以得出以下结论：

结论一：NGO 作为社会公益的利益代言人，即中立型第三方的角色介入公共冲突的化解，一方面有助于公共冲突的化解走向理性的轨道，另一方面为自身公益性、专业性等优势的发挥提供了角色基础和准入机制。

（二）NGO 在公共冲突化解中的作用机制

通过本研究的案例过程，我们可以看到，L 组织从最初通过自己的资源补给得到公共冲突中各方的认可，发展到与冲突各方建立起畅通的沟通对话关系，再发展到帮助各方之间建立起协商对话关系。NGO 在整个公共冲突的化解过程中，通过信息调查与收集、预先协调、组织召开调解会议以及最后的磋商等具体步骤与过程，积极地与各方沟通和协调，细致分析冲突各相关方的特点，尊重各方的需求和主张，分析和判断他们立场背后的利益需求，使其能对各方的利益诉求保持敏感，并且通过灵活多样的人际沟通、规劝疏导，平等对话和协商、组织动员等方式，有效缓和冲突的紧张气氛，消除各个冲突相关方的误解，促进冲突各方沟通和相互理解，帮助他们彼此以及与自己建立起信任关系，为公共冲突各方的沟通创造适宜的氛围和条件，从而最终达到调解纠纷、化解矛盾的目的。

因此，我们可以得出如下结论：

结论二：NGO 运用沟通、协调、动员、组织、调解手段和策略，缓和公共冲突化解的紧张氛围，及时向公共冲突各相关方反馈信息，帮助各方缩小冲突的争议范围，并提出冲突化解的建设性意见，在公共冲突的化解中发挥了重要作用。

那么，NGO 作为中立型第三方，运用这些具体的手段和策略，为什么就能够化解公共冲突？这是我们接下来需要探讨的问题。

首先，NGO 重建了公共冲突各相关方的对话关系。

一方面，相互冲突的各方都坚持着各自的利益最大化取向，他们之间的沟通水平在质量和数量方面都十分低下，彼此之间的沟通处于敌对与中断的状态，致使公共冲突的化解陷入僵局。当 NGO 作为一个独立的中立型第三方介入这种断层的对话关系时，将 NGO 自身作为沟通的“中转站”，以自己作为重建冲突各方对话关系的基点，分别与每一个冲突相关方积极进行沟通、交流与协调，将自己在沟通中得到的信息及时反馈给其他的冲突相关方，转言之，就是 NGO 以自身与各个冲突相关方的畅通对话关系置换出了冲突各方之间原本中断的对话关系，从而重新开启了公共冲突各方之间的沟通与对话渠道。在案例过程中，L 组织就是在公共冲突中的各方之间的沟通能力都十分低下的时候，做了很长时间的“传话筒”式的预先调解工作，将自己作为沟通传输点，不断地通过自身与 X 村村民、政府部门以及污染企业的较为畅通的对话关系，去置换他们之间中断的对话关系，最终重新建立了各方之间的沟通渠道。

另一方面，NGO 的介入在一定程度上平衡了公共冲突各方之间的对话地位。在实际的公共冲突中，公众作为弱势群体与政府、污染企业相比，在对话地位上处于不平等的地位，而 NGO 作为中立型第三方，通过引入新的资源与力量（例如法律与媒体的力量），能够改变在对话关系中原本占有强势地位或采取回避态度的冲突相关方，使之回到与弱势群体进行沟通和交流的平台上，从这个层面的意义上来讲，NGO 也同样重建了公共冲突相关方之间的对话关系，促进了他们之间的有效沟通。案例中，L 组织积极引出了法律与媒体的资源，使得政府部门和污染企业以更加积极的态度去面对冲突事件的化解，与处于弱势地位的村民进行更好的沟通与合作，这很大程度上改变了他们的沟通关系。

其次，NGO 将公共冲突各方的利益关系进行重新整合，实现了利益的组织化。

NGO 本身具有很强的利益聚焦、整合和协调的能力，因为 NGO 平时自身运作中的民主、公益的方式使其在组织内部就形成了一种利益协调的能力。那么，相对于公共冲突各方原本分散的、未经组织的利益关系格局来说，NGO 将处在同一个利益关系格局中的多个利益相关方的利益需求进行过滤、整合和协调，将相同的利益主张进行叠加，不同的利益需求加以协调，找到各方之间利益均衡的关键维度，实现不同利益主体的利益需求的组织化，从而形成一种合力，协调冲突各方在公共冲突化解中的行动步骤、节奏与方向，如此就可以使原本分散的冲突各相关方来共同分担集体行动的成本，分享集体行动的收益，共同参与到化解公共冲突的过程中，最终达成令各方都满意的冲突化解方案。那么，NGO 的介入就促成了一个集体行动中合作的能力，产生出了大家都可以接受的结果，使得冲突中的各方利益都有所满足，改变了各个冲突相关方之间“你失即我所得”的零和博弈的状态，实现了公共冲突各方利益共赢的正和博弈。从整个案例过程来看，L 组织就是将 X 村水污染冲突中的各个相关方的利益需求进行不断的整合与重组，从最初村民要求拆除 C 水电站与搬迁 W 厂并进行赔偿、政府不同意拆除 C 水电站、W 厂拒绝搬迁与赔偿的利益需求，协调至最终的解决方案，整个过程充分地体现了 NGO 在公共冲突化解中将不同的冲突主体间相异的利益需求进行整合，使其利益组织化的能力。

因此，可以得出本研究的最后一个结论：

结论三：在公共冲突的化解中，NGO 将公共冲突各方松散的关系格局整合和重建为组织化的关系格局，并由此改变了各个冲突相关方之间的博弈状态，实现了各方的合作与共赢。

最后，本研究完成了对 NGO 介入公共冲突化解的角色定位、作用方式与作用原因方面的分析，并将通过下图来整体呈现 NGO 化解公共冲突的作用机制（如图 3—2 所示）。

如图 3—2 所示，NGO 作为中立型第三方为其介入公共冲突的化解过程提供了角色基础与准入机制，帮助公共冲突各方回到理性化解冲突的轨道上，具体运用沟通、协调、组织、动员、调解等手段和策略，重建了公共冲突各方之间的对话关系，整合和组织了他们的利益关系格局，将其原本松散、无序的关系格局重建为组织化的关系格局，形成集体行动的合

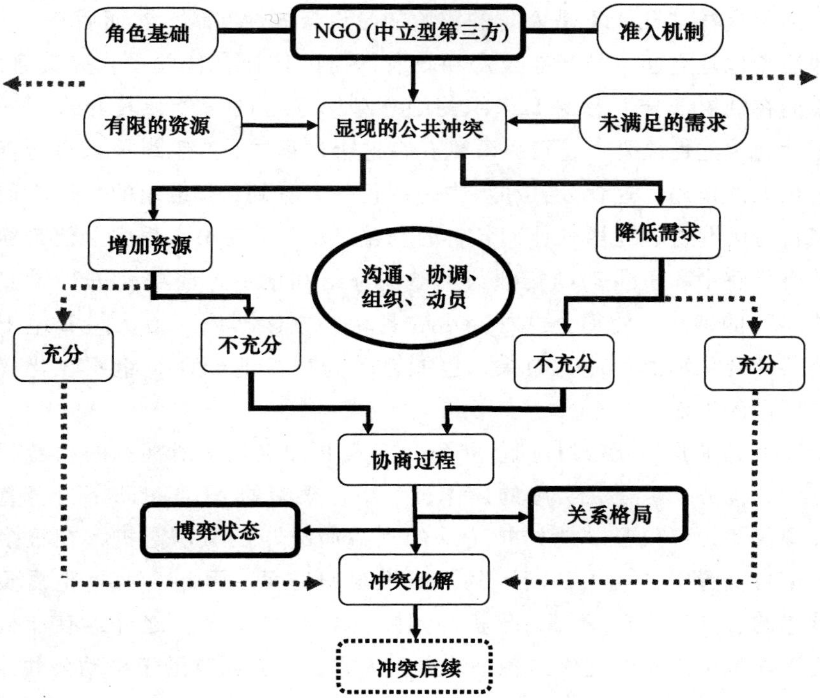

图 3—2　NGO 在公共冲突化解中的作用机制分析

力，共同寻找令各方满意的冲突化解方案，实现各方的利益共赢，最终成功实现了公共冲突的化解。

五　讨论

(一) NGO 参与公共冲突化解的组织合法性问题

目前，在我国，NGO 参与公共冲突化解普遍存在“身份合法性”的问题，一方面 NGO 难以进入当地社区、与公众建立起良好的合作与信任关系；另一方面，公共冲突中的其他利益相关方（例如相关政府部门、污染企业等）也质疑 NGO 介入公共冲突化解的动机，排斥 NGO 介入公共冲突的化解。NGO 由于“身份认同”问题而导致的在公共冲突的化解中“夹缝中求生存”的问题困扰着很多的 NGO，导致其在公共冲突中的作用空间十分狭小。

我们在本研究的案例过程中也可以看到，L 组织在角色转变之前也同样碰到了这样“几头不是人”的尴尬的身份合法性问题，然而后来，L组织却逐步地建立起了与当地公众和政府部门的信任合作关系。究其原因，除我们在结论部分提及的L组织的中立型第三方的角色为其介入带来了公正性与独立性之外，还可以看到，在这个过程中，L组织投入自身资源起了很大的作用，这让公共冲突中的各相关方看到，L组织的介入不但不损害自身的利益，还增加他们各自的利益。L组织在很大程度上便是通过在冲突化解中积极主动的资源与利益的补给和增加，成功地进行了“身份认同”的破冰，使得公共冲突中的各相关方逐渐地开始认同L组织介入公共冲突化解的作用与效果，也能够较为积极地配合L组织在化解过程中所做的工作。

在上文中我们就曾讨论过NGO介入公共冲突化解所拥有的独特的资源方面的优势，但是在实际的操作过程中，很多的NGO忽略了自身重要的资源优势，仅仅是“为维护公众的利益而战”的激烈对抗，在很多时候会把自身置于“无人认同”的举步维艰的局面。因此，NGO也需要根据具体的公共冲突的情况，分析和判断自身除“发声”之外，有什么样的资源优势可以及时提供给各个冲突相关方，一方面有助于推动公共冲突的化解，另一方面，也为自己的“组织合法性”提供重要的保障。

（二）NGO介入公共冲突的化解对公民社会发育的推动作用

在公共冲突化解的过程阶段，我们通过案例研究发现，NGO发挥了重要的连接、沟通、协调与组织的作用，最终帮助各方达成了一致的冲突化解方案，但是公共冲突化解的后续工作并没有结束，而L组织在公共冲突化解的后续阶段所发挥的作用在某种程度上也说明了NGO可以在公共冲突化解的后续阶段发挥积极的作用。另外，由于NGO以公共冲突的化解为入口进入社区，在日常的生活中，当NGO发现潜在的冲突时，就可以在源头上将公共冲突进行及时化解，而不是等待冲突已经以激烈的方式显现出来时再行动。因此，NGO在公共冲突化解中的作用不仅局限于冲突过程的化解，还可以参与到对公共冲突的后续化解之中，并且能够通过各种争议的日常性化解来防止公共冲突的反复，并对新的公共冲突的发生具有源头性的预防作用。

更为重要的是，目前，我国公众参与公共事务管理和自我意见表达的能力普遍低下，公众缺乏参与表达意见的平台，这成为诱发公共冲突的重要诱因之一。案例中NGO在公共冲突化解的后续阶段，能够将工作的重心逐渐转移到培育公民能力方面，通过开展长期的环境保护活动，在学校开展环境教育课程等，提高公众参与公共事务管理的积极性与能力，构建公众自我表达的能力与渠道。NGO介入公共冲突的化解，能够以化解公共冲突事件为进入社区以及与社区公民建立信任关系的切入点，转而成为扎根社区的组织，在社区内广泛动员公众参与公共事务的治理，帮助公众构建自我表达的能力和渠道，从而能够为培育公众的公民性、增强公民意识发挥重要的作用，同时也能够增进社区公共事务决策与执行的民主性，将冲突化解事件逐渐转化为社区治理的工作，从而能够在一定程度上促进我国公民社会的发育。

（三）公共冲突化解中NGO与政府的合作

透过很多的公共冲突事件，我们能够看到，NGO参与公共冲突的化解不能离开与政府的合作，但是正如我们在上文中看到的，合作并不代表失去独立性和中立感，合作也并不代表偏向于政府，成为政府的“同伙”。在公共冲突的化解过程中，NGO与政府的合作是两个都具备能量和实力的主体为了不在双方之间的对抗或博弈中无谓的消耗能量、资源与成本，从而采取的一种共赢的处理方式。

如同我们在案例中看到的，X村水污染冲突事件的最终化解离不开当地相关政府部门的积极协调与行动。与最初冲突事件爆发时政府采取的权力以及“警力”压制的强硬粗暴的处理方式相比，政府在NGO介入公共冲突的化解之后，开始逐步地向一个真正的服务型政府转变，NGO与政府则以一个共同的行动目标——为公共利益服务为双方合作的根基，为整个公共冲突事件的解决投入各自的力量与资源。

然而，在利益错综复杂的公共冲突事件中，NGO与政府的合作关系对二者都提出了相当高的技术要求。对于NGO来说，合作意味着自己要逐渐走出组织在弱小阶段时采取的强烈呼吁、对抗、博弈的方式，不断地使组织自己强大起来，让自身拥有足够的力量，运用自己所掌握的资源和力量为各个利益相关方进行引导和协调。在这种合作关系中，对NGO的专业能力与技术的要求可能包括利益协调、沟通谈判、冲突解决等，NGO需要在如此的合作关系中找到与政府以及其他冲突各方的利益均衡区域。对于政府来说，看待“公共冲突”的功能与作用的态度十分关键，政府不应只看到其负面作用，认为冲突会损害经济、政治等多方利益，而更多的应该看到公共冲突的正面积极的功能，它的深入平稳的解决是从服务于公众、服务于公共利益的目的出发的，最终能够真正地实现社会健康稳定的发展。

因此，在公共冲突的化解中，NGO 究竟是一个“麻烦的制造者”还是一个“问题的解决者”，取决于 NGO 自身的专业技术，也同样离不开“服务型政府”的支持，NGO 与政府良好的合作关系对于公共冲突的最终化解同样是至关重要的。

参考文献

Almond, *Comparative Politics: System, Process and Policy*, Shanghai: Shanghai Translation Publishing House, 1987, p. 116.

Averill J. R., "Studies on Anger and Aggression: Implications for Theories of Emotion". *American Psychologist*, Vol. 38, No. 4, 1983.

Barsky and Allan Edward, *Conflict Resolution for the Helping Professions*, Ca: Brook/Cole, 2000, pp. 4 – 13.

Bercovitch, Jacob and R. Wells, "Evaluating Mediation Strategies: A Theoretical and Empirical Analysis". *Peace and Change*, Vol. 11, No. 7, 1997.

Burton and John, *Resolving Deep-rooted Conflicts: A Handbook*, Md: University Press of America, 1987, p. 267.

Charles Tilly, *The Politics of Collective Violence*, Shanghai: Shanghai People's Publishing House, 2006, p. 61.

Cordula Reimann, "Assessing the State-of-Art in Conflict Transformation". From *Research Center for Constructive Conflict Resolution*, Vol. 12, No. 2, 2007.

David A. Julian, "Planning for Collaborative Neighborhood Problem-solving: A Review of the Literature". *Journal of Planning Literature*, Vol. 9, No. 1, 1994.

D. D. Cahn, *Conflict in Intimate Relationships*, New York: Guilford, 1992, p. 113.

Donald E. Conlon, "Influence of Speed of Third-party Intervention and Outcome on Negotiator and Constituent Fairness Judgments". *The Academy of Man-*

agement Journal, Vol. 34, No. 13, 1990, pp. 11 – 17.

Dennis J. D. Sandole and Ingrid Sandole Staroste, *Handbook of Conflict Analysis and Resolution*. New York: NYU Press Pub, 1987.

Evert Van de Vliert, "Siding and Other Reactions to a Conflict: A Theory of Escalation toward Outsiders." *Journal of Conflict Resolution*, Vol. 25, No. 3, 1981, pp. 295 – 296.

Fisher and Ronald J., *Interactive Conflict Resolution*, Syracuse, NY: Syracuse University Press, 1997. Georg Simmel, *Conflict and the Web of Group Affiliations*, CA: Free Press, 1955, p. 87.

George Levinger, Jeffrey Z. Rubin, "Bridges and Barriers to a More General Theory of Conflict". *Negotiation Journal*, Vol. 10, No. 3, 1994.

G. Stoker, "Governance as Theory: Five Propositions". *International Social Science Journal*, Vol. 7, No. 26, 1998, pp. 88 – 89.

Herman Schmid, "Peace Research and Politics". *Journal of Peace Research*, Vol. 5, No. 3, 1968.

Jeanne M. Bret, "Third-Party Roles and Perceptions of Fairness Author". *The Academy of Management Journal*, Vol. 11, No. 3, pp. 22 – 29.

James A. Wall, Jr. and Michael Blum, "Community Mediation in the People's Republic of China". *Journal of Conflict Resolution*, Vol. 9, No. 12, 1991, pp. 56 – 59.

Jay Folberg, "Mediation: A Comprehensive Guide to Resolving Conflicts without Litigation". *The Journal of Conflict Resolution*, Vol. 13, No. 7, 1984, pp. 339 – 347.

Jonathan H. Turner, "A Strategy for Reformulating the Dialectical and Functional Theories of Conflict". *Social Forces*, Vol. 11, No. 3, 1975, p. 14.

Kenwyn K. Smith, "The Movement of Conflict in Organizations: The Joint Dynamics of Splitting and Triangulation". *Administrative Science Quarterly*, Vol. 18, No. 11, 1989.

K. Kressel and Pruitt, *D. G. Mediation Research*, San Francisco: Jossey-Bass, 1989.

Kornhause William, *The Politics of Mass Society*, New York: Free Press, 1959.

Lederach and John Paul, *Building Peace. Sustainable Reconciliation in Divided Societies*, Washington, D. C. : United States Institute of Peace Press, 1997, p. 88.

Lester M. Salamon and Helmut K. Anheier, *Defining the Nonprofit Sector*, Manchester and New York: Manchester University Press, 1996, pp. 33 - 34.

Louis R. Pondy, "Organizational Conflict: Concepts and Models". *Administrative Science Quarterly*, Vol. 12, No. 2, 1967, pp. 296 - 320.

Murnighan J. K. , "The Structure of Mediation and Intervention: Comments on Carnesville's Strategic Choice Model" . *Negotiation Journal*, Vol. 16, No. 4, 1986, pp. 89 - 97.

Morton. Deutsch, *The Resolution of Conflict: Constructive and Destructive Processes*, New Haven: Yale University Press, 1973, pp. 107 - 112.

Patton M. , *Qualitative Evaluation and Research Methods*, Beverly Hills, CA: Sage, 1990, p. 169.

Pruitt and Kim, *Social Conflict: Escalation, Stalemate, and Settlement* (3rd Edition), New York: McGraw-Hill Humanities, 2004, pp. 117 - 126.

Ralf Dahrendorf, *Class and Class Conflict in Industrial Society*, Stanford, California: Stanford University Press, 1974, p. 135.

Roger J. Fisher and William L. Ury, *Getting to Yes: How to Negotiate without Giving In*, London: Arrow Books, 1981, pp. 65 - 69.

Tina Nabatchi, "The Institutionalization of Alternative Dispute Resolution in the Federal Government" . *Public Administration Review*, Vol. 67, No. 4, 2007.

Van de Vliert E. , "Siding and Other Reactions to a Conflict: A Theory of Escalation toward Outsides". *Journal of conflict resolution*, Vol. 33, No. 14, 1981.

Vasudha Chhotray and Gerry Stoker, *Governance Theory and Practice: A Cross-Disciplinary Approach*, New York: Palgrave Macmillan, 2009.

William Kornhauser, *The Politics of Mass Society*, New York: Free Press, 1959.

Xu Zuying, "Third Party Intervention in Public Conflict Management". *Journal of Theoretical Exploration*, Vol. 9, No. 2, 2011, pp. 104 - 106.

Zartman, I. William and J. Lewis Rasmussen, "Peacemaking in International Conflict. Methods and Techniques". Washington, DC: United States Institute for Peace, Vol. 11, No. 2, 1997, p. 24.

常健:《公共领导学》,天津大学出版社 2011 年版,第 61—72 页。

常健:《冲突管理》,中国人民大学出版社 2012 年版,第 129—140 页。

常健、方扬:《论公共冲突中表达渠道与互动平台的平衡》,《学习论坛》2011 年第 5 期,第 44—52 页。

常健、许尧:《论公共冲突管理的五大机制建设》,《中国行政管理》2010 年第 9 期,第 62—68 页。

常健、赵伯艳:《社会组织在冲突治理中的作用》,《青年与社会》2012 年第 6 期,第 27—33 页。

陈发桂:《我国基层维稳面临的现实困境及理性选择——以非政府组织参与的价值和限度为视角》,《学习与实践》2011 年第 1 期,第 4—7 页。

陈向明、朱晓阳、赵旭东:《社会科学研究》,重庆大学出版社 2006 年版,第 169—172 页。

陈群祥:《安徽基层社会矛盾》,《江东论坛》2010 年第 3 期,第 40—43 页。

方绍伟:《利益关系均衡论》,《中国社会科学季刊》1993 年第 3 期,第 27—31 页。

郭玉亮:《城市拆迁现象透析:利益冲突下的多方博弈》,《现代经济探讨》2011 年第 2 期,第 44—46 页。

郭金荣、衡昌军:《试析民间组织在社会矛盾消解中的作用》,《内江师范学院学报》2006 年第 S1 期。

[法] 古斯塔夫·勒庞:《乌合之众:大众心理研究》,冯克利译,中央编译出版社 2004 年版。

[美] 卡洛尔·兰克:《冲突化解的理论与实践》,《学海》2004 年第 3 期,第 22—28 页。

蓝志勇:《冲突解决视角对公共管理的启示》,《中国行政管理》2012 年第 2 期。

李琼:《转型期我国社会冲突研究综述》,《学术探索》2003 年第 7

期，第 64 页。

李亚：《中国的公共冲突及其解决：现状、问题与方向》，《中国行政管理》2012 年第 2 期，第 15 页。

李亚、李习彬：《多元利益共赢方法论：和谐社会中利益协调的解决之道》，《中国行政管理》2009 年第 6 期，第 17—18 页。

凌定勋、李科：《当前环境管理体系下环保 NGO 角色定位及生存环境探讨》，《环境科学与管理》2009 年第 5 期，第 1—4 页。

李永杰：《公民社会组织的社会矛盾化解机制》，《辽宁行政学院学报》2007 年第 4 期，第 9—10 页。

李文龙：《中国群体性事件现状分析》，《湖北行政管理论坛》2011 年第 14 期。

刘俊波：《冲突管理理论初探》，《国际论坛》2007 年第 1 期，第 12—13 页。

刘顺义、王居仁：《关注利益的冲突化解——构建和谐社会可供选择的理论范式和实践路径》，《甘肃理论学刊》2006 年第 7 期，第 21—23 页。

［美］刘易斯·科塞：《社会冲突的功能》，孙立平等译，华夏出版社 1989 年版，第 22—24 页。

刘忠定、孙辉：《应充分发挥第三部门在社会矛盾消解中的作用》，《理论与改革》2007 年第 5 期，第 22—25 页。

闵学勤：《社区冲突：公民性建构的路径依赖——以五大城市为例》，《社会科学》2010 年第 11 期。

牛雪姣：《消除地方保护主义为当前之要》，《华章》2012 年第 36 期。

齐树洁：《纠纷解决机制的演变与 ADR 的发展》，《福建法学》2002 年第 1 期，第 65—67 页。

齐海丽、张晓军：《服务型政府建设中的社会组织参与》，《学会》2010 年第 3 期。

陶传进：《水环境保护中的 NGO》，社会科学文献出版社 2012 年版。

韦长伟：《公共冲突化解中的政府角色定位研究》，《青岛行政学院学报》2011 年第 2 期，第 46—49 页。

王子贤、林小香：《论环境问题中的 NGO》，《经济研究导刊》2007 年第 18 期，第 17—19 页。

王名、佟磊:《NGO 在环保领域内的发展及作用》,《环境保护》2003 年第 5 期,第 17—19 页。

徐祖迎:《第三方权威在冲突化解中的作用》,《长白学刊》2011 年第 2 期,第 61—65 页。

徐祖迎、常健:《公共冲突管理中行政权力介入的效果及其限度》,《理论与现代化》2012 年第 1 期。

叶林顺:《环保非政府组织的作用和定位》,《环境科学与技术》2006 年第 1 期,第 19—24 页。

俞可平:《治理与善治》,中国社会科学文献出版社 2000 年版。

毛寿龙:《西方政府的治道变革》,中国人民大学出版社 1998 年版。

于建嵘:《瓮安事件给我们哪些教训》,《学习月刊》2008 年第 9 期,第 17 页。

周锦章:《"第三方介入":城市管理者破解拆迁难题的新思路》,《领导科学》2011 年第 2 期。

赵伯艳、常健:《论吸纳民间团体参与决策对公共冲突化解的积极作用——以台北宝藏岩聚落拆迁冲突的化解过程为例》,《天津商业大学学报》2012 年第 3 期,第 11—17 页。

NGO整合公共服务资源的机制探究

——以鹤童“孤老孤残专业护理院”项目为个案

李文荟[①]

导言

公共服务的供给正在经历着由政府为唯一供给主体，向政府、非营利组织、营利组织等多种社会主体参与供给的方式转变。在此背景下可以发现，在一些容易出现政府“失灵”、市场化条件还并不成熟的特殊公共服务领域，如“三无”老人照护、残障人群特殊教育、扶贫等领域里，一些优秀的非营利组织凭借其优势，主动行动，成功整合了政府、市场和非营利组织三部门的资源，有效解决了公共服务供给难题。它们无论在服务技术及服务对象，还是在项目运作模式等方面，都走在社会前沿。

笔者在四川绵竹进行调研时，就观察到这样一个由非营利组织成功整合多方资源及优势，有效提供公共服务的典型案例，即由中国红十字基金会（以下简称“红基会”）资助，天津鹤童老年公益基金会（以下简称“鹤童”）具体执行的“四川灾区孤老孤残专业护理院”项目。该项目针对灾后孤老孤残缺乏照护的问题，成功建成、接管两所敬老院，为高龄患病、不能自理的孤老孤残及中低收入老人提供无收费、低成本收费的长期照护养老服务。那么，这些由非营利组织主导、整合三部门资源提供公共服务的方式，其内在运作机制是怎样的，具体又是怎么操作的？

---

① 李文荟，北京师范大学社会发展与公共政策学院硕士，汕头大学教师。

作为公共服务的供给主体之一，与政府、企业的理念及运作方式不同，非营利组织在整合资源以及服务递送上别具特点。不过以往研究多强调政府主导[①]，或虽然点到各方优势及合作的必要性，但并未体现非营利组织在其中的主动性[②]。在公共服务的提供方式方面，非营利组织参与提供公共服务的模式包括政府购买、服务收费、三方或多方合作模式[③]，而多方资源合作模式已成为解决社会问题的必然趋势。多方合作包括政府—社区—社会组织[④]、政府主导 + 社会参与（社会组织、企业、个人）、政府—企业—社会组织、社会组织—社工—社区（三社联动）等形式[⑤]。不过具体到合作方及合作过程时，一方面，部分研究中所指的"合作"只是扩大资源渠道、具体资源堆砌的一条路径，并不是真正意义上的整合部门机制的跨部门合作模式；另一方面，多数研究仅停留在对多方合作的必要性层面进行阐释或成果表述，很少涉及对多部门合作中内在机制的研究。在公共服务提供的具体过程方面，以往研究更多倾向于从社会变革、政府转型等宏观层面出发，更多体现为静态描述和程式化宏观分析，对内容生动丰富的经验事实却考察不多[⑥]。这样的研究结论经常无益于解决现实问题。

因此，本研究以该项目为个案，以非营利组织为视角，通过对项目开展的阶段性实证研究来呈现该三方资源整合的过程及内在机制。研究内容

---

① 关天小：《公共服务供给中的多元参与机制研究》，硕士学位论文，中央民族大学，2012年。

② 刘智勇：《柔性组织网络建构：基于政府、企业、NPO、市民之间参与与合作的公共服务供给机制创新研究》，《公共管理研究》2008 年第 6 卷。

③ 焦述英：《关于政府购买公共服务的探讨》，《行政与法》2010 年第 5 期；杨凤禄、孙钦钦：《非营利组织的商业化探讨》，《山东大学学报》（哲学社会科学版）2007 年第 5 期。

④ 文中出现的非营利组织、NGO、第三部门、社会组织等名词含义相同，是不同社会视角导致的不同称谓。

⑤ 潘鸿雁：《公共服务社会化的三方合作研究——以上海市徐汇区养老服务社会化为例》，《中共中央党校学报》2010 年第 1 期；李琴、杨娇：《试论汶川地震行政力量与民间力量协同善治——兼论抗震救灾新模式："政府主导 + 社会参与"》，《高等函授学报》（哲学社会科学版）2008 年第 12 期；李海燕：《我国社会组织参与公共服务研究》，硕士学位论文，内蒙古大学，2010 年；叶南客、陈金城：《我国"三社联动"的模式选择与策略研究》，《南京社会科学》2010 年第 12 期，等等。

⑥ 刘智勇：《柔性组织网络建构：基于政府、企业、NPO、市民之间参与与合作的公共服务供给机制创新研究》，《公共管理研究》2008 年第 6 卷。

包括：这一资源整合的过程中，非营利组织与每一部门资源整合的可能性与必要性；与每一方资源相结合后，具体所形成的公共服务提供方式及运作模式及其对公共服务对象所发挥的功能等。本研究期望能够为更多的非营利组织提供借鉴价值。

研究方法包括访谈、文献资料搜集等。访谈对象包括项目执行小组中的负责人、两个老人院项目点的院长、护工、入住老人及家属等。访谈形式包括个人访谈及焦点小组访谈。访谈内容主要围绕以下一系列过程展开：项目的形成，即鹤童如何成功整合三方资源，主导项目顺利成形；项目的开展，即项目如何实现财务收支平衡，可持续运作；项目发挥效果，即是否成功服务孤老孤残等。文献资料方面，笔者收集到项目申请书、部分项目进展报告和项目总结等多份正式官方类文件以及相关学术机构、媒体对鹤童的研究及报道等资料，由此可以对项目脉络进行一个大致的梳理。

表 4—1　　访谈对象

访谈对象	性别	年龄	文化程度	工作单位	职务
HSY	女	52	大专	鹤童	秘书长
ZX	女	31	大专	东北镇敬老院	院长
ZL	女	49	初中	东北镇敬老院	护工
WY	女	47	初中	东北镇敬老院	护工
老人家属 1	女	57	高中	德阳市	务农
老人家属 2	女	66	初中	东北镇	务农

（注：所访谈的两位老人家属均为收费型社会老人的家属。因为老人院收住的不收费孤老孤残都是当地无人照护的孤寡老人，无法找到家属）

非营利组织整合公共服务资源阶段性实证研究

一　第一阶段：项目所处背景

（一）汶川地震凸显孤老孤残照护缺乏的社会问题

“四川灾区孤老孤残专业护理院项目”发端于“5·12”地震。

地震之前，2008 年四川省 65 岁及以上的老年人口就有 817 万，占常住人口的10.04%，比全国水平高出1.74个百分点[①]。但养老服务机构供不应求、设施缺乏、服务分配不均、家庭养老弱化和集体养老困难等问题交织在一起，相当一部分老人无法获得期望的养老服务。

地震后，项目所在地绵竹市人员伤亡惨重，而地震中也直接产生多个弱势群体，儿童和老人最为庞大。根据四川省民政厅发布的信息：截至2008年6月8日，地震已造成全省新增孤儿、孤老、孤残“三孤”人员4335人，其中孤儿1019人，孤老1807人，孤残1509人；孤老和孤残人员占到“三孤”人员比例的76%。

地震的突发使得老人群体的弱势地位更为凸显。地震过后，“三孤”人员的救助也成为灾后安置工作的重点。受灾老人对护理的需求尤为迫切，但无论是政府部门，还是民间组织以及社会公众，都给予了儿童极大的援助与支持，而对灾区孤老、孤残及广大的老年人群体，社会关注度较低，导致照料主体的极大缺乏。

（二）当地政府、市场、家庭的照护情况——政府、市场失灵

地震灾区老人照护的巨大需求与未能满足的落差，使得这一社会问题清晰呈现。

以当地官办福利院为例，财政补贴不足及照护技术的缺乏，导致其接纳能力有限，更多的灾区老人，特别是高龄患病的老人无法得到照护。而且由于地震，镇敬老院房倒屋塌，更导致数十位孤寡老人无家可归。市场上营利性老人院或定位高端，普通老人无法承担；或收费可以接受，但对于高龄患病老人，护理技术和设施方面不能保证。而此时，家庭又因灾难而不具备安置老人的条件。如果不借助民间的护理机构、护理人员等社会力量的介入，仅依靠政府、市场、家庭的力量无法妥善照护身心备受伤害的老人群体。

养老服务作为一项最基本的公共服务需求，政府应充当服务供给主体的角色。特别当供给群体是属于家庭和单位之外的“三无”老人（无法定抚养人、无经济来源、无劳动能力）和残障老人时，政府应承担最主要的照护责任。

然而在实际的养老公共服务提供中，因受制于政府的财政资金、服务

① 四川省人民政府官网：http：//www.sc.gov.cn/scszfxxgkml_2/sbgt_53/gzdt/sjtj/200904/t20090421_694791.shtml，2009年4月2日。

能力及自上而下的运作方式等因素，政府表现出低覆盖、低质量、低效率等一系列“政府失灵”“失职缺位”的现象，导致某些公共服务领域出现“真空”。这就致使政府供给与社会需求之间出现巨大矛盾，老人群体实际的养老需求无法满足。

在市场条件下，单一的供求关系可能被打破，消费者可以选择不同层次的服务。但对于低消费水平群体来说，选择范围却十分有限。同时，市场部门以营利为目的，而公共服务由于其特性未必能带来丰厚的利润，这也降低了市场这一供给主体的参与积极性，促使其只能选择为极少数老年人提供特殊的养老服务（如收费昂贵，定位高端，悬浮于普通人群之外的养老院）。更严重的是，一些私人养老机构试图从较低的社会成本中获取超额利润，压低护理人工成本，置老人的护理要求和基本权益于不顾，对老人的利益造成严重损害。

鹤童秘书长也提到她所接触过的绵竹当地的一些私人养老院：

> 是以解决就业为前提的，就是自己下岗了、失业了，自己先要吃饭，那么他们就办一个托老所……但是他的专业化程度不会太好，因为他的出发点是解决谋生，把办养老院当作一个就业门路。不像鹤童，从立意开始、从创办开始就要解决社会问题，这是两码事。（HSY）
>
> 那些营利的机构并不代表没有技术，只不过它的客户群不一样，一些机构把高端定位在能够交费高的人，它们叫做高端。鹤童的理念就是照护等级最高，最需要人、最难以照料的老人，我们认为是高端。（HSY）

不仅是养老领域，在诸如残障人群特殊教育、扶贫、环保等公共服务领域，公共服务供给的缺位问题也都十分常见，弱势群体和地区所能享受的公共服务仍相当贫乏。特别是随着社会的发展，公众更是对公共服务的供给提出了多样化、多层次和高质量的要求。

针对这些问题，客观上要求更多社会力量来共同参与提供公共服务，而非营利组织凭借其公益性、专业性、灵活性、多样性等优势，恰好能够弥补政府和市场的“失灵、缺位”，三个部门可以在资源互补中为公众提供高质量、高覆盖、高效率的公共服务。在此，鹤童凭借“四川灾区孤老孤残专业护理院项目”，充分展示了其优势。

二　第二阶段：鹤童介入——项目的发起

（一）非营利组织介入的可行性与必要性

从灾后四川绵竹孤老孤残的照护状况可以看出，在公共服务中政府、市场均出现“失灵”现象、家庭养老功能弱化的情况下，以“公益”和“服务”为宗旨的非营利组织有着其他主体不可替代的优势，其介入与协助就有了必然性与必要性。

公共服务社会化，非营利组织越来越多地参与公共服务的提供，这是由其特定优势所决定的。非营利性决定了它们是以实现组织宗旨和社会利益而非追求利润为发展目标。这种公益色彩赋予了非营利组织较强的使命感，使得它们以解决社会问题为导向，在面临困境时会为了目标及愿景，主动寻找并吸引各方资源，而不是等待各种条件的完善。

特别在组织结构方面，非营利组织具有多样性和灵活性，在服务形式、规模、种类方面越来越丰富。一方面，它们根植于社区基层，对老人的服务需求信息最为了解，能够更精确瞄准老人的需求，提供多样化、个性化的服务；另一方面，相对于政府科层制的处理方式，非营利组织结构灵活、富有弹性，能够依据环境变化迅速对养老服务的需求做出回应，效率更高，并且其有动力突破政府主导模式，凭借自身优势主动行动，促使社会各部门的优势资源形成合力，有效提供公共服务。

另外，在越来越被重视的对受助者“人本身”“尊严”的关注方面，非营利组织更是有着无可比拟的优势。鹤童收住的大都是失能失智、残疾或者是临近生命终点的老人，与一般的养老服务模式不同，这是一种在我国还很少见、还属于开创性的临终关怀服务模式。这种对生命的尊重与关怀，在鹤童得到充分体现。

（二）成立“长期照护全国联盟”

地震发生后，针对绵竹孤老孤残照护的巨大需求，鹤童从 5 月 13 日开始，迅速通过网络紧急发布倡议，倡议成立“长期照护全国联盟”，随后得到了来自 17 个省、市近百家养老机构的响应。“在鹤童小分队的带动下，由来自河北、陕西、辽宁和安徽四省的多家养老护理机构组成‘长期照护全国联盟’，相继派出 4 支照护小分队赶往重灾区德阳，连续工作40多天，照护了骨折、截肢等各类伤残老人100名。[①]”这在四川当地也开了一个先河。

三　第三阶段：红基会招标——桥梁与中介

中国红十字基金会在鹤童“四川灾区孤老孤残专业护理院项目”运作中发挥了桥梁和纽带的作用；同时作为一个平台，也向社会展示了以鹤童为例的社会组织的资源特长、特殊的活力和前沿的服务方式，这对于更多的地区及公共服务领域都具有一定的借鉴价值和推广意义。

地震发生后，红基会宣布从社会募集的善款中拿出2000万，面向国内民间公益组织公开招标“5·12灾后重建项目”，探索与其他民间组织的合作模式，期望实现公益资源的优化组合。可以说，这次尝试提供了与长久以来国内惯行的政府主导的公益不同的公益道路，为社会化公益提供了一个可尝试的机会。而对于中国非营利组织而言，这无疑也是一个发展自身的好机会。

鹤童在长期照护领域的专业水准，尤其是其在灾后第一时间赶往灾区照护灾区伤残孤老的迅速动员能力，得到了红基会的关注和认可。在随后红基会的公开招标中，鹤童针对灾后孤老孤残严重缺乏照料的现状，提出在德阳重灾区建造一所1820平方米、能集中赡养120名孤老、孤残的长期照护养老服务机构的项目建议。最终，项目通过红基会评审，获得200万元资助，项目款主要用于敬老院所有硬件设施设备的购置，执行周期为一年。“项目执行结束后，鹤童基金会将老人院接管的老人，连同中国红基会资助该护理中心购置的全部设施设备，一并交付至绵竹市人民政府有关部门进行接管并所有。[②]”

四　第四阶段：鹤童主动与政府谈判——提供最重要的硬件设施：场地

非营利组织凭借自身优势，能够一定程度上弥补政府和市场的不足。但当社会自发的机制无法获得足够资源时，非营利机制也会出现“志愿

---

① “身怀专业照护技能，有效服务灾区孤老”，鹤童老年公益基金会官网，http://www.hetong.org.cn/News_detail.aspx?NewsID=13424&CateId=76，2012年6月13日。

② 同上。

失灵”。比如，在现实运作中，场地常常是非营利组织发展面临的一大难题。机构或是由于市区场地租金过高，常选择迁到郊区或压缩运营成本；或是由于租期到期而并未找到下个场地，被迫关停。这些都直接影响到公共服务提供的质量，也会造成机构人员较大的流动性及对专业性的限制。这时可行的一个路径是，非营利组织与政府合作，寻求政府资源上的支持，两者优势互补。

对此鹤童秘书长也提到，目前机构发展面临的最大困难是房子问题。而鹤童也因房子租期到期，到现在（笔者注：即笔者访谈之时）为止已经关停了五个院：

> 没有房子。要问我最大的困难，那没有比这个再大的了……在天津、北京愁死我们了，租不来楼……有可能我们将来就被逼着到外地去给别人管理，接管。现在很多机构愿意找鹤童，就是因为我们有经验。从一个空白的院舍你交给我们就甭管，你不要花一分钱，只要你给我一座楼，我准能给你干得红红火火。(HSY)

对于政府来讲，一方面，在养老公共服务提供中，因财政资金不足和服务能力有限等因素，常表现出“失灵”现象；而另一方面，政府又有着提供公共服务的职责，是公共服务最有力的供给者，在公共服务资金和房产资源等方面，有着不可替代的优势；同时政府拥有有效的组织能力，能够强有力地协调供给主体关系，容易推动事情顺利开展。

针对非营利组织和政府各自所存在的优势和缺陷，目前一个较好的资源结合方式是“民办公助”式养老福利机构，即非营利组织与政府合作提供养老公共服务。与纯粹的政府作为盈亏主体的“公办公营”和“公办民营”不同，这种模式的特点是非营利组织作为主体，由非营利组织投资或运营，政府给予政策扶持，包括增财政补贴、免税优惠、贷款优惠，土地划拨优惠等；或者由政府负责投资建设硬件设施，将其以租赁形式交予非营利组织运营，收取一定的租赁费，并将之用以补贴养老院的部分服务项目。这样盈亏主体变成了运营机构本身，运营的绝大部分收入用于养老服务。

这种运作方式打破了原来行政化、低效率的管理格局，一方面调动了社会力量参与养老服务的积极性，有利于更好地发挥非营利组织在提供养老公共服务方面的优势，提高资金使用效率与质量；一方面也缓解了政府的财务和行政负担，是资源的优化配置；更重要的是，这也会在非营利组织之间引入市场竞争机制，促使社会选择机制在公共服务领域的成活，最终将选择权交到服务对象手中，让社会公众成为公共服务的主角。

事实上，鹤童也并没有被动等待，而是以红基会的资助为桥梁，凭借自身在老人照护领域的专业性，准确瞄准当地孤老孤残缺乏照护的现状，主动跟政府谈判，顺利申请到养老院用地。

不过，一个值得讨论的问题是，具体到该项目中，鹤童在主动找到当地政府后，是怎样说服政府提供资源的，并且政府是出于怎样的考虑同意与鹤童进行合作的？

在与鹤童的谈判中，从东北镇党委书记的谈话内容可见一斑：

（政府）实在是害怕背上大包袱，因为大楼好盖（笔者注：东北镇老人院为张家港对口援建项目），也没找他们要钱，但是他们第一没有照顾力量，不知道怎么服务他们（孤老孤残）；第二更可怕的是财务亏损的包袱，没有钱往里贴。东北镇属于绵竹市郊区，孤老孤残的补助费只有150元，比剑南镇还少，这150块钱还要留50块给老人家做零用，只能象征性地交100元，由政府把这钱给到敬老院，其余就靠你们自己去管理，什么时候管到不亏损了，他们才能接。(HSY)

（一）鹤童瞄准政府养老中的问题——担心财务亏损、缺乏人力和技术

一方面，由上文可见，如由政府官办养老院照护，能够交到敬老院的费用只有100元，并且由于缺乏管理能力与财政预算，养老院无法自负盈亏，其他的费用缺口就需财政补贴。如将敬老院交付鹤童运营，在老人院达到收支平衡、良性发展的时候政府再接收，则会大大减少政府财政负担。

另一方面，据了解，绵竹市政府所办的社会福利院和绵竹市各个乡镇政府所办的小规模敬老院，虽收住（或收住的大部分是）孤老，但基本都是有行动能力和自理能力的老人。而对于基本不能自理和完全不能自理的老人基本不收住。这与敬老院的财政、人力资源及照护技术等因素有关。

（民政系统的福利院）跳舞的、打牌的、打麻将的，有一点毛病他们都不敢收，因为他们不敢照顾，没有照顾技能……孤老是太不老了，早饭吃完了就出去耍，打牌、下棋。要在我们看来应该还有劳动价值的。因为身份是孤寡，镇政府就得养起来。（HSY）

以绵竹市社会福利院为例，全院约 70 位老人，仅有 3 名工作人员，主要是负责做卫生，因照护技术有限，照护工作基本不涉及。当地大量孤老无人照管。

因此，东北镇党委、政府非常希望能够通过鹤童项目执行团队对该敬老院的管理，将该镇的孤老、孤残收养进来，使他们能够过上舒适、安闲的晚年。

（二）剑南镇党委书记的支持——非正式资源

在项目开展之前，鹤童与剑南镇党委书记 TY 在抗震救灾前线结识，曾共同到农民家中探访，鹤童专业有效的救援行动得到 T 书记的肯定。T 书记的支持对于项目第一期的选址、实施及项目第二期的谈判、顺利接管起了不可忽视的作用。

早在鹤童跟红基会陈述项目时，针对实施地点的问题，鹤童就曾与 T 书记联系协商选址，项目建议书得到 T 书记的支持，在项目组到达绵竹之前，鹤童就已经与 T 书记协调妥当，顺利得到当地政府的场地，项目得以及时开展。对此，鹤童也提到：

如果没有这样的政府的接应，我们也不能这么快落下脚来，在他（剑南镇党委书记）的支持下，这是真正的支持下，把他的一个旧的社区服务中心给我们了，我们就在那落下脚来的。（HSY）

特别在项目的第二期接管东北镇敬老院期间，T 书记提供了很大的帮助。起初，在真正涉及接管问题之前，鹤童与东北镇政府并不熟悉，凭借自身的能力还不能与东北镇领导直接取得联系，也就是说，鹤童还缺少一个“介绍人”。而此时 T 书记更是发挥了牵线搭桥的作用。

鹤童的理事长在获知江苏省正对口援建东北镇敬老院时，指示说要“拿下”，进行接管，但“这也很难，因为不认识人家，说不上话”

（HSY）。于是，鹤童请T书记帮忙介绍与东北镇X书记认识，再进行接管事宜的谈判。

东北镇的书记我们不认识，我还是求的T书记。T书记临到德阳上任前，带着我到东北镇见了这儿的书记。结果我跟X书记见面时，一开始也不见，后来我就跟他讲，我占用您半小时我给您说说我们这个想法，如果有可能的话，我们就把东北的敬老院给您管起来管好，交给您一个完好的院舍，后来他们还请示到德阳市市长的，德阳市市长亲自听我讲这个项目。（HSY）

之后X书记针对鹤童的项目提议，请示到德阳市市长，由德阳市G市长、L镇长、民政局局长、老龄办相关人员共同听取项目建议并予以认可，鹤童这才得以成功接管。

他（T书记）向他（X书记）简单介绍了我们剑南镇敬老院怎么搞起来的情况。我讲剑南镇怎么做的，红十字会跟我们什么关系，我们专业照护力量，我们愿意在灾区继续做一些事情的奉献精神。X书记也听说了，他们也都在绵竹，这么点小地方他们都有耳闻。他们说我们都知道，也都上网查过。并且护理中心的孤老、社会老人在那里得到高品质的生活照料，我们也看到了。他说如果建起来了，我们当然欢迎鹤童来。那我们心里就有底了。他说我们是在全国范围内遴选最好的专业机构来帮我们把这个院管好。（HSY）

值得提出的是，养老院的成功运作也给T书记“加了分”，目前已调任德阳市某开发区管委会主任，并进入市委常委。这对东北镇的X书记也是一个不小的震撼，从某种程度上来说也促成了鹤童顺利接管东北镇敬老院。

（三）鹤童凭借自身服务技术与管理能力主动与政府谈判

在上述背景下，鹤童主动与当地政府进行谈判，提出由鹤童提供硬件设备（红基会资助款所购）及照护技术，为当地建养老院，协助政府照护孤老，为政府减轻负担；由政府提供场地支持。

对于政府流露出的管理问题，也是其最重要的财务问题的担忧（即政府担心后期运作问题导致财务亏空），鹤童保证说，这恰是鹤童的长处，鹤童凭借自身多年的管理经验，能够在运作管理中实现自我收支平衡，而不至给当地政府留下沉重的负担。

由此可见，在该“民办公助”的资源结合方式中，政府在缺乏财政支持及对孤老的照护能力的情况下，将场地交予鹤童管理与运营，是一个非常妥当的选择。两方合作提供公共服务，既是资源的合理配置，且对于鹤童来说，也为项目的开展解决了最重要的硬件问题。

鹤童与政府谈判后，政府表示愿为项目提供敬老院的场地，即无偿提供剑南镇紫岩社区老年活动中心作为项目第一期场地。随后，鹤童开始在当地招收下岗失业人员和失地农民工并加以培训，使之通过培训初步掌握照护专业技能，实现本土化就业和持证上岗，同时也开始接收当地孤老孤残入住。

五　第五阶段：项目运作模式

（一）市场化运作

项目的具体运作采用了市场化模式。市场运作机制以营利为目的，可以服务收费。非营利组织与市场机制相结合，就产生出类似社会企业的运营模式。为保证老人院能够财务收支平衡，鹤童进行市场化运作，在接收不收费孤老孤残的同时，也以合理价格招收有付费能力的社会老人，从而补贴公益的部分。这样能够覆盖成本，保证项目点持续运作。

不过必须明确的是，非营利组织的公益使命决定其服务收费不能完全按照市场价值规律。鹤童根据服务对象的特点采用分档式收费标准，保证低收入家庭和作为社会保障对象的弱势群体可以从中优先受益。

1. 起因：财务困境

根据鹤童对项目的原始预算，在收入方面，一方面是政府对安置两孤的补贴，孤老、孤残每人 600 元，鹤童按照 120 位老人做的预算；一方面是政府给予的公益性岗位补贴；同时再接受一部分社会捐赠。但在实际中，孤老孤残得到的补贴不足，同时也没有公益性岗位补贴，敬老院遇到了财务困境。

我们来的时候跟红基会做报告也说当地政府对孤老是 600 元的标准，中央政府给 300 元，当地政府配 300 元。我们按照这个给红基会做的预

算，结果一看没有，他（绵竹市和剑南镇有关领导）说市区每个孤寡才230元，要是到郊区才150元。(HSY)

另一方面，按照国家有关规定，安置当地失业人员可以得到政府公益性岗位补贴，如在北京、天津，安置养老院40—50的护理人员政府要给补贴。而事实上当地劳动的都是农民而不是工人，并没有公益性岗位补贴。

以上两方面在预算中都有涉及，但在项目实际运作中都未体现，这已与项目预算产生了较大差距。

2. 解决途径——市场化运作“以三养一”

为保证项目能够可持续发展，经与镇政府多次沟通协商，鹤童决定开始招收当地收费型高龄、患病、生活不能自理的社会老人入住，以弥补经费不足和亏损。随后亏损慢慢减少，达到一定的比例时就形成了平衡状态。现在老人院形成了一个约定俗成的比例，即三个社会老人能养活一个孤老（三养一模式）。目前东北镇敬老院共95位老人，其中22位孤老，73位社会老人，政府按照一定的速度和比例给老人院安排孤老。一般社会老人的费用每月约1100元，可以补贴一部分孤老孤残所需的差额部分。

所以说我们跟政府讲，我们一定要收社会上高龄、患病、生活不能自理的老人，用这个办法能够弥补亏损，让机构运转起来，政府他们还是很理解的。我们用了几个月时间，定价、招收社会老人。定价挺难，定高了当地老人拿不起，可是定低了还不能养活这十几位孤老，这是个很大考验。镇政府也知道我们艰难，这个镇上有100多个孤老，不敢都给我们送过来。我们得永远保持让它能够小有亏损，或者几乎持平，或者小有盈余。在这种局面上通知镇政府可以再给我们来几个孤老了。(HSY)

3. 进一步讨论：从只招收“不收费孤老孤残”到“以三养一”

从上述描述可以发现，项目的运作模式实际上经历了从专门收住不收费孤老孤残，到同时也接收收费型社会老人这样一个转变过程。这其实也是鹤童在面临政府职责缺位的情况下，依靠自身的运作经验与资源优势主动行动的表现。

起初的不收费模式，可以说是在灾后伤残老人急需照护的特殊背景下的运作模式。从鹤童的项目申请书来看，原本目标是“在德阳重灾区建造一所1820平方米、能集中赡养120名孤老孤残的长期照护养老服务机构”[①]，即收住由政府送来的、自身完全没有经济支付能力、由政府提供补贴的孤老孤残人群。

不过现实中，政府对孤老孤残的财政支持不到位，老人院赖以运营的一大资金来源并未充分落实。对此，为保证项目点的持续运作，鹤童采用机构之前的运营经验，即可持续的社会企业模式。

在此之前，鹤童作为先行者，提出“民办非营利”专业护理院概念，通过使用者付费、差别收费的持续性市场经营活动，赚取利润以保障组织的资源持续与自主，并将盈余用于对贫困老人的扶助及机构发展等，强调平衡经济与社会的双重可持续性发展。“天津鹤童老年福利协会认为，中国社会的养老既要走出传统的‘救济式’福利养老，也要采用社会企业的思路，让养老制度保障覆盖得更广。鹤童做了开创性的尝试，希望将福利对象从‘三无’老人、‘五保’老人，扩大至全社会的老年人。”[②]

目前，商业化运营已成为鹤童日常运作模式，是鹤童良性运作、可持续发展的重要保证。鹤童自身也已经发展成为构架完整的社会企业，形成包括老年福利协会、民办非企业系列单位、基金会三个组织机构的公益性养老产业。

针对该过程，可以说“以三养一”暴露出当地政府的失职缺位，这也是许多特殊公共服务领域所面临的问题，而对此非营利组织恰好能够展示其特长。凭借公益性、创造性、服务性、灵活性、多样性等部门优势，非营利组织依靠自身独特的一套运作技术，能够成功整合三部门资源。具体到该项目，鹤童的社会企业发展模式不仅解决了政府财政补贴不足的问题，为灾后重建过程中当地孤老孤残提供了可持续的专业服务，同时也为其他社会组织更好地实现社会、经济平衡发展提供了有价值的借鉴。

（二）鹤童——技术、理念

鹤童从1995年成立至今，不仅积累了丰富的专业技术和经验，并且

① “身怀专业照护技能，有效服务灾区孤老”，鹤童老年公益基金会官网，http：//www.hetong.org.cn/News_ detail.aspx？NewsID =13424&CateId =76，2012年6月13日。

② “天津鹤童老年福利协会：愿天下老人皆有所养”，搜狐网，http：//gongyi.sohu.com/20111118/n326131373.shtml，2011年11月18日。

将公益的技术和理念身体力行，具备以社工技术为特长的“硬性技术”和“软性技术”。

1. 鹤童的“硬性”技术

在老人的护理方面，鹤童基本仿照的是德国专业老人护理院的护理模式，从日本引进老年人院舍照料的“七级护理分型”和“痴呆老人五级护理分型”，仿照 ISO 9000 标准设立起鹤童多种图文册表，包括老人入住个案评估表、七日跟进表、康复与心理个案记录、老人家属每月满意度调查表以及院长管理手册等，从根本上保障了护理服务的质量标准化。在护理团队中，护理长全部系经过职业技能培训与鉴定的中级以上养老护理员，护理员全部持有职业资格证书。

在付费方面，收费价格按成本核算，自担亏损，不给老人增加负担。在项目点，对于孤老孤残，除去政府的补贴外，不另外收费；对于社会老人，则按照护理等级（如每天护理费分为 25 元、21 元、17 元、13 元、9 元五个照顾等级）、运营成本、当地经济水平等因素来收费①。

2. 鹤童的“软性”技术

（1）非营利性

作为一家非营利性机构，鹤童所关注和所从事的是与社会公共利益相关的问题和事宜，出发点是解决社会问题，而不以营利为出发点和终点。这与现行其他民办私立医院、私人养老院以及招收自理能力较强的老年人公寓等专门面向社会高端人群、高端服务的机构不同，鹤童的公益性在这里彰显。这在四川省也开了一个先河。

（2）社工技术——对“人”的关注

鹤童的基本理念是：“提高老年人生活质量，保持老年人晚年尊严。让躺着的老人坐起来，让坐着的老人站起来，让站着的老人走起来。”②

在这里，鹤童是以一种对“人”的尊重和关怀为出发点去关注和照护老人的。与一般的养老服务不同，鹤童收住的大多数老人都是无治愈希望的，这些老人入住鹤童的目的不是为了康复，而是在最后的人生中得到更多的关爱和陪伴，有尊严的走完人生最后一程。这不仅需要专业医护技术，也更需要心理护理，一种对生命的尊重。

① 天津鹤童老年公益基金会官网：http：//www. hetong. org. cn/hlpx. aspx。

② 同上。

这些软性的非营利技术和理念由天津自上而下传递到绵竹项目点，并最终体现在以老人院护工为代表的社工技术方面，这在护工工作和生活中都有所体现。鹤童通过培训等途径，在对员工的管理中，结合必要的规章制度和激励措施，帮助员工明确和内化这套价值理念。

应该说写、说、讲、宣教，无时无刻，各种形式，各种场合，其实也是一种洗脑和脱胎换骨吧，他（护理员）可能在家里打爹骂娘我们都不知道，但是他进来鹤童以后，要把他逐渐地改造成把老人当成一个有生命、有尊严的人，这是一个痛苦的过程，但确实要做工作。只要是留下来的职工，对这个文化是非常认同的，他已经具备了接受这个机构文化的前提了。(HSY)

同时，鹤童通过一套特殊的非营利理念来统领这套技术，使之成活和传递下去。具体来说，敬老院的护工不仅可以通过所护理的老人感受到人与人之间的友好，其自身更是获得一种特殊的尊严和价值实现感。随之，护工会产生近乎“上瘾”的状态，进而对老人提供甚至比父母都要好的服务。当然，这些感受也会促使护工对自己父母态度及行为的改变。

这种社工技术的效果无疑是独特的，并产生两方面的作用：

一方面，对于生命垂危的被护理者来说，在这里得到了真诚的关爱、呵护与尊重，而这种生命的尊严也许是他以往从未获得过的。

另一方面的作用则是对于护工本身。以访谈的某护工为例，来自于农村的她其貌不扬，没有特长，最开始只是将护工作为谋生的工作，没有强烈的奉献精神，更达不到以一种对人的尊重和关怀为出发点去照护老人。但在鹤童的理念及行为规范引导下，她开始为老人服务，在此过程中她感受到来自一位生命垂危老人的感激、关怀和尊重。于是，一位在其他场合很难获得尊重的普通女护工，和一位临终的老人就建立起两人之间的关系单元，相互尊重、友好和自我价值感在其中得到充分展现。“在这里上班每天面对老人，你对他好，他感受到了就会对你笑。不会说话的人也会对你笑。”（ZX）随之，护工个人乃至整个工作的激励体系都会改变，她不再仅仅是为了钱，而是为了自身的价值和尊严、幸福的生活而工作，工作于其已成为幸福的一个来源，并且工作中待人的平和、热情和亲切已内化到她日常工作和生活中。

现在并不是说需要去挣多少钱，最起码做这份工作让自己觉得很有成就感，看到老人开心，家属也满意，我就觉得很有成就感。自己越做越有信心，就很想自己把这份工作越做越好。(ZL)

在访谈中可以感受到护工从内心对老人的关爱、对这份工作性质的认可，从而实现互惠，护工自身也从中得到个人成就感和价值的提升，达到正向循环的效果。

不过对于该护工，并不需要用高尚来形容，这其实是一个人最基本的需求。并且一定程度上，非营利组织这种挖掘和展示人本身的做法，不是一种简单的技术，而是一种尊重生命的生活方式，大家以同样的价值理念和待人态度走到一起。在这里，即使是一位临终老人或一名知识和能力不多的农村妇女，都可以过得幸福和有尊严，获得人生价值的实现。

（三）资源整合

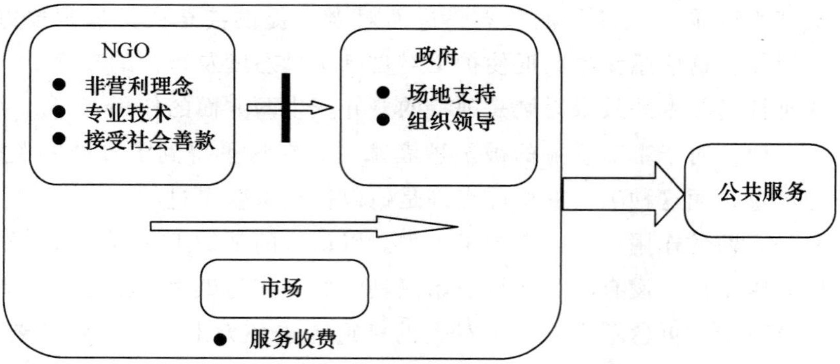

图 4—1　非营利组织整合三部门资源提供公共服务过程

到此，鹤童所展示出的是：作为最有活力的第三部门，一个非营利组织是如何在社会中启动几套机制，把三个部门的资源整合到一起，并将三部门的机制都充分利用起来，使目标群体最大程度获益的。

这个过程可以用“1+1”来表示：第一个“1”是鹤童的照护技术和非营利理念特长，第二个“1”是地方政府所提供的敬老院的场地硬件，红基会的资源即是“加号”，发挥了桥梁中介的作用。(见图 4—1)

具体地说，在现实运作中，鹤童未必拥有足够的资金，同时房屋的缺乏更是目前机构发展面临的最大困难，对此，作为最有活力的第三部门，鹤童借助红基会的资助款来购买硬件设施，并以该资助为桥梁，将本身的技术和理念特长与目标地政府的场地资源结合起来，以“民办公助”的方式开展项目，同时通过市场化运作，保证老人院财务良性运转。鹤童通过整合多方资源，不仅有效解决了社会问题，自身也产生出新的服务能力，即针对没有付费能力的老人提供开创性临终关怀式的养老服务，展示了非营利组织在公共服务提供中的独特优势。

可以说，非营利组织特定的服务技术和服务理念与特定的资源相结合的模式，是我们看到的当前阶段临终关怀式养老的一个社会服务前沿点，该模式对于更多的地区及公共服务领域都具有一定的借鉴价值和推广意义。

六　第六阶段：项目可持续发展

从项目实施过程及实施成果中可见，目前鹤童项目运行所采用的三方合作模式可以说是解决灾后孤老养护问题的比较成熟和有效的模式，这为民间机构的发展和社会化公益提供了一条可以探索的途径。第二期“红十字鹤童绵竹市东北镇敬老院”项目即是该模式的持续和延伸。

除此之外，鹤童在当地还培养出了本土专业照护团队，将先进管理工具、管理模式持续引入，提供了可复制的“鹤童长期照护模式”。目前，紫岩和东北镇两家敬老院的院长、院长助理、护理员、文员、会计、司机、厨师、卫生员等均为绵竹当地人。经过鹤童的培养，本土化队伍已建立起来，并且通过物质和精神的双重激励，提升了本土员工的职业归属感，从而保证了项目后期的良性运行和可持续性发展。

结　语

在公共服务的提供中，政府、市场和非营利组织三部门各有运作机制及资源优势，能够给公共服务带来多样化的资源。政府是公共服务最有力的供给者，在公共服务资金、房产资源、组织能力等方面有着不可替代的优势；不过常出现压力过大、缺乏效率、福利依赖等缺陷。市场以营利为目的，生产收费服务，可以利用市场规律打破政府的低效，鹤童进行市场化运作，可以覆盖成本，保证项目可持续运作；但在市场机制下存在不公平、能供给公共服务范围有限等现象。非营利组织本身具备了一些政府、企业所不具备的特质，能够凭借其公益性、灵活性、高效整合社会资源的能力，在教育、扶贫、养老、环保等政府、市场出现“失灵”的领域，一定程度弥补资源不足的缺陷，有效提供公共服务；但其也普遍存在资源缺乏等难题。

在跨部门合作成为必然趋势的背景下，非营利组织凭借部门特质、运作技术等方面优势，能够成功整合三部门资源，形成集体优势。与政府、市场部门相比，非营利组织之所以能够更好地发挥其主动性、灵活性，得益于其部门特征。公益色彩赋予了非营利组织较强的使命感，使得它们是以解决社会问题为导向，会为了目标及愿景，有动力突破政府主导模式，主动寻找并吸引各方资源；同时，由于有着富有弹性的组织结构，非营利组织更具有灵活性和创造性，能够迅速对公共服务的需求做出回应。在第三部门逐渐发展、拥有自身特定资源的同时，在一些特殊公共服务领域，可以从非营利组织出发，把市场资源和政府资源主动整合过来，各取其特长，形成非营利组织主导的三部门合作模式。

资源整合并不是简单的资源结合，而是在社会中启动几套机制。非营利组织主动与政府资源结合，可以形成“民办公助”的资源结合方式。非营利组织推动政府提供场地，自身作为盈亏主体负责运营，提供服务。这不但可以调动社会力量参与养老服务的积极性，也缓解了政府的财务和行政负担，同时也保证了非营利组织在运作中的独立性与自主性，保证其能够更健康地发展。非营利组织运作与市场机制相结合，能够进行服务收费，形成类似于社会企业的运作模式。在针对不收费的特殊人群的同时，也可以接收有付费能力的特殊人群。这样不但可以覆盖成本，还能够盈利，再将之用以补贴项目。三部门资源整合，能够在一定程度上填补各自资源不足与空缺，不仅可以保证组织独立且可持续运作，更能针对特殊服务群体形成新的服务能力。

作为主导方的非营利组织，需要进行“自我修炼”，提升自身各方面能力与水平。在该个案中，鹤童在专业技术、服务对象、管理模式、公益理念和技术、组织能力等方面都走在社会前沿，这项优势贯穿了项目运作的整个过程，是非营利组织成功整合资源及良性运行的重要前提。

社会选择下的基金会发展之路

——以北京市西部阳光农村发展基金会为例

刘忠祥[①]

一 引言

基金会是一种什么样的组织？让我们从2004年颁布实施的《基金会管理条例》说起。该条例将基金会定义为“利用自然人、法人或者其他组织捐赠的财产，以从事公益事业为目的，按照本条例的规定成立的非营利法人。”基于这一定义，我们可以看出：

首先，基金会是一种非营利组织，[②] 具有非营利组织的组织性、私利性、非利润分配性、自治性、志愿性的五个特征。[③]

其次，基金会以从事公益事业为目的。它除有非营利组织上述五个特征外，还有业务、领域的限定。[④]

再次，社会性是基金会的本质属性。一方面，基金会的捐赠来自社

---

① 刘忠祥，民政部民间组织管理局副局长，公共管理学博士。

② 资中筠：《财富的归宿：美国现代公益基金会述评》，上海人民出版社2006年版。

③ ［美］莱斯特·M. 萨拉蒙：《全球公民社会——非营利部门国际指数》，陈一梅等译，北京大学出版社2007年版。

④ 《中华人民共和国公益事业捐赠法》（1999年）第三条：本法所称公益事业是指非营利的下列事项：（一）救助灾害、救济贫困、扶助残疾人等困难的社会群体和个人的活动；（二）教育、科学、文化、卫生、体育事业；（三）环境保护、社会公共设施建设；（四）促进社会发展和进步的其他社会公共和福利事业。

会，属于“社会公共财产”[①]，基金会的生存和发展是由社会（尤其是捐赠人）是否予以捐赠决定的，社会对基金会的发展具有重要的作用。[②] 从这个方面分析，基金会是一个接受社会检验的被选择者。另一方面，作为募集、管理、使用社会捐赠的公益组织，基金会在社会中扮演着社会服务提供者和社会理念倡导者的角色。[③] 在实现这个角色过程中，基金会要通过资助社会中其他群体（受助方）来实现其社会目标。在这个过程中，基金会又是受助方的选择者，它根据自己的宗旨、业务范围和实际情况来选择受助方[④]，同时它也可以通过是否接受捐赠来选择资源方。在这个意义上，基金会又是一个主动选择的主体。[⑤]

最后，中国基金会的发展与政府的关系重大。虽然社会性是基金会的本质属性，但并不排除政府在基金会产生和发展中的作用。在一段时间里，许多中国基金会的生存和发展并不是由社会决定的，而是受制于政府力量，要么限制，要么促进，政府通过控制资源来主导基金会。基金会在选择受助方或选择资源方时，不能完全自主。如果基金会资源来自于政府或主要来自于政府，或者自身尚不具备足够的从社会获得资源的能力，那么在选择受助方上同样要遵从政府的意志，在接受资源时就要顺从捐赠者（包括政府）的意愿，从而决定资源用于何处以及怎样用，决定是通过政府自身的系统来执行项目还是选择来自社会的其他组织来执行项目。[⑥]

基金会的上述特征，决定了它在当前中国的背景下，需要经历一个由政府主导到社会化运作的转变过程，其运作机制也将经历一个从政府选择到社会选择的过程。

清华大学王名等人在《中国社团改革——从政府选择到社会选择》中提出，“社会选择就是由各种社会力量决定是否成立社团组织，成立什

---

① 《中华人民共和国公益事业捐赠法》（1999 年）第七条：“公益性社会团体受赠的财产及其增值为社会公共财产，受国家法律保护，任何单位和个人不得侵占、挪用和损毁。”

② 陶传进、刘忠祥：《基金会导论》，中国社会出版社 2011 年版。

③ 王玉明：《第三部门及其社会管理功能》，《中共福建省委党校学报》2001 年第 7 期。

④ 刘京：《中国散财之道：现代公益基金会发展报告》，中国社会出版社 2011 年版。

⑤ 徐宇珊：《论基金会：中国基金会转型研究》，中国社会出版社 2010 年版。

⑥ 王名等：《中国社团改革——从政府选择到社会选择》，社会科学文献出版社 2001 年版；王名：《中国民间组织 30 年：走向公民社会（1978—2008）》，社会科学文献出版社 2008 年版；葛道顺：《中国基金会发展解析》，社会科学文献出版社 2009 年版；刘越：《社会关系视角下的社会管理组织生成逻辑研究》，《学习与探索》2011 年第 5 期。

么样的组织，以及维持多大规模的社团组织”[①]。

借鉴以上理论，根据所论内容，本文对社会选择做如下界定：“社会选择是指社会公众通过知晓、评价、参与（捐赠）来影响甚至决定基金会的存亡与兴衰，从而将基金会置于竞争之中并实现对基金会的优胜劣汰和公益资源的优化配置。”

从定义中可以看出，资源方是否给予基金会捐赠，决定因素在于基金会的专业性、公信力等，资源方对基金会的了解、公众对基金会的评价也是资源方是否给予捐赠的重要考量因素，基金会需要公开透明。同时，选择是相互的，不仅仅资源方选择基金会，基金会也可以选择资源方。在现阶段，基金会选择资源方的情形虽然不多见，但在逻辑上是可以推断出来的，[②] 未来会有越来越多的呈现。

社会选择机制在基金会发展中发挥着“看不见的手”的作用。简而言之，基金会力求以自身高质量的组织运作，来赢取资源方的选择。我们假定，在公益领域，参与各方都是纯粹为了公益，且仅围绕公益；资源方拥有公益资源，愿意提供给专业化的公益组织，以实现公益效率最大化；基金会通过专业化的运作，获得公益资源，以践行自己的公益使命。在这里，资源方和基金会都是纯粹的“公益人”。在这种理想状态下，我们就会发现，在社会力量作用下，公益领域实质上存在着与市场部门中的价值规律一样精妙严谨的运行机制，其支配引导着基金会的行为。基金会以接受捐赠财产为基础开展公益活动，资源方（捐赠方）是基金会的衣食（生存与发展）父母。资源可以流向这个基金会，也可以流向那个基金会。众多的基金会为能够获得资源方的捐赠或更多的、持续的捐赠（选择）而不断改善自己，于是，在公益领域就建立起类似市场的特殊运作机制，可以称为社会选择机制。就像价值规律作用于市场一样，社会选择机制也在公益领域发挥着“看不见的手”的作用。

2004 年《基金会管理条例》颁布实施后，我国基金会进入了新的历史发展阶段。数量不断增多，规范化建设逐渐加强，作用日益凸显，社会

① 王名等：《中国社团改革——从政府选择到社会选择》，社会科学文献出版社 2001 年版，第 119 页。

② 赵荣、卢玮静等：《从政府公益到社会化公益：巨灾后看到公民社会发育逻辑》，社会科学文献出版社 2011 年版。

关注度迅速提高。这些变化最重要的推动力量就是社会选择。随着政社分开的进行，社会选择力度加大，部分传统上政府选择的公募基金会开始了社会化转型；非公募基金会在社会选择下开始出现并生机勃勃。北京市西部阳光农村发展基金会（以下简称“西部阳光基金会”）就是其中的代表。通过分析西部阳光基金会的发起设立、社会化运作（包括针对社会问题设计和运作项目、在项目运作过程中提升专业性、公信力建设以及团队建设），可以清晰地看到一条社会选择下的基金会发展之路。

二　西部阳光基金会在社会力量作用下的发起设立

1998 年开始，西北师范大学学生尚立富以骑自行车、步行的方式，对东西部农村教育进行了系统的考察。四年间，他行程 9 万多里，经过 22 个省（自治区、直辖市），拍摄照片万余幅，写出了几十万字的调研报告，真实地记录了西部农村教育的面貌。这次考察也让原本生长于甘肃的他发现，原来还有很多地区的教育状况比他生长的地区还要糟糕，而他应当并且能够做些什么。

2003 年，在北京展览所拍图片时，尚立富认识了包括杨东平在内的很多关注西部（经济欠发达地区）教育的人。但对于能做点什么，怎样做，多数人都没有底，不十分清楚，其中有位企业家对尚立富表态说，如果他能够坚持三年，就将给予支持。2003 年年底，在杨东平老师的努力下，21 世纪教育发展研究院农村教育发展研究中心（即“西部阳光行动”）成立。次年，“西部阳光行动”支教服务队正式启动，来自于首都各大高校的 135 名志愿者组成了 10 支小分队，分赴西部的 10 个省（自治区、直辖市）进行志愿服务活动。在此后的三年中，西部阳光行动通过组织支教活动，开展了对西部教育的摸索。

三年过去了，到 2006 年，之前做过承诺的企业家准备兑现其承诺。至于以何种方式支持，相关人士进行了仔细探讨。此时，《基金会管理条例》已于 2004 年颁布实施。《基金会管理条例》创设了非公募基金会这一种类，自然人、法人和其他组织可以通过发起设立非公募基金会开展公益活动。2006 年 5 月，西部阳光基金会在北京市民政局登记注册，那位企业家所在的企业捐资 200 万元人民币作为原始基金，并以“1 元”的象征性租金帮助解决了基金会办公场所问题。基金会共有理事 7 人，其中专家学者 5 人，分别来自于北京大学、清华大学、北京师范大学、西北师范大学；企业家 1 人，还有尚立富；杨东平老师任理事长，尚立富为秘书长；监事 1 人，来自于中央教科所。

可以说，西部阳光基金会的发起设立，是自由流动资源、自由活动空间[①]、公益人共同作用的结果，体现了社会选择的逻辑：当自由流动资源和自由活动空间出现后，理想的公益人通过自身努力争取了自由流动资源，在自由活动空间中开展公益活动，于是基金会成立了。

首先，存在着热心农村教育的公益人士。如尚立富、杨东平老师，以及捐赠原始基金的企业家、担任理事的学者们，他们都富有社会责任感，都关心中国的教育事业特别是农村的教育事业，他们希望通过自己的努力，能够做些什么，能够改变些什么。正是社会责任感和对农村教育的关切使他们走到了一起。

其次，自由流动资源的出现和增加。这种资源包括款物、智力、体力和时间。随着人们从“单位人”向“社会人”的转变，人们可以独立地拥有、自由地支配智力、体力和时间；改革开放十多年后，一部分人富裕起来了，积累了财富也可以自由支配自己的财富，比如通过捐资设立基金会来奉献爱心。向西部阳光基金会捐赠原始基金的企业家就是如此。除资金资源之外，一些教育界的专业人士和机构都给予了该基金会不同的“专业资源”支持。

最后，自由活动空间的出现和拓展。人们的需求是不断增加的，社会的问题永远在解决过程中，旧的问题解决了，新的问题还会涌现。在大政府、小社会的年代里，政府大包大揽一切，既没有自由流动资源，也没有自由活动空间，虽然很多事情政府管不了也管不好，但其他社会力量也难以进入。20 世纪 80 年代后，市场经济逐步建立和完善，价值规律在经济发展中逐渐发挥“看不见的手”的主导作用，政府职能也开始转变，管不了也管不好的事情逐步让渡给社会，自由活动空间出现。特别是在公益慈善领域，由于贫富差距的拉大，人们需求多样性和人口流动性的增加，政府提供的公共服务由于普适性和规范性的特点，很难及时满足个体化的需求，需要大量的社会力量予以补充。

---

① 孙立平：《“自由流动资源”和“自由活动空间”》，《探索》1993 年第 1 期。

在公益人、自由流动资源和自由活动空间的共同作用下，西部阳光基金会得以成立，并由此具有了天生的社会选择的特征。

三　西部阳光基金会的社会化运作

基金会与企业最大的不同是同时面对两类“顾客”：资源方与受助方，而企业只有一类顾客。基金会的社会化运作过程实质就是基金会与两类“顾客”互动的过程。对西部阳光基金会来说，资源方以捐赠人为主，也包括政府相关部门以及提供各类专业技术支持的合作方；最核心的受助方主要是西部儿童，同时也不同程度惠及当地的教师、基层教育体系以及儿童背后的家庭。

西部阳光基金会的宗旨是“致力于西部农村教育及社区发展，以多元形式支持和帮助教师、学生及农村弱势人群自我提升，为他们提供自我改变和发展的机会”。这是一个系统工程，需要通过若干具体的项目向资源方募集资金和其他支持，整合资源，来满足受助方的需要。基金会的项目是连接两类“顾客”的桥梁，基金会通过项目活动同时服务于资源方和受助方，且项目活动是动态的，正如西部阳光基金会所表述的，是不断“有机生长”的。可以说，项目是基金会生存和发展的基础。西部阳光基金会的社会化运作则通过针对社会问题设计项目、注重自身专业性提升、加强公信力建设以及团队建设的内源性动机的生长四个方面体现出来。

（一）　针对社会问题设计和运作项目

1.　牢牢从社会问题出发

基金会项目的设计和运作是从社会问题开始的，真实存在且具有价值的社会问题既符合受助方的需求，又能调动资源方的投入。

2008 年，西部阳光基金会接受了一笔 68 万元人民币的捐赠。捐赠人将该笔捐赠的用途限定为西部地区农村教师的培训，而西部阳光基金会关注的是农村基础教育问题本身，不仅仅是培训教师，当然培训教师也是其中的重要环节。正如基金会一名负责人所说的：“我们的目的不是为了培训教师，我们的目的是为了提高教学质量，培训教师是手段。那么，对这个目的而言，除了这个手段以外还有什么手段？这个手段是最好的手段吗？这个手段还缺什么？不断的讨论，我们的团队为这个项目持续不断地在讨论。而这个时候资源进来了，我们由此又有了一个新的想法，我们再去找资源，然后再把它汇集进来……我们每次讨论，都不断地生出这种东西来。在这个氛围里，我们（团队成员）开始形成了一种抓资源，充实、调整，马上应对问题的能力。”

西部阳光基金会不外请教师，不用所谓的专家或名师，而是选择同样在农村地区但“能够推门就上课，有教学实感”的与项目实施地环境差不多的 WF 县教师作为培训师。

他们（受培训教师）说这些老师（WF 县的教师）：第一，他们的条件不比我们好到哪儿去；第二，他们的课上得真好；第三也是非常有意思的，他们非常认可的，他们说这些老师理解我们的困难在哪儿。受培训教师为什么说这是所有受过的培训当中最好的？就是这些培训教师知道课堂教学是怎么回事，难点在哪儿。

不同于一般的教师培训，培训师不是来自大城市名校，而是来自与受训教师所处环境差不多的学校。这样，受训教师容易形成高度的认同感，他们不再抱怨客观条件、为自己的缺点与不足寻找借口，同时也感受到了培训师的真实水平，形成共鸣并收获了切实可用的知识和技能。培训从对教师的心理关怀开始，对老师们进行情绪疏导，就师生关系问题进行分享交流，不仅让老师感觉到了尊重，教会他们如何进行情绪管理，合理化解师生矛盾，而且让他们感觉到培训是贴心的、尊重人、启发人的。这样的培训是一种针对问题的创新，老师们真正有所收获，不是被动接受知识，而是主动参与，积极性被充分调动起来了。

基金会的项目实质就是解决社会问题，资源方之所以给基金会捐赠，看重的是基金会能够发现并解决社会问题。基金会的项目设计必须瞄准社会问题，透过纷纭复杂的社会现象抓住问题的核心和本质，明白无误地告诉人们是什么问题，怎样解决问题。当然，发现问题和解决问题不会一步到位，项目设计需要在运作过程中不断完善。

2. 围绕问题拓展项目

培训教师的目的是通过教师的改变，使学生能够受益。仅仅培训教师并不能解决所面临的一切问题，基金会也没有停留在仅让教师从培训中受益这个层面，他们始终瞄准改变教育特别是基础教育现状的目标。

开展教师培训后，基金会又设计出公开课巡讲环节，让教师将培训的内容应用在实际的教学情境中，提高教学水平。基金会把培训师带到基层小学，在基层开展公开课讲评，并支持鼓励当地的教师自发组织教研小组参与讲课评课活动。

为进一步确保培训的内容能够应用于日常教学，基金会在教师中开展了“教学能手竞赛”活动，之前在当地是从来没有过的。共有1000多名来自于基层学校的教师参加，其中300名教师得了不同的奖项。接下来，基金会把获奖的教师组织起来到当地最偏远的学区进行公开课巡讲，以展示他们的教学水平，增强自信。“其目的在于，不是总在听外面的人来给他们讲，让他们觉得自己这里也有很优秀的老师，让那些老师有更多的动力去进步……其实有很多是基层学校的老师。过去他们再怎么努力，也是没有人看见的。”

教师培训只是起步环节，公开课巡讲和教学能手竞赛是转化培训成果的途径。这个过程中，基金会始终以解决社会存在的实际问题为核心，以参加培训的教师为主体，让他们真正参与其中，拓展了解决问题的途径，整合了更多的资源。

3. 在解决社会问题过程中整合资源

在健全的社会选择机制下，以解决社会问题为出发点的项目往往更容易获得社会资源，因为这样的项目能够把资源方和需求方很好地对接起来。通过教师培训项目，西部阳光基金会获得当地教师及教育部门的高度认可。“因为他们看到，第一，我们有诚心；第二，我们确实有办法、有资源；第三，正如他们所说，我们所有东西完全不图什么，这也是他们对我们基金会特别认同（的原因）。现在我们跟教育部门的合作很通畅，因此我们可以影响它的政策。”而当地有些教育政策也在基金会与当地政府教育部门和教师的沟通中慢慢发生改变。例如，原来一年一聘的教师考评制度，通过基金会的工作改成了三年一聘，因为教学是个连贯的过程，经常更换教师对学生是不利的。同时，有关各方的积极性被调动起来，各种资源也被整合进来。“农村地区的基础教育质量为什么这么差？我们分析了三条原因，其中有一个原因就是学前教育完全缺失。好，我们慢慢地把我们的幼儿教育项目加进来，把我们的长期志愿者项目加进来，也把我们的短期志愿者项目加进来，就是在那个地方，我们把我们基金会所有的资源、各个项目的资源都有机地结合进去。我们基金会有6个项目，本来在不同的地方，但是当我们想清楚我们的目标是什么，只要跟这个目标相关的，我们基金会所有的能获取的资源全部往那儿投。”这样，以初始的“教师培训项目”为依托，引进多种外部资源，原本只是68万人民币的项目，已经吸引了超过200万元的资金，衍生出20多项内容，而且并没有做完。原来的“教师培训项目”已经“面目全非”，变成了基础教育质量综合提升项目。

4. 不断深化对社会问题的认识

在“教师培训项目”实施过程中，西部阳光基金会对农村基础教育问题的认识不断深化，逐渐呈现清晰、明了、立体的映像，形成了“问题树”，逐渐触及问题的本质和核心。

在开展“教师培训项目”的过程中，西部阳光基金会发现，农村基础教育问题是一个涉及方方面面的综合性问题，包括诸如儿童营养、幼儿教育、中小学教育体系、当地教育政策以及家庭社会等各个方面的问题。这样，西部阳光基金会就构建了以农村基础教育问题为树干，以方方面面问题为枝叶的“问题树”。针对“问题树”，西部阳光基金会深入分析产生问题的原因，积极探寻解决问题的办法，进而明确自身的定位，清晰地界定出哪些是基金会可以做的，哪些需要政府来做，哪些需要动员社会力量来做，哪些目前可以做，哪些必须创造条件将来再做。由此，去寻找资源，整合资源，解决问题，并在这个过程中提升了自己的专业性。

（二）在项目运作过程中提升专业性

1. 随着项目的开展提升专业性

项目是基金会的核心“产品”，专业性是“产品”的核心技术，是项目的全部支撑。专业性包括项目的设计、项目的实施、项目设计和实施的完善，并在此基础上形成一套系统解决同类问题的科学方法，一种可复制的模式。西部阳光基金会对农村教育问题的认识不是一直停留在原来的水平上，在项目运作过程中，对社会问题的认识不断深化，项目运行方式也不断调整，进而吸纳了更多的社会资源，逐渐形成了推动一个地区整体环境发生变化的项目模式，他们称为“项目的有机生长”。“这个项目开始给了我们很多启发，在农村做基础教育质量提高到底该怎么做。我们以此为样板，第二个项目点出来了，第二个项目点就是在已完成项目获得经验基础上，我们在最初设计的时候把它按照一个新的思路设计得比较完备，结果在这个新的项目实施过程当中，我们又发现了新的资源，马上就把最好的资源方引进来，我们现在跟他们（新资源方）有了一个长期的合作，非常好的合作。这个东西原本不在我们的计划内，马上引进来，引进来以后及时地去做调整，这个项目已经开始有机生长了。”在项目有机生长的过程中，基金会的专业性也在有机生长，最终形成了一套较为成熟的项目模式，并以此为样板，在一个新的地方开始“复制推广”该模式，使新的项目有了更为专业的起点。专业性是基金会社会化运作的第二步（第一步是针对社会问题设计和运行项目），只有具备足够的专业性才能更好地满足社会需求，更多的获得社会资源，更好地解决社会问题。

2. 借助于专业性获取和整合各种资源

基金会面对两类“顾客”，资源方为受助方“埋单”，让基金会“代购产品”，针对社会问题设计和运行项目关乎的是“产品”的种类，项目的专业性则事关“产品”的质量，在更大程度上决定了基金会获取资源的能力。

西部阳光基金会非常注重项目专业性的提升，以此获取更多的资源。以“教师培训项目”为例，开始运行时，该项目仅获得一年左右的资金支持，一年后项目资金中断了，虽然获得了很好的阶段性效果，但西部阳光基金会发现，要想解决问题，需要更长的时间，更多的资源。于是，西部阳光基金会秘书处决定，即使在暂时没有资金支持的情况下也要继续做下去，并争取到理事会同意用基金会当时拥有的一笔金额不大的非限定性资金来继续开展该项目，同时寻找新的资源方。“机构的钱用完了，这个项目就结束了，但我们完全没有，我们让它往下走，然后我们从别的地方再去弄钱，让这个项目自然地往下走，一直走到现在，这个项目还没完。而最终是能够最大程度地接近我们原本的目标，就是提高当地的基础教育质量。”

西部阳光基金会争取资源的核心力量就是解决社会问题的专业性。他们以自己的专业性获得资源方的信任，通过资源方的直接参与，将专业化的理念和技术传递给资源方，同时也在影响和改变资源方。

西部阳光基金会专业性的提升不仅吸引了社会资源，而且争取到了政府资源。在拥有了一定的专业性后，西部阳光基金会与政府不再是依从关系，而是合作关系，即使西部阳光基金会从政府那里获得了资源，也能秉承自己的理念，保持自身独立性。

西部阳光基金会利用专业性和社会资源，来吸引和撬动政府资源，当地基层政府与基金会没有行政隶属关系，更多的是平等的合作关系。基金会把政府的关注整合到项目中来，赢得当地基层政府的认可和支持。对基金会来说，有利于项目开展的资源都应努力争取，但获取资源的底线是不能丧失自我，损害基金会的公益性，也不能违背基金会的理念。西部阳光基金会基于自身理念获取资源：既尊重资源方，又不被资源方所主导乃至控制。

在争取资源的过程中，基金会的理念逐渐明晰和坚定，并通过项目的运作影响更多的群体，包括受助方，也包括资源方以及社会公众。资源的获取过程也是社会选择的过程，最终专业化程度高的基金会在社会选择中得到更多支持，能够更好地发展下去。

3. 在为受助方提供服务的过程中提升专业性

资源方为基金会提供资源，原因是基金会能够解决社会问题，满足受助方的需求。专业性强的基金会能够更好地满足受助方的需求，所以能够获得更多的资源方、更多资源的支持，同时基金会的专业性在持续满足受助方的过程中得到提升。

西部阳光基金会关注受助对象的真实需求。西部阳光基金会始终围绕解决社会问题、最大限度地满足需求方来开展项目，专业性逐渐提升。他们认为，满足需求方的过程就是获取资源的过程，也是提升专业性的过程。

资源方看到基金会在不断地满足受助方日益增长的需要，就会提供更多资源；基金会的专业性在不断解决社会问题的过程中得到提升，有了与资源方平等对话的能力，可以对资源方说“不”，由此形成了基金会与资源方的相互选择，健全的社会选择机制就建立起来了。“很多事情不一定有了钱了我们才去想这个事情，首先是跟着需求走，我要做什么？完全社会导向。这点很清楚，我要做什么。……有人来找我们，有一笔钱，钱还不少，说做这样那样的事情，就好像希望我们帮助他们来做这件事情。我们说这不是我们做事情的方式，要做我们也不这样做。如果一定要这样做，那就不要找我们。”

项目成为基金会联系资源方和受助方的桥梁和相互选择改变的管道，随着项目的开展，基金会的专业性得到提升，同时也将自己的专业性传递给资源方，获得了更多的社会资源，影响着资源方，也可以说选择了资源方；资源方通过项目选择了基金会，受助方通过项目，接受了资源方和基金会的理念和物质帮助，或多或少地发生了改变。

（三）在社会选择中加强公信力建设

所谓公信力，就是使公众相信的力量，专业性是公信力之里，公开透明是公信力之表。公信力建设不仅要注重结果，更要重视过程。“一个人在问我们怎么筹资，我跟他说，筹资也是功夫在身外，所谓筹资的能力，就是把问题想清楚，把你想的表达清楚。”“在筹款方面，对出资人的公信力在哪儿。出资人其实非常关心你把钱怎么花的。其实出资人更在意你的活干得怎么样。公信力里面不光是财务公开透明，还有一个你的工作是怎么做的，最后达到的效果以及各种跟你有关的人怎么评价你。我们的工作不光我的工作对象怎么评我，我有那么复杂的合作者，合作者怎么评价？捐赠方怎么评价你？还有我们的团队怎么自我评价，这些综合起来（就成为公信力），（另外）我觉得效率也很重要。”

在日常工作中，西部阳光基金会非常重视公信力建设的过程，具体到每一件事，每一个细节。例如，面对农村地区无发票的难题，基金会也建立了相应的制度：要求每一项无正规发票的支出，先要有相应的明细单，如在农村租车费用的入账，要求报销人、司机、第三者（见证人）在收据上亲笔签字并提供司机的电话、租车单价、出发地、到达地等信息，这些统统作为附件，还同时要求有相应金额的税务发票充抵才能报销。

“推门审计”是西部阳光基金会倡导的理念，即无论何时，无论是资源方、政府部门还是基金会本身要求审计，都可以直接进行，而不需要较长的整理准备时间。在财务公开透明方面，基金会每月将财务报表进行网上公示。为了让社会大众都能读懂公示的资料，根据这个标准推出了每项财务数据月公示的原则，报表中不仅反映收入，还有使用款的去向及未使用款的金额，整个报表（见表5—1）能清晰明了地看出收入、支出、结余情况及资金的使用情况，报表内容包括每一笔小额捐赠的上述情况。同时，在网站首页，基金会随时公示所收到的每一笔捐赠及用途。

表 5—1　　**基金会财务公开范例**①　　单位：元

捐赠单位及个人名称	年初结余金额	本年捐赠收入	资金用途	本年累计支出金额	现结余金额
上海新联康投资顾问有限公司	134561.00		宕昌县基础教育综合提升项目（二期）	104913.30	29647.70
嘉实基金管理有限公司	64183.30	415309.04	成县基础教育综合提升项目	244909.26	234583.08
嘉实基金管理有限公司	255472.11		成县基础教育综合提升项目——长期志愿者支教	118398.45	137073.66
嘉实基金管理有限公司		100000.00	玉树灾区“吉祥——教师关爱行动”	90712.00	9288.00
赠予亚洲 CIVE2ASIA	39022.98		农村学校图书室（2009 年）	39022.98	0.00

加强公信力建设是基金会社会选择的必然要求。公信力在过去可能以依靠政府的认可或支持获得，有的老牌公募基金会曾经如此，但是这种自上而下赋予的公信力却可能因为某种原因迅速垮塌，如公益丑闻。而西部阳光基金会的公信力是在社会选择过程中依靠自身的专业性建立起来的，社会的关注反而使其进一步显现和加强。

（四）基于理念和责任的团队建设

西部阳光基金会的项目实施地大都是西部最偏远的农村，项目开展伊始，往往面临着很多外来公益组织共同面对的难题。以“基础教育质量综合提升项目”为例，实施地是灾区，当 2008 年他们进入当地实施时，当地教育部门觉得基金会“添麻烦”来了：“他们都嫌我们麻烦，甚至说算了，你们不要来了，最初是这样的态度。往往教育局除了对分数感兴

① 北京市西部阳光农村发展基金会：《基金会 2010 年 7 月财务收支报表》，http：//www.westsa.org/a/Information/caiwuxinxi/689.html，2012—10—16。

趣，它对别的东西是不感兴趣的。”但西部阳光基金会却用专业化的培训效果和踏实的工作作风慢慢地打动他们，正如基金会一位工作人员所述，“在最早的时候，当我们的关系还没有建立到非常良好的时候，我们也不退让，但也不会硬扛。我们会告诉他们，第一，我们为什么要这么坚持？第二，你不是觉得有难处吗？好，你有难处，这个工作我来做。我们的工作人员一直都在基层，到每一所学校去做说服工作，去说服校长。最后他们会觉得，你们真厉害，居然把校长都说服了。有过一次就不一样了，有过一次他们就觉得我们是真想干，真能干。”

西部阳光基金会工作人员的工作作风来自于基金会的价值理念与使命，即社会责任感，在社会责任感这个内源性动机的激励下，基金会建成了相互鼓励、相互合作的团队。很多事情看似很难，在团队的共同努力下，他们攻坚克难，把困难克服了。西部阳光基金会的工作人员大都有着长期的志愿服务经历，很多人都是五六年前参加了西部阳光行动，他们见证了基金会的成长，并与基金会共同成长。部分工作人员长期驻扎在项目地，十分了解当地的具体情况，擅长思考、沟通和突破瓶颈。他们为了共同的目标，分工不分家。相互之间充分交流、信任尊重、密切配合、默契度很高。很多元素如平等、尊重、参与等体现其中。

由于处在发展阶段，西部阳光基金会员工的工资并不高，但基金会总是为员工生活和发展提供力所能及的支持，增强员工的归属感，例如提供员工宿舍，关注员工的生活需要及个人发展，为员工提供培训及自我提升方面的机会等。

西部阳光基金会十分重视志愿者队伍的建设。基金会每年都有长短期志愿者到西部支教的项目，该项目不仅给西部带来了一些变化，同时也促进了志愿者自身的成长。基金会为这些志愿者提供系统化的支持，包括选拔、培训志愿者去组织协调志愿服务工作、后期交流、总结等活动，他们不断帮助这些志愿者成长，注重志愿者本身在志愿活动中的收获，尤其关注其内心的触动和变化，给志愿者提供实现自我价值的机会，鼓励志愿者在一线开创性地开展活动等，并从中选拔正式员工。另外，如果新入职员工不是从志愿者中选出，就需要先以志愿者的身份进行工作锻炼后，才能转入专职工作人员。所以，西部阳光基金会的工作人员都对基金会的理念高度认可。

四　西部阳光基金会角色的变化

在社会化的运作过程中，西部阳光基金会瞄准社会问题的能力、专业性、公信力得到了提升，团队建设得到了加强，基金会的角色也开始发生变化。西部阳光基金会发起的缘由和初始的核心项目是西部支教活动，通过支教活动形成了一定的社会影响力，引发人们尤其是青年大学生对西部教育特别是西部农村教育问题的关注。两年多的支教活动后，西部阳光基金会发现西部教育中存在许许多多的问题，这需要动员多方资源、一个一个地、系统地加以解决。

伴随着在项目活动中问题不断被发现，“问题树”在成长，西部阳光基金会的角色也在逐渐拓展和转化，不仅只是支教、资助教师学生，而是开始探索解决一些相关联的、深层次的问题，做到了项目的有机生长。项目有机生长的目标开始并不十分明确，也不能被量化，但基金会的发展方向是清晰的，发展空间是巨大的。

方向基本明确后，西部阳光基金会的“问题树”不断生长，问题越来越多，但西部阳光基金会并不迷失，基金会能做什么，主要做什么，以后做什么，西部阳光基金会十分清楚，在不断解决问题的过程中，积累了经验，理清了思路，不知不觉基金会成为西部农村教育问题乃至整个农村教育的探索者，且处在社会的最前沿。

解决西部农村教育问题，需要方方面面的共同努力，社会组织在其中可以大有作为，一个组织在这方面的经验可以共享，以使其他组织少走弯路，提高效能。自2010年始，西部阳光基金会开始摸索对教育领域草根组织的支持帮扶，成为“资源方”，参与到社会选择中，引导选择草根组织的发展。

如上所述，西部阳光基金会一路走来的轨迹是这样的：西部支教行动的发起者——西部教育问题的探索者——草根组织的引导者——社会发展创新、政策变革的推动者。

这是社会选择下基金会的发展过程，沿着这个过程，基金会向前发展的必然结果就是参与到社会的创新和变革中来，成为推动社会进步的一分子，目前这种趋势已初步显现。西部阳光基金会项目所在县的教育制度已经开始改变，西部阳光基金会取得的经验已开始在行业内引起反响，成为农村教育领域的引领者。

五　几点启示

西部阳光基金会向我们展示了一个基金会在社会选择下的成长路径，有下面几点启示：

1. 社会性是基金会的本质属性

基金会设立的唯一目的是公益，受益对象是符合其章程规定业务范围条件的不特定的组织或个人，受益对象具有广泛的社会性；基金会的财产来源于特定或不特定人群的捐赠及捐赠的增值，也具有广泛的社会性；基金会要加强自律，同时要接受政府、捐赠人以及社会各方面的监督，基金会的一切活动都应向社会公开，以成为公开、透明的社会组织；基金会完成章程规定的宗旨或无法完成章程规定宗旨，或因为其他原因申请注销的，其剩余财产应转给宗旨与其相近的社会上的其他公益组织，上述一切决定了基金会的社会性。社会性是基金会的本质属性，社会选择是基金会本质属性的必然要求。

2. 社会选择促进了基金会的健康发展

由于历史传统、体制、机制的影响，在一个时期内，我国基金会是由政府主导或政府选择的，基金会处在初期的发展阶段。当然，社会选择的因素一直存在。2004 年《基金会管理条例》颁布实施后，社会选择作用凸显，逐渐主导基金会的发展，基金会进入新的发展阶段。社会选择通过优胜劣汰，使那些团队建设好、社会问题瞄准度高、公信力、专业性强的基金会被选择出来（如西部阳光基金会），获得了更多的支持，并引领基金会行业的发展，从而形成良好的生态，促进整个基金会的健康发展。

3. 政府仍然可以大有作为

社会选择并不意味着政府无所作为了。事实上，在社会选择产生的过程中以及社会选择机制形成后，政府仍然可以大有作为。政府的职责主要是对基金会依法进行底线的监管，充分发挥社会选择的作用。首先，政府要为社会选择创造条件，促使社会选择机制的产生；其次，要保证社会选择中的双方（资源方和基金会）不跌出公益底线，防止“公益失灵”局面的出现；最后，要防止基金会和资源方形成公益垄断。除此之外的有关基金会发展的其他问题，则可通过社会选择来解决。

公共外交视野下官办NGO的发展倾向分析

——以中国对外友协“中非地方政府合作论坛”为例

熊　亮[①]

导　言

公共外交是一国政府面向他国社会和民众，通过大众传媒等手段，以提高本国知名度和美誉度、营造良好国际舆论环境、树立良好国家形象为目的的外交形式[②]。公共外交具有开放性和工作对象多样化的特点，在我国整体外交中占据重要地位，其发展需要工作理念和方式的创新。本文以中国对外友协对非公共外交实践——首届“中非地方政府合作论坛”为例，将对中国公共外交发展现状和存在的问题、该领域官办 NGO（GONGO）的发展倾向、面临的问题和发展前景进行分析，并提出相关政策建议。

一　中国公共外交发展现状和存在的问题

近年来，公共外交逐渐成为我国外交工作新的增长点和着力点，在外交全局中的地位和作用进一步提升，重要性日益凸显。2009 年 7 月，胡

---

① 熊亮，北京师范大学社会发展与公共管理学院硕士，中国人民对外友好协会亚非部三处干部。

② 赵可金：《公共外交的理论与实践》，上海辞书出版社 2007 年版。

锦涛主席在第十一次驻外使节会议上发表重要讲话，精辟地论述了公共外交在我国外交工作中的重要地位和作用，指出公共外交作为总体外交的重要组成部分，是新形势下完善我国外交布局的客观要求，也是我国外交工作的重要开拓方向。他强调，开展好公共外交直接关乎我国的国际形象，外交工作要努力使我国在政治上更有影响力、经济上更有竞争力、形象上更有亲和力、道义上更有感召力，并将公共外交提升到外交全局的战略高度，这对新形势下推进公共外交具有重要指导意义。中国公共外交正迎来新的历史机遇，肩负新的时代使命，步入新的发展阶段。①

外交是内政的延续。温特说过："国家的对外政策行为往往主要是由国内政治决定的，而不是由国际体系决定的。"② 在中国，公共外交这一名称是舶来品，可与之匹配的土生土长的概念是"民间外交"，长期以来，中国对外友协在这一领域发挥了重要作用，其在中日邦交正常化、中美"乒乓外交"等历史事件上扮演了重要角色，但是，"民间外交"这一具有中国特色的名词也不能完全诠释公共外交的全部内容。目前在我国，外交部新闻司下属的公共外交办公室所从事的工作、由全国人大和政协领导的议会交往、中联部主管的政党交往、全国青联（团中央）主管的青少年交流、全国妇联主管的妇女交流、贸促会的企业家交流、科协的科技交流、作协的作家交流等不同领域不同层次的国家和地方级对外交往，在广义上都可以纳入到公共外交的框架内。在这些外交主体中，友协、妇联、青联等在组织机制上属于人民团体和群众团体，不需要在民政部门登记，而是使用行政编制，参照公务员管理，接受财政拨款，是典型的官办NGO，即GONGO，也是目前中国公共外交的主力军。

此外，一些部委还成立了专门从事对外交往的全国性社会团体，如中联部下属的中国国际交流协会、文化部下属的中国对外文化交流协会等，这些也可纳入GONGO范畴。不久前，外交部还成立了前外长李肇星任会长的中国公共外交协会。与此同时，清华大学、中国人民大学、北京外国语大学等高校于近年纷纷成立了公共外交研究机构，以公共外交研究和实践为己任。

---

① 杨洁篪：《努力开拓中国特色公共外交新局面》，《求是》2011年第4期，第44—46页。

② ［美］亚历山大·温特：《国际政治的社会理论》，秦亚青译，上海人民出版社2000年版。

在公共外交事业蓬勃发展的同时，我们也应对这一领域存在的问题有清醒意识。这些问题主要体现在：

（一）缺乏统筹协调，存在项目同质化问题

中国的公共外交一方面囿于国内政治体制发展阶段和核心价值观定位尚待优化的限制，缺乏协调一致的国内统筹①，有时甚至会出现“抢外国朋友”“抄袭”项目之类以争取部门利益为目的的非良性竞争，国内资源没能得到充分有效利用；而另一方面，国外资源也并没有得到很好的开发。总体来看，现有运作机制和保障机制在一定程度上已难以满足公共外交组织的工作需要。

（二）公共外交的开展与实际需求对接不够紧密

目前，随着“走出去”战略的不断深化，很多中国国有和私营企业已不满足于国内市场的发展，逐步进入世界市场，力争在海外抢占市场份额，特别是在西亚和非洲地区，其市场开拓手段需要进一步多元化。但这些企业往往在一开始缺乏与当地政府上层沟通的渠道；在局面打开之后，又缺乏对业务对象国国情和文化的深入了解，在业务开展和本地员工管理上容易遇到麻烦。为了应对新的挑战，推动“走出去”的深入发展，需要一项升级版的综合性和立体化战略，在各个领域也越来越需要新思维和多元化的手段。而从降低产品目的性的角度出发，引导企业参与中国公共外交、履行海外社会责任将是这种新思维和新发展的体现。② 在这一方面，目前的中国公共外交还未充分发挥其应有的作用。

（三）公共外交手段与目标的多样性与我国政府公共外交手段与目标的单一化现状存在矛盾

第一，从资金来源来看，政府财政预算有限，开展公共外交工作的一些需要无法得到满足，资金来源渠道亟待拓展。近年来，随着公共外交工作面的不断拓展，其工作领域与合作对象的范围不断扩大，现有政府财政预算难以满足工作要求，公共外交组织与企业的合作成了新的发展方向。在资金筹集方面，NGO 与基金会等资金来源有着较为成熟的合作模式，

① 黄忠、唐小松：《中国公共外交的国内统筹能力》，《问题与对策思考》2012 年第 10 期，第 52—59 页。

② 李永辉：《公共外交与企业“走出去”》，《现代国际关系》2011 年第 8 期，第 15—17 页。

有不少经验可供公共外交组织借鉴。

第二，从公共外交项目的运作流程和手段来看，目前从事公共外交工作的组织所采取的机关工作模式和流程已经不能满足多元参与公共外交工作的要求。

第三，从工作理念和目标来看，不同公共外交参与主体也存在差异，如政府公共外交工作和跨国企业经营在工作理念和目标上就存在差异。

美国塔夫茨大学弗莱切学院在较早出版的一本关于公共外交的小册子中将公共外交定义为："超越传统外交范围以外国际关系的一个层面，它包括一个政府在其他国家境内培植舆论、加强国内利益团体与他国的利益团体在政府体制以外的相互影响、借助传媒（如外交官和记者之间的沟通联系）达到对他国政策制定以及涉外事务处理施加影响的目的。"[①] 与政府公共外交工作的目的不同，跨国企业的根本动机是利益最大化，效率优先，双方的合作一定程度上存在冲突，需要寻求更为适当的模式。

综上所述，为了满足不同社会层级和各个领域对公共外交的需求，政府应推动更多的主体参与到公共外交工作中，并应用更加灵活的资金筹集、项目运作等机制，提高公共外交工作的效率与水平。

二　GONGO在中国公共外交领域的主力军作用

GONGO是政府为公益而设立的公共组织，它与草根组织的区别在于它是由政府设立，与政府关系密切。在公民社会成熟的国家，政府设立GONGO的原因主要是由于某些领域的公共服务政府不便插手或不好做，而民间又缺乏足够的资源、能力与权威来做，这时就需要政府出面组建GONGO来完成。在一些公民社会不太成熟的国家，政府设立GONGO的目的主要是出于政治吸纳的考虑、对外交往的需要或者因为某些政府部门的特殊利益。中国公共外交领域的GONGO就是在这样的背景下建立和发展起来的。

作为中国公共外交、民间外交领域的重要力量，以中国对外友协为代表的GONGO所从事的工作为中国公民和企业提供了一个国家整体外交的良好氛围和友好的国家关系与形象，实际上是提供了一种公共产品。而对

---

① 高飞：《公共外交的界定、形成条件及其作用》，《外交评论》2005年第82期，第105—112页。

于国家而言，本国跨国企业制造的产品和提供的服务如果能够保证良好的品质，对于国家形象也有着积极的改善作用。① 两者呈良性互动关系。但是，由于拥有公共产品的属性，公共外交就面临了可以免费搭便车的问题，企业和个人可以不用投入而坐享其成。

与其他一些社会领域不同，公共外交领域并不存在不开放和竞争不充分的问题，实际上是参与不足。在目前企业和第三部门介入动力不足的情况下，公共外交组织由国家设立和提供财政支持，尚未形成从民间层面自下而上的发展，这也是 GONGO 担当公共外交领域主力军的根本原因。

正因为 GONGO 在公共外交领域的重要地位，GONGO 在自身定位基础上，通过借鉴 NGO 组织在运作机制和保障机制的成熟经验，规范和提升内部运作机制，提高效率，改善外界对官办机构的不良印象，将有利于吸引包括企业、智库等更多主体参与公共外交工作，推动公共外交事业的全面发展，帮助塑造更加良好的国际形象和发展环境。中国对外友协作为公共外交领域 GONGO 中的骨干力量，已经在这一领域开展了一些探索，成功举办了 2012 年首届“中非地方政府合作论坛”等活动。

三　公共外交领域 GONGO 面临的客观困境和解决途径——以首届“中非地方政府合作论坛”为例

（一）公共外交 GONGO 面临的挑战和应对

正如前文中所提到的，在中国开展公共外交的组织和部门形形色色，这其中外交部、全国人大和全国政协的对外交往都涉及公共外交领域，但其背景是纯官方背景，拥有充足的财政预算保障。与此同时，以中国对外友协、全国妇联、全国青联和贸促会为代表的 GONGO 则面临着工作范围扩大和有限财政预算之间的矛盾问题。这其中，妇联、青联和贸促会都是“术业有专攻”的专业性组织，工作领域相对固定，资金支持相对充足；而中国对外友协的工作范围不但包括妇女、青少年和企业家交流等内容，目前更是融入了越来越多的学术、文化和地方政府合作，原有运作机制和保障机制已越来越难以应对。

通过对国内外部分公共外交实践和 NGO 工作模式的分析不难发现，

① 莫盛凯：《公共外交的跨国公司载体：热话题与冷思考》，http：//blog. ifeng. com/article/28260741. html。

NGO 与基金会的合作和公共外交机构与跨国企业的合作具有一定程度上的相似性。基金会作为公益产业链的资源端，NGO 作为服务端，双方的合作是资源对接的必然趋势。基金会不缺资金，但需要具有项目执行团队和有执行经验的机构去实际操作，以提高资金的运行效率；另一方面，NGO 有项目执行团队和能力，但缺少资金来源。同基金会与 NGO 的合作一样，企业和友协的合作也是资源对接的必然趋势。这一合作过程中，友协的工作性质与 NGO 的性质产生了趋同性。基于上述分析可以看出，NGO 工作模式进入公共外交实践工作是今后公共外交工作发展的重要选择。事实上，包括中国对外友协在内的一些具有半官方色彩的机构已经开始了类似的探索，如 2012 年首届“中非地方政府合作论坛”等，在该项目中，目前 GONGO 公共外交组织在运作机制和保障机制方面遇到的问题得到了较好的解决。

在运作机制方面，论坛将国内外资源充分对接，打造了一个开放性的合作平台，使国内外地方政府负责人、中国企业和学者在这一平台上互通有无，开辟了一系列合作的渠道。

在保障机制方面，北京温州企业商会作为活动承办单位，为论坛提供了包括非方代表的国际旅费及在华食宿交通、参观游览费用、会议费及各场宴会场地费等在内的约 1500 万元人民币的资金保障。与此同时，本次活动从多所在京高校招募了超过 100 名的志愿者，这成为活动成功举行的重要人员保障。

总而言之，中国对外友协在同北京温州企业商会的合作中，通过引入 NGO 的运作和资金保障方式，实现了良好的效果。

（二）论坛背景和情况介绍

自 20 世纪中叶，新中国成立和非洲国家独立后，中非各领域关系取得了长足发展，成果丰硕。2000 年中非合作论坛成立后，中非关系迅速提升，特别是 2006 年召开的论坛北京峰会以来，中非政治互信不断增强，务实合作成果斐然，人文交流蓬勃发展，国际合作日益密切。2012 年 7 月在京召开的中非合作论坛第五届部长级会议更是将中非友好合作推向了新的高度。

在新形势下，中非双方不断探索，挖掘交流与合作的新方式、新领域，努力把中非友谊从高层传播到基层，从政府延伸到民间，使越来越多的中非人民成为中非合作成果的直接受益者，而中非地方政府交流在这一过程中无疑扮演着十分重要的角色。近年，中非地方省市官员互访不断，友好省市数量持续增加；中国地方省市对非贸易额逐年上升，地方企业相继走进非洲；越来越多的中国地方省市成为中国政府援助非洲的积极实践者，每年向非洲派驻医疗队，为非洲培训各类人才。在中非地方交流日渐活跃的今天，搭建一个能够更好地推动中非地方政府务实合作的综合性平台已成为双方的共同愿望，也必将促进中非地方政府交流与合作跨上新台阶，取得新成果。

为此，中国国际友好城市工作的管理者中国人民对外友好协会、非洲各国地方政府交流合作的协调者非洲城市和地方政府联合组织、中国非洲民间友好交往的先行者中国非洲人民友好协会、中国民营经济的杰出代表北京温州企业商会联合打造了中非地方政府交流的综合性平台——“中非地方政府合作论坛”。论坛包括中非地方政府领导人峰会和中非经贸论坛，在中非合作论坛的总体框架下，为中非地方政府领导人、企业家等各界人士提供一个互通有无、相互学习、加强合作的良好平台，以实际行动加强中非地方政府在各领域的务实合作，为开创中非新型战略伙伴关系新局面做出了贡献。

首届“中非地方政府合作论坛”于 2012 年 8 月 27 日至 28 日在北京国家会议中心召开，论坛主题是“推动地方合作，促进共同发展”。中国人民对外友好协会、非洲城市和地方政府联合组织作为主办单位，中国非洲人民友好协会、北京温州企业商会作为承办单位，联合国人居署作为协办单位，联通投资控股集团有限公司、北京地豪矿业控股股份有限公司、方仕国际投资集团有限公司、易胜金源国际收藏品集团、北京青花瓷酒业股份有限公司作为支持单位。

本届论坛总计耗资约 1500 万元人民币，包括非方代表国际旅费及在华食宿交通、参观游览费用、会议费及各场宴会场地费，如前所述，全部由论坛承办单位北京温州商会承担。

时任中共中央政治局常委、国务院副总理的李克强出席论坛开幕式并致辞。在开幕式前，李克强会见了非洲主要贵宾。国务委员戴秉国出席论坛闭幕式并发表讲话。全国政协副主席、中非友好协会会长阿不来提·阿不都热西提出席了论坛。闭幕式上发表了《首届中非地方政府合作论坛北京宣言》，并举行了中非省、自治区缔结友好关系等协议的签约仪式。本次论坛吸引了非洲 40 多个国家首都城市和其他主要城市的地方政府代

表400余名参加，其中包括乌干达副总统、布隆迪第一副总统以及非洲各国的70余位省、市长。中方则有包括外交部、商务部、中国进出口银行、中国投资有限责任公司、中非发展基金、华为技术有限公司等部委、大型企业和各省市负责人在内的1300余人参加，其中包括全国各地温州商会会长以及海外温州籍侨团的部分侨领500多人。

本届论坛是自2000年中非合作论坛创立以来建立的首个中非地方政府领导人集体对话平台。论坛举办期间，分别举行了中非地方政府领导人峰会和中非经贸论坛。中非地方政府领导人峰会围绕中非地方政府在基础设施建设、运营维护以及居民住房保障等方面的经验，处理资源开发、经济发展与环境保护之间的关系，建立多样化且稳定的融资渠道，处理人口增长与提高人口素质之间的关系等议题进行了交流与探讨。此外，与会嘉宾还就中国企业对非投资的前景展望、中非全面合作面临的机遇与挑战、中非地方政府与地方民间组织之间如何有效配合等主题进行了精彩的演讲和对话交流。

（三）案例分析

本届论坛是中国对外友协举办的一次大型公共外交活动，在引导不同主体参与公共外交，特别是引导企业参与公共外交，实现自身工作的转型、升级方面取得了有益经验，对解决中国GONGO开展公共外交时在运作机制和保障机制上面临的问题有积极实践意义。

1. 处理不同参与主体之间的关系

以前，中国对外友协公共外交项目的资金和实施大部分由自己承担，但在本案例中，北京温州企业商会作为项目的承办单位为项目提供了主要的项目资金，并部分参与了项目的实施过程。然而，由于以往没有运作过类似的合作模式，因此在人员协调和资金使用上出现了一些预想不到的问题。

2. 运作机制有待创新升级

中国对外友协作为综合性半官方公共外交组织，一直以来的运作机制采取政府机关的工作方式，整体运作相对于NGO的运作而言较封闭，缺乏详尽的项目设计、资金筹集、实施计划制订、过程控制和项目的评估与学习等一整套科学完整的项目运作机制。

3. 保障机制迫切需要提升

在资金保障方面，中非地方政府合作论坛项目耗资约1500万元人民币，这一数目接近中国对外友协年外事经费的四分之一，如果没有企业的社会资本注入，项目的实施根本无从谈起。

在人员保障方面，该项目的主要执行人员为中国对外友协亚非工作部的干部，核心工作人员仅 5 人，项目在高峰期全面铺开时参与的人员也不到 20 人，根本无法应付来自非洲的近 400 名与会代表，而且这其中还不乏乌干达副总统、布隆迪第一副总统等在内的现政要、前政要、省长和市长。来自北京多所高校超过 100 人的志愿者队伍是项目成功的重要保障，对友协而言这是对人员管理的一个前所未有的挑战。

基于前文分析，GONGO 的 NGO 转型将从一定程度上解决其在运作机制和保障机制上面对的问题与挑战。

正如在首届“中非地方政府合作论坛”中，具体的公共外交工作和 NGO 开展活动的形式一样，主要是“无形的工作”，而不是“有形的产品”，大多以项目的方式开展。因此，项目设计、项目申请、制订项目实施计划、建立项目管理模式、筹集项目资金、筹集项目所需资源、过程控制、项目评估与学习等项目管理方面的微观和具体的任务构成了公共外交工作的实质内容。

此次公共外交项目引入了多主体参与的模式，中国对外友协将北京温州企业商会纳入到项目参与范畴内。因此，如何通过项目设计和制订相应的保障措施确保各个主体的有效合作非常重要。

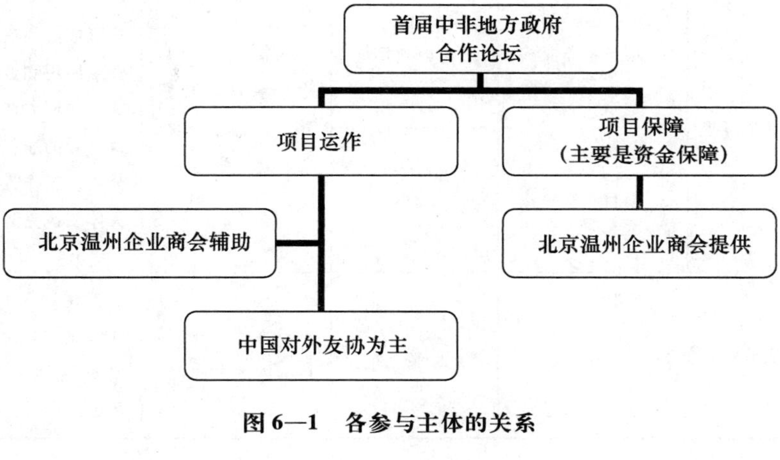

图 6—1　各参与主体的关系

公共外交领域 GONGO 中的 NGO 转型，实际上是在多主体参与公共外交的背景下，探讨 GONGO 如何通过建立新的合作模式，处理相互之间的关系的，以更好地实现公共外交的目标。如前所述，在处理这一关系时，基金会和 NGO 的合作关系具有借鉴意义。在公共外交工作中引入企业参与，企业也就扮演了基金会的角色，这要求友协作为一个公共外交组织应当将自身的建设和发展同 NGO 的性质相结合，借鉴 NGO 在项目设计、管理等环节上的经验，实现 GONGO 内部运作机制的 NGO 转型。

表 6—1　　基于项目流程的工作模式转型

<table>
<tr><th colspan="2">项目完成流程</th><th>以往的主要做法</th><th>本案例中的创新要素</th><th>本案例中存在的缺陷</th></tr>
<tr><td rowspan="4">项目设计</td><td>1. 项目目标</td><td>√</td><td rowspan="4">进一步明确了项目目标和目标人群，明确了项目参与者的利益诉求</td><td rowspan="4">目标人群过于庞大，工作效果受到影响，仍未设计风险防范机制，出现了过多照顾企业利益和忽视公共外交根本目标的倾向</td></tr>
<tr><td>2. 项目目标人群</td><td>√</td></tr>
<tr><td>3. 风险防范机制</td><td></td></tr>
<tr><td>4. 退出机制</td><td></td></tr>
<tr><td rowspan="2">项目资金筹集</td><td>1. 项目资金来源</td><td>政府财政预算</td><td rowspan="2">除少量财政经费外，大量引入社会、企业资金</td><td rowspan="2">未形成健康有序的资金使用和监督模式，出资方和项目执行者的职权不够分明，工作人员的具体工作受到干扰</td></tr>
<tr><td>2. 项目资金规模</td><td>较小</td></tr>
<tr><td colspan="2">项目实施计划的制订</td><td>√</td><td>项目主管掌握项目推进的方向</td><td>仍存在“一言堂”的情况，有时会忽略对问题的全面考虑</td></tr>
</table>

续表

<table>
<tr><th colspan="2">项目完成流程</th><th>以往的主要做法</th><th>本案例中的创新要素</th><th>本案例中存在的缺陷</th></tr>
<tr><td rowspan="4">项目实施过程控制</td><td>1. 进度控制</td><td>√</td><td rowspan="4">通过专业会务公司招募了大量大学生志愿者参与项目执行</td><td rowspan="4">缺乏系统的对项目实施过程控制的设计</td></tr>
<tr><td>2. 财务控制</td><td>√</td></tr>
<tr><td>3. 人事控制</td><td>√</td></tr>
<tr><td>4. 风险控制</td><td>无</td></tr>
<tr><td rowspan="2">项目评估与学习</td><td>1. 项目评估</td><td>√</td><td>企业参与项目评估</td><td>缺乏量化的评估设计</td></tr>
<tr><td>2. 项目总结和学习</td><td>√</td><td>无</td><td>缺乏对项目中存在问题的深入分析和成功经验的系统总结</td></tr>
</table>

四　公共外交领域 GONGO 转型的机遇与挑战——公共外交 GONGO 转型的政策建议

无论是对于一般的政府机构、GONGO 还是 NGO 而言，规范的运作和保障机制是组织保持活力和效率的关键，从这一角度出发，GONGO 虽然是官方背景，但是如果能够通过借鉴 NGO 的规范运作实现自我规范和提升，必将对其自身形象塑造产生积极作用，同时将促进更多主体参与到公共外交工作中来，特别是中国跨国企业，引导他们为公共物品的供给贡献力量，反过来这也将扩大公共外交 GONGO 的自主性和独立性。

但必须清醒认识的是，在中国官本位的大背景下，一味地强调公共外交 GONGO 在短期内实现 NGO 转型，特别是去行政化也是不现实的，这一领域的工作需要从事相关工作的组织具备一定的行政级别，以协调必要的资源，否则这些 GONGO 的工作将举步维艰，毕竟公共外交领域的工作和其他方面的社会工作相比较，其必要性和紧迫性看上去更为突出。对此，谨提出以下政策建议。

（一）提升公共外交在整体外交中的地位，巩固 GONGO 在这一领域的主力军作用

GONGO 转型的动力来自于政府职能的转移，政府职能转移的结果是国家让渡了部分公共空间，这是 GONGO 得以自主行动的基础，但是目前第三部门尚无能力弥补这一公共空间，因此，公共外交 GONGO 的主力军地位应当得到进一步巩固，具体应体现在公共外交手段在国家整体外交中

应被提升到战略高度，加强不同政府部门间的协调，使不同部门从事的各层次、各领域外事活动形成有效的合作机制，保证顺畅的沟通机制。

（二）公共外交 GONGO 应借鉴 NGO 在项目设计、管理等环节上的经验，优化 GONGO 内部运作机制

以对外友协为代表的 GONGO 如果能够切实吸取 NGO 在项目设计、管理等环节的成熟经验，并设计与之相适应的评估体系，将为吸引更多主体，特别是企业参与公共外交提供良好的先决条件。从长远来看，NGO 先进的管理模式与丰富的资源也是 GONGO 变革的拉动力之一。

公益参与和公民精神塑造的关系研究

——以第三部门激励理论为视角

赵小平[①] 卢玮静[②]

一 问题的提出

公民精神是孕育于公共社会之中的位于最深处的基本道德以及政治价值层面的以公民和社会为依归的价值取向，它是由一系列最基本的价值命题所构成。[③] 这些命题与公民社会的核心价值元素相对应，具体包括同情、诚实、正义、尊重、欣赏、公正、平等、谦虚、忍耐、理解、包容等组分。[④]

现代公民精神理论假定，“充满活力的公民和有效的公共行政是相辅相成的”，“见多识广、充满活力的公民是有效的政府管理的基础所在”[⑤]；通过对意大利20个地区政府绩效的长期跟踪，帕特南发现，公民共同体对地区政府绩效的解释力比经济发展的解释力更大，一个地区的公民精神

---

① 赵小平，北京师范大学社会发展与公共政策学院博士，国家卫生计生委流动人口服务中心助理研究员。

② 卢玮静，北京师范大学社会发展与公共政策学院博士生。

③ ［美］帕特南：《使民主运转起来：现代意大利的公民传统》，王列、赖海榕译，江西人民出版社2001年版，第100页。

④ 袁祖社：《“公共精神”：培育当代民族精神的核心理论维度》，《北京师范大学学报》（社会科学版）2006年第1期；赵小平、王乐实：《NGO的生态关系研究：以自我提升型价值观为视角》，《社会学研究》2013年第1期。

⑤ 党秀云：《公民精神与公共行政》，《中国行政管理》2005年第8期，第105—108页。

越高，地区政府绩效就越高①，而有了较好的公民精神为基础，社会秩序也会更加井然有序②。此外，一个具有良好公民精神的社会还将极大地提升人际信任、降低人与人之间的交易成本，进而有利于经济市场的稳定与繁荣。美国经济的巨大成功与一些西班牙语系国家经济发展的相对滞后从正反两个方面为此提供了证据③④。因此，对一个国家而言，无论是在政治、行政还是经济和社会，培养并塑造国民的公民精神都十分重要。

既然如此，那么如何去塑造国民的公民精神呢？根据西方发达国家以及港台地区的经验，人们依托社会组织所进行的公益参与，可以在塑造其公民精神方面发挥十分重要的作用。于是，社会组织也才有了“公民学校”的称号⑤。比如，保罗在访谈了大量志愿者后发现，当志愿者们描述自己的价值观和动机的变化时，一些人（尤其是那些参加收容院及和平运动志愿服务的人）使用了那些曾濒临死亡边缘的人所使用的语言，他们说他们的经历已经帮助他们认清了对他们而言什么是真正重要的，并且使他们变得更加敏锐、更加珍惜生命的“此时此刻”，其生命的态度也更加随缘。他们几乎都认同帮助别人的同时也在帮助自己的说法⑥。

那么，公益参与究竟是如何塑造公众的公民精神的呢？现有的研究主要集中在社会学和政治学的范畴之中。

在社会学理论中，社会资本的视角最为常见。帕特南认为，参与是整个过程的核心所在。通过参与，人们获得了彼此的信任并构建起人与人之间的规范和网络，于是社会资本被“存储”了起来。信任程度越高，人们之间背叛的几率相对越小；而人与人之间的网络越发达，单个人背叛的

---

① ［美］帕特南：《使民主运转起来：现代意大利的公民传统》，王列、赖海榕译，江西人民出版社 2001 年版，第 101 页。

② Gallogly A. M. , *A Higher Public Spirit and a Better Social Order*: *The Civic Club of Allegheny County*, Doctoral dissertation, Duquesne University, 2010, pp. 1895 – 1930.

③ Goodrich C. , “Public Spirit and American Improvements” . *Proceedings of the American Philosophical Society*, Vol. 92, No. 4, 1948.

④ Grier R. , “The Effect of Religion on Economic Development: A Cross National Study of 63 Former Colonies” . *Kyklos*, Vol. 50, No. 1, 1997.

⑤ Powell W. and R. Steinberg, *The Nonprofit Sector*: *A Research Handbook*, Yale University Press, 2006.

⑥ ［美］保罗·杰伊尔斯利：《志愿者教育导论》，李桂福、戴汝潜译，河北教育出版社 1993 年版，第 26 页。

成本便越高。因此，人们都按照多数人所期望的公民美德来指导自己的行为，继而让社会充满礼貌、温情且有序的文明气息①。在政治学理论中，人们用政治学习理论来解释公益参与对公民精神的塑造作用。希尔德通过对智利妇女组织的研究发现，妇女们在一系列集体行动的参与（包括公益参与）中，逐渐变成了有自信、自我效能感和行动能力的主体，她们甚至开始主动去挑战束缚妇女的旧制度。这个过程就是政治学习的过程。②

除了社会学和政治学，在管理心理学的视野里探讨公益参与和公民精神塑造之间的关系也很重要，而这正是本研究关注的重点所在。管理心理学是把心理学的知识应用于分析、说明、指导管理活动中的个体和群体行为的科学。从这个视角来研究公益参与同公民精神塑造的关系，将更具实践层面的参考价值。在管理心理学中，激励理论是一类专门研究如何在组织中激发人的行为和价值理念的理论，它们是对如何满足人的各种需要、调动人的积极性的原则和方法的概括总结。在本文中，我们将采用郭于华、杨宜音等学者提出的“第三部门激励机制”的理论框架③，分析公益参与是如何塑造志愿者的公民精神的。

二　分析框架与研究方法

（一）分析框架

在管理心理学中，现有较为重要的激励理论主要分为两个流派。其一是内容型激励理论，就是针对激励的原因与起激励作用的因素的具体内容进行研究的理论，比如马斯洛的需求层次理论、奥德弗的 ERG 理论、麦克利兰的成就需要理论、赫兹伯格的双因素理论。这一类理论都围绕需求的内容，即满足对象的需要来进行激励，故而又称为需求型激励理论；其二是过程激励理论，研究从人的动机产生到最终采取行动的心理过程的理

① 陈福平：《强市场中的“弱参与”：一个公民社会的考察路径》，《社会学研究》2009 年第 3 期。

② Schild V. , “Recasting” Popular “Movements Gender and Political Learning in Neighborhood Organizations in Chile” . *Latin American Perspectives*, Vol. 21, No. 2, 1994.

③ 郭于华、杨宜音、应星：《事业共同体：第三部门激励机制个案探索》，浙江人民出版社 1999 年版。

论。它的主要任务是找出对行为起决定作用的某些关键因素，弄清它们之间的相互关系，以预测和控制人的行为。比如弗洛姆希望理论、亚当斯的公平理论。这些理论主要聚焦于生产组织（尤其是企业）内部领导者与成员之间的关系，即前者如何调动后者的积极性，而忽视了对更为丰富的其他因素的关注，比如社会结构、制度环境以及成员自身对个体行为和价值理念的影响。因此，对于在剧烈社会转型中的中国非营利组织而言，一般的激励理论便显得较为机械和狭隘。

于是，在回顾前人研究的基础上，中国学者郭于华、杨宜音和应星在《事业共同体：第三部门激励机制个案研究》一书中提出了由结构性激励、组织激励和反身性激励构成的第三部门激励机制理论，为在非营利领域研究行为和价值激励提供了一个较好的理论框架，也正为本文所用（如图 7—1 所示）。

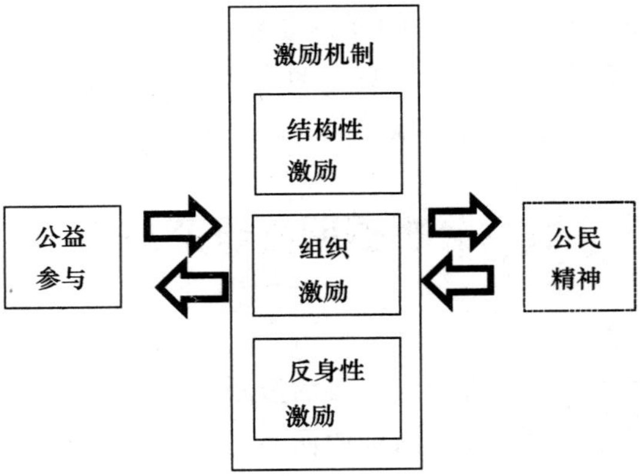

图 7—1　理论分析框架

结构性激励，主要阐述的是在特定的社会空间中，主体面临怎样的社会需求；在特定社会结构中，主体与行政体制、社会组织之间的关联与张力。在原文中，作者主要是探讨基金会这样一种社会组织，在中国的社会结构中和特定的制度背景下，其动力来源何在，其运作特点是什么[①]。在本研究中，我们将以参与抗震救灾的志愿者为例，分析公益参与主体所面

① 郭于华、杨宜音、应星：《事业共同体：第三部门激励机制个案探索》，浙江人民出版社 1999 年版，第 16—25 页。

临的社会需求、地震发生之前中国大陆 NGO 发展的政策背景、政治背景以及在此背景下公众公益需求的满足状况、公益参与主体如何借助救灾进入公民精神的塑造过程。

组织激励，主要包括工作动机的激励和组织认同的激励。前者指组织设计的用以激发个体内部驱动力的系统，而后者则指工作动机被激发后组织与组织成员之间的认同关系。虽然心理学关于动机的分类有很多，但几乎都可以用原生性动机和衍生性动机来概括。原生性动机主要是指一些基本需要满足的动机，如衣食住行；衍生性动机是指社会和精神需要的心理驱动力，如对社会公平、成就、创造、自尊等方面的需求。衍生性动机所对应的需求通常是最富发展性和驱动力的，对应着马斯洛需求层次的高级部分①。在本文中，我们主要的工作就是：对衍生性动机中与公民精神相关部分的激励进行分析，描述志愿者公民精神中的不同价值元素是如何被 NGO 激活；这些激励机制是如何发展形成的，如何得到公益主体的认同；这些价值元素被激活以后是否可以被固化，进而成为稳定的价值取向等。

反身性激励，是指主体在动员、组织、操作的过程中获得激励，强调如何在建构和互动过程中不断获得前行的力量。比如，作者在分析中国青基会的案例中讲到，希望工程的工作人员在与社会的互动中感受到了社会的认可、公众的善良，继而受到激励，更加深入地投身到公益事业当中。在本文中，我们将着重关注：志愿者在公益活动的动员、组织、操作过程中，其公民精神是如何被激发出来并固化的；此外，我们还将关注志愿者是否可以将在公益参与中塑造的公民精神作为与人交往的原则，运用到其他非公益参与的场域中。

（二）研究方法

汶川地震发生后，社会公众的公益意识被极大地激发，于是大量志愿者涌入灾区，参与紧急救援、临时安置与灾后重建工作。本文正是以 20 名参与抗震救灾的志愿者为研究对象，通过长期追踪、参与观察和数十次深度访谈，分析他们在公益参与过程中公民精神是如何被激发并得以塑造的。这 20 位志愿者主要服务于四川的一个极重灾区——MZ 地区。他们

① 郭于华、杨宜音、应星：《事业共同体：第三部门激励机制个案探索》，浙江人民出版社 1999 年版，第 16—26 页。

中，有10名是本地的社会公众，10名是来自四川之外的爱心人士；他们中，既有大学生、中学生，也有教师、个体户、农民、医生、政府职员和退休干部；其所在的机构类型，既有来自台湾的基金会，也有来自北京和香港的NGO与社工站，还有本土自发成立的草根组织。

之所以选择这20名志愿者为研究对象并得以长期追踪，是因为笔者也是赴川救灾志愿者的一员，并同他们长期生活或工作在一起。笔者于2008年9月进入灾区，先后在MZ地区服务了近两年时间。在工作的过程中，笔者与在当地服务的诸多志愿者建立了良好的信任和深厚的友谊，经常互相参加对方所在机构组织的活动，或者闲暇时相约到茶馆聊天、到饭馆就餐。在诸多正式和非正式的场合，笔者掌握了丰富的第一手资料，其中的重要部分就是志愿者价值观念和行为方式的变化以及导致其变化的具体事件。此外，由于笔者是四川人，家乡就在MZ地区附近，所以对当地的语言、风俗都十分了解，即便是一些难懂的方言俚语或者微妙的动作表情，笔者都基本可以理解和察觉，这对本研究的顺利开展也大有助益。

三 公益参与的深度与公民精神的塑造

通过对这20名志愿者的长期观察和深度访谈，我们发现，公益参与的确对公民精神的塑造具有积极的作用，并且，这种塑造作用的展现将随着公益参与深度的增加而呈现不同的层次。也就是说，不同的参与深度，将激发和固化志愿者公民精神的不同方面，即不同的价值元素。下面先展示一个典型的案例：

XH是一名来自西安的大学毕业生。汶川地震发生以后，他通过电视节目了解到灾区的惨烈场景，对四川同胞的处境感到十分同情，认为自己作为中国人，应当到灾区去为减缓同胞的痛苦做一些事情。于是，他于5月20日出发，乘坐断断续续的交通工具，不辞辛苦地来到了当时的极重灾区——MZ地区。

最开始，他做的工作是在体育场打扫清洁、搬运货物，整天忙得像一头“狗熊”（他自己的形容）。虽然那段时间工作非常辛苦又十分单调，但却很充实，因为的确为灾区的百姓做了些实实在在的工作。但后来，紧急救援结束，临时安置进入有序阶段，人们逐渐搬离体育馆，XH便无事可做了。

正当其感到内心空虚之时，在一个偶然的机会申请并成功成为一个外来公益组织的志愿者。这个机构是香港某高校在 MZ 地区设立的社工站，主要是为该地区受灾的妇女、儿童提供心理帮扶和生计发展服务。这是 XH 从小到大加入的第一个正规的公益组织，而正是在这里，他曾经对志愿者的定义和志愿服务理念的认知有许多被颠覆了。

第一件震撼他的事情是到汉旺（MZ 地区一个镇）板房区为儿童分发来自香港捐赠的玩具。当车开到板房区停稳后，XH 发现旁边有几个小孩在一旁玩沙子，于是拿起几个玩具便准备给他们送去。不过，XH 很快就被领队制止了。领队说："先不要着急，待会儿再发。""估计又要搞捐赠仪式等什么形式主义的东西了……" XH 在心里不满地嘀咕着。不料，领队也朝那几个小朋友走过去，蹲下对他们说："小朋友，我们是 QX 社工站的志愿者，有一些救灾的东西需要从车上搬到板房里面去，你们能过来帮我们一下么?" 小朋友似乎对此也很感兴趣，就跟着领队来到了车前，帮助搬运车上的玩具。小朋友加上志愿者，忙前忙后，现场一下热闹了起来，于是更多的小朋友也加入了进来。经过近一个多小时的努力，一车玩具都整整齐齐地放在了活动室里面。接下来，领队将参与劳动的小朋友都召集在一起，志愿者亲自为大家每人赠送了一份玩具。小朋友得到了劳动之后的意外收获，高兴得不得了。事后，领队向 XH 解释到："之所以不直接将玩具送给小朋友，是对他们的充分尊重。如果简单地赠送，不仅无法让他们感受帮助别人的快乐，而且可能因为不是劳动所得而不懂得珍惜。最麻烦的是养成'等、靠、要'的习惯就不好了。" XH 恍然大悟，寻思道："看来志愿服务也不简单啊。"

第二件事是同政府与 NGO 之间的紧张关系相关。汶川地震后，MZ 地区省内外 NGO 一度突破 100 个，即便是在 2009 年年底也还有 30 多家。众多 NGO 的存在，让地方政府一度因难以掌控而较为紧张，于是出现了对 NGO 的行政干预。比如，要求 NGO 将所有活动都要向政府报备，对那些"不听话"的草根组织予以查处警示，甚至在背后干预一部分组织的人事任免。XH 对政府这样的行为表示极度愤慨："社会爱心人士和公益组织到灾区开展活动，政府应当为他们提供服务，让爱心传递起来。他们怎么能够这么蛮横地干预?" 然而，针对这种情况，来自香港的驻站督导却显得十分淡定，他对 XH 说道："我们首先不要激动，更不要冲动，而要设身处地地思考政府这么做的理由。如果你是政府的领导，对NGO的认识和管理水平有欠缺，现在中央政府的维稳任务又这么重。为了保全自己的官职，为了向上级领导交代，他们不得不这么做。如果我们到了他们的位置，处在他们的环境，说不定还没有他们做得好。遇到这样的情况，我们首先应当忍耐，然后尝试去思考和理解别人的行为，这样我们才能心平气和地包容别人。此外，如果要情况改善，抱怨是没有用的，我们要想办法让政府理解NGO的行为逻辑。所以，从某种程度上讲，政府不应当是被指责的对象，而是我们应该帮助的对象！”

听完督导的这番开导，XH茅塞顿开，用他自己的话讲就是：“在此事之前，我确实有些狭隘，好像认为自己是做公益的，别人就应当为我铺平道路，我就有理由指责别人。现在想来，忍耐心和宽容程度都不够，而这却很容易引起人与人的冲突。为灾民服务是我们的第一目标，我们已经有了群众的认可，在其他方面受点委屈也没什么。如果因为坚持意气用事，图一时之快，而耽误了服务，那么一切都没有意义了。你说是不是？……人的一生中，难免遇到一些让人郁闷的事情，不焦躁、不抱怨、冷静、理解、宽容，想办法去改善，这就是我这一年志愿服务最大的收获！”

从这个案例中，我们可以看见：XH在公益参与中，最开始被激发并表现出来的价值元素主要是“同情心、正义感以及吃苦耐劳”的精神；接着，随着公益参与深度的加大，他开始懂得了如何去“尊重”人；最后，当其面对所谓社会的“阴暗面”或挫折时，学会了如何“忍耐”“理解”和“宽容”，并通过“智慧”的方式去建构，而不是单纯的抱怨。如果说前两个阶段是“扬善”，那么最后一个阶段可以称为“化恶”。“扬善”和“化恶”在本质目的上是一致的，即满足社会的需求，但后者对公益参与者参与的深度和提升的高度都较前者有更高的要求。因此，我们才尝试将志愿者的公益参与分为浅度参与、中度参与和深度参与三个层次，每个层次都对应着激发和培育志愿者公民精神的不同元素。这样的情形不仅仅发生在XH这个个案身上，在本研究所涉及的20位志愿者身上，都有不同程度的展现。

（一）浅度参与：激发和塑造“同情、正义、真诚、诚实、勤奋”等价值

浅度参与，主要是针对那些初涉志愿服务，短期零散地参加公益活动的行为。这个层次中，公益参与者通常是被社会弱势群体的需求激发出内心中的同情心和正义感，于是有了公益服务的参与行为。初入公益领域，参与者通常是以志愿者的身份出现，由于公益理念和服务技能尚未得到训练，所以他们通常是先完成一些简单的工作，如文档资料整理、辅助救济物资分发等，而且由有经验的志愿者带领和指导。

在这个阶段，初涉公益的志愿者的主要工作都带有协助的性质，以完成指令为主，对参与者的创新能力和交往能力都没有较高要求，只要公益主体拥有一颗同情弱势群体、有正义感的心，为人诚实、待人诚恳且工作认真勤奋，那么便可以较好地完成工作。所以，在这个阶段，公益参与主要激发并固化的是公民精神中“同情、正义、真诚、诚实和勤奋”这几个价值元素。

在本研究中，第一个问题是询问志愿者来灾区参与志愿服务的原因，20 人中有 17 人回答是因为“看到灾区的惨状，心里同情而悲伤，想为受灾群众做点事情”；此外，20 人中还有 10 人表示“自己应该去做志愿服务”，这部分人主要由本地公众构成。当他们除了目睹亲友、乡邻受灾的情形，看到了解放军和外地志愿者在地震救援忘我救人的感动画面时，悲悯之心与责任感被同时激发了出来：“解放军和外面的志愿者都来帮助我们，作为本地人，我们当然也应当站出来自己帮助自己。”事实上，在抗震救灾初期，人们的同情心以及正义感被激发出来，成为其志愿行为的主要驱动力。

在紧急救援阶段，大家主要的工作不是发放物资、打扫卫生，就是搬运伤员，这些工作虽然以体力活儿为主，技术含量不是很高，但对志愿者的耐力和劳力的确是一段难忘的考验。“我们在 MZ 体育馆，日夜不停地搬运物资、搭帐篷，每天只睡几个小时，就像在打仗一样。有时候，随便靠在什么地方，即便是垃圾堆或者泥巴地，就能睡着。在地震之前，我们四川人都是很安逸的，经过紧急救援这段时间以后，我们几个（志愿者）最大的变化就是勤快多了。”所以，在公益参与的初级阶段，即浅度参与阶段，并不必须要求志愿者具有完整公民精神的所有价值元素，所以也不

必要求塑造其完整的公民精神，只要志愿者的同情心、正义感被激发出来，能够诚实、真诚且勤奋地工作就足够了。

（二）中度参与：激发和塑造“谦虚、尊重、公正、欣赏、平等”等价值

当紧急救援和临时安置接近尾声，灾后重建有序开展，许多公益组织的服务开始转向常态，并侧重于一些软性的服务，如心理支持、残疾人康复训练、暑期支教、贫困学生助学、孤寡老人照料以及农村生计发展等。在这个过程中，志愿者更多地开始了与人交往的工作，其复杂程度明显提升，这对志愿者的公益理念和专业能力提出了更高的要求。比如，之前只是接受指令的志愿者，现在开始以牵头人的身份开展工作；之前只是与事务相关的简单重复劳动，现在却要与受益群体进行面对面的沟通与交流；之前只需要完成很单一的小部分工作，现在却可能协助机构负责人完成一些对外联络。于是，浅度参与中所激发和固化的诸如“同情、正义、真诚、诚实、勤奋”等价值元素依然必要，但不足够。在公民精神上，只有志愿者的其他一些价值元素需要被激发并塑造起来，才能胜任中度参与阶段的工作要求，它们就是：谦虚、尊重、公正、欣赏与平等等元素。

正如上文案例中的XH，正是在公益参与时与人的交往中，他才懂得了“尊重”的真正含义。而这样的故事，在其他人身上也时常发生。比如，小冯是一名来自重庆的志愿者，他主要的工作是帮助残疾人建立小组，在与残疾朋友的互动中，他有这样的感受：“残疾朋友最需要的不是钱，也不是康复器械，而是尊重。最开始，我以为自己主动去照顾他们、关爱他们，帮他们拿东西、送东西，会有很好的效果，但却出现了两种截然不同的意料之外的结果。有的残障朋友对我越来越依赖，原本自己可以做一些的工作，也老让我来做；而另一些残疾朋友则对我的‘爱心’有些排斥和疏远。后来才发现，我这种做法简直就是一厢情愿，是自己的需求而不是残疾朋友的需求。他们应该被尊重，我们应该尽量动员和鼓励他们自己帮助自己，从而获得自我效能感。他们和我们是一样的人，除了一些不方便，没有什么不一样。如果我们像正常朋友一样对待他们，而不是盲目的同情和关爱，他们会更舒服，我们也一样。”

除了谦虚和尊重，公正地对待并欣赏他人也是公益参与中与人交往所要遵照的重要价值元素。公正是一种价值判断，通常我们知道在一定的社

会条件下，资源总是稀缺有限的，而人都有自利倾向，如果放任自然本源意义上的竞争，带来的只有无序，展示的只会是混乱，国家就会陷入奥尔森所说的“不可治理状态”。因此，社会公正的理论旨在为全体社会成员提供一个关于社会良序分配的基本共识，基于这样的共识人们展开合理而有序的竞争。人们产生“不公正”的感受，通常是因为自己实际得到的与期望得到的，自己得到的与他人得到的存在差距，而产生的一种愤愤不平的感受。公益领域中的“公正”不仅意指对待受益群体，而且体现在对同事、同行工作的认知和态度上。

（三）深度参与：激发和塑造“忍耐、理解、包容、智慧”等价值

公益领域既可以是一个展示善良、友好、关爱的地方，亦可能是一个藏污纳垢、争风吃醋的名利场。[①] 随着公益参与深度的增加，志愿者所接触的、所了解的，不再只是暖暖爱意包裹下的光明事业，也包括一些让人困惑不已的阴暗面。比如，受益群体等靠要的行为，部分公益组织或志愿者在灾区“走秀”的情形，NGO 中存在的对救灾公益资源大幅浪费的现象，NGO 联合体中各个机构为了争夺主导权而钩心斗角甚至造谣中伤的问题，政府对 NGO 要么利用，要么蛮横控制的行为……所有这些，让志愿者困惑不已，因为这与他们之前对公益参与的印象截然不同。然而，这却是客观存在的事实，是需要志愿者去面对的问题。此时，志愿者应当以一种怎样的心态去面对？这种心态又是以哪些价值元素作为基点？

在上文中，XH 的案例已经表明了“忍耐、理解、包容和智慧”对于人们直面公益领域中灰暗地带的重要作用。下面我们可以再列举一个有关志愿者对 NGO 之间复杂关系认知的案例。

LZ 是来自北京的一名研究生，作为志愿者，他在 MZ 地区服务了近两年时间。在这两年时间中，秉承着中立的立场，他与该地区的所有本土草根组织负责人都建立了密切的联系和较好的信任。起初，最令他迷惑的是，每个草根组织负责人都在展示自己“光辉业绩”的同时，不忘贬低其他机构的存在价值。于是每个草根组织在自己的心目中都是积极正面的，而在别人眼中却都是扭曲负面的。比如，A 组织和 B 组织负责人都说

---

① 赵小平、赵荣等：《非政府组织联合体建设中的集体行动难题分析：以中国 FA 草根联盟为例》，《中国非营利评论》2012 年第 9 卷。

C 组织是“利用灾民给自己作秀，赚取名誉”，A 组织和 C 组织又说 B 组织是“利用公益的幌子，将志愿者拉到自家饭馆消费，是为了赚钱”，而 B 组织和 C 组织又说“A 组织最没有出息，就是政府的‘狗腿子’，一切行动服从于政府。”怎么会这样？LZ 对此既迷惑又失望。随着时间的流逝以及与各个组织互动的加深，LZ 最后发现，其实每个人都有为当地公众扎实服务的做法，对各自的受益群体都展示出最热情和善意的一面，但碰到同行的时候却变得狭隘了起来，尤其是揪住对方的一个小瑕疵，不仅不放手，而且夸大其词。为何会出现这样的情况呢？原来每个人都有一部分这样的价值倾向：希望通过公益行为获得最大的社会声望，于是潜意识地将同行视为了竞争对手。为了比对方拥有更高的声望，所以一方面更加努力地服务，另一方面却有意无意地贬损同行。正如 LZ 所感悟的那样：“当我没有了解事实真相的时候，真的非常失望，甚至气愤，但现在我觉得完全能够理解、包容他们的行为。每个人（包括志愿者）其实都有可爱之处，也有人性的弱点，所以每个人都是立体的，不能轻易地评判。这个社会需要包容，需要给这些志愿者更多的时间去磨合、反省，这样才能让善的一面更加彰显，让人性中弱的一面减少……当然，我自己也在反省，是否曾经太过冲动，许多事情缺乏冷静理解，缺乏包容。”后来，为了帮助这些草根组织改善关系，LZ 专门抽出一段时间，一个一个地跟这些组织负责人交流，希望他们能够认识到问题的症结，彼此成为可以合作的朋友。

因此，如果说公益参与的前两个层次中，参与主体主要是在从事“扬善”的行为，那么第三阶段就是“化恶”的努力。一方面，在此阶段，公益参与主体将更多地涉及“人行为干预”的工作，所以必然触及人性的阴暗面。另一方面，公益参与深入之后，势必触及一些体制上的壁垒，所以如何处理与政府的关系便成为重要挑战。对于弱势群体，人们常说“可怜之人必有可恨之处”，公益参与主体必须直面、理解、接纳这些“可恨之处”，并予以干预，使之改善；对于强势政府（尤其是权力控制意识主导下的）和一些傲慢的资助方，公益组织往往从客观上陷入弱势，并可能遭受诸多不公正的待遇和委屈。此时，也需要公益组织（尤其是负责人）以较高的境界予以理解、包容，并将伤害自己的主体视为需要被帮助的主体，然后用创新的方式予以干预和改善。

所以，深度公益参与中的“化恶”，绝不是单纯的对恶的惩罚，而是对恶的“化解”或者向“善”的“转化”。这对公益参与主体所具备的价值元素的要求将更多，于是，“忍耐”“理解”“包容”以及“智慧”这几种价值元素必然需要被激发出来，并指导我们的行为。

四　第三部门激励机制在公民精神塑造中的作用

通过上一部分的描述，公益参与的确可以在塑造公民精神上发挥积极的作用，而且不同的公益参与深度将激发和固化公民精神中不同的价值元素。那么，为什么公益参与能够塑造人们的公民精神呢？在本文中，我们通过郭于华等学者提出的第三部门激励机制的理论框架来进行分析。

（一）结构性激励

结构性激励主要关注特定社会空间内特定的社会需求，以及特定社会结构中，主体与行政体制、社会组织之间的关联与张力。汶川地震是新中国成立以来破坏力最强、波及范围最广、总伤亡人数最多的地震之一，共造成 69227 人遇难，374643 人受伤，17923 人失踪。地震的伤害引发了灾区巨大的外部援助需求。与此同时，国内外各大媒体对于灾区的境况、救援的情形以及社会的需求都做了实时、丰富的报道。除了灾区的社会需求，政府、媒体、社会组织等各个主体自觉或不自觉地对社会氛围的营造也对志愿者的动员起到了至关重要的作用。一时间，痛苦、悲情、壮烈、坚强、同情、英勇等组分迅速交织在一起，成为遍布全国的社会氛围。正是在这种强烈的社会需求和激越的社会情绪下，人们奔赴灾区进行志愿服务的热情空前高涨。“我的眼为何饱含泪水？因为我们都是中国人，流着相同的血，当同胞遇到灾难时，我们能做的是什么：当志愿者！”这是一首在四川灾区广为流传的“志愿者之歌”。

面对百年不遇的巨灾，全国范围内的各类主体都被动员起来，政府、事业单位、企业、社会组织以及社会个体都想方设法地搭建起了通往灾区的桥梁。据共青团四川省委 2009 年 5 月份的不完全统计，抗震救灾期间，团省委累计接受志愿者报名 118 万余人，有组织派遣志愿者 18 万余人，开展志愿者服务达 178 万人次。这还不包括民间自发组织的和无偿献血的志愿者[①]。

通过对本研究的20名志愿者进行访谈，他们中有17名都表明是因为通过媒体或现场看到灾区的惨状和受灾民众的需求，激发了自己的同情心和正义感，于是才有了去灾区做志愿者的行动。其中一位志愿者这样说道："我每天都在收看灾区的报道，看一次哭一次，最后我实在受不了了，我决定要亲自去灾区做点事情！爸爸妈妈原本不同意，我就骗他们说这是学校组织的……"；"我至今还记得赵普的眼泪，我当时虽然悲伤，但是更有一种民族的自豪感——可能说得有点大了——因为那么多人都自发地成了志愿者，我觉得我也应该是他们中的一分子，于是没想太多就到一个公益组织去报了名……"

地震之后，四川随即便进入炎热的夏季。对紧急救援和临时安置阶段进入的志愿者而言，现场的混乱、工作的强度和气候的变化都给他们带来了极大的压力。下面是一个雅安某职业学院女大学生讲述的经历："全国哀悼日以后，我们报名做志愿者，被分配到双流机场搬运物资，但是物资太重了，我俩是女生，抬不动，又去了华西医院。在医院的第一天，照顾的是一个中年妇女，年纪不小了。她的腰受了伤，不敢动，晚上疼得特别厉害，所以整个晚上都在不停地叫，我时不时得给她翻翻身，一晚上几乎没怎么睡觉。我的任务都是值晚班，很累。后来的那个七十多岁的老大爷，照顾他更是辛苦，他在地震中脑子受到了刺激，每天晚上三四点钟都要起来折腾，要么要给家人打电话，要么就要去车站回家。因为他的意识还停留在地震之前。和他同病房的病人夜里被他吵得睡不好，大家都骂他。后来从他的糊里糊涂的话里面隐约地听出来，他的孙子在他面前死了，我觉得他很可怜。我照顾了他五个晚上，有一天晚上，闹得特别凶，我就说话说得有些重，说：'你这样对你有什么好处？你不要起来！'他就扬手差点打到我，那次把我吓得不得了。他生气了之后特别夸张，直接对着墙撒尿，护士一晚上换床单就换了四次。后来又照顾了一个年轻的小伙子，他的头也受了刺激，每天晚上都要打两针的安定才能睡着，而且睡着了要把手脚都捆上，我根本就不敢睡觉。那个时候心里很难受，看到这些人这样惨，辛苦一些但是我都还可以忍受。"

---

① 民政部：《汶川地震一周年：百万志愿者彰显"中国力量"》，2009年5月，民政部官方网站：http：//www.gov.cn/jrzg/2009-05/15/content_1315960.htm。

由此可见，在抗震救灾中，首先是灾区的社会需求激发了社会公众内在的同情心和正义感，这驱使他们投入志愿服务的行动中；其次，地震发生后，灾区与非灾区之间空前加强的社会联系和互通渠道也让志愿者有机会去进入；最后，当进入灾区以后，现场的混乱和工作的强度给志愿者的精神和体力上都带来了极大的挑战，以至于许多志愿者开始萌生退出的念头。但是，正所谓“看见了，你就不忍背过身去”，服务对象的悲惨处境和对志愿者的需求，又让他们坚持了下来。而在此过程中，同情心、正义感、真诚以及勤奋等价值元素不仅被激发出来，而且得到了固化。

（二）组织激励

在组织激励部分，我们一是关注组织内部的激励，尤其是对志愿者工作动机中衍生性动机的激励是如何进行并发挥积极作用的；二是关注志愿者的组织认同感对志愿者公民精神价值元素的激励作用。首先，所谓衍生性动机，是指社会和精神需要的心理驱动力，比如对社会公平、成就、创造、自尊等方面的需求。衍生性动机所对应的需求通常是最富发展性和驱动力的，对应着马斯洛需求层次的高级部分。[①] 可见，衍生性动机中的组分与本研究中公民精神的价值元素是相吻合的。其次，公益组织所营造的以平等、友好、和善、民主等为特征的组织氛围以及在此氛围中形成的组织认同，对激发志愿者的不同价值元素并加以固化也可以起到很显著的作用。下面，我们就以 MZQX 社工站为例，展示一下从组织激励的角度来看，志愿者在公益参与中是如何塑造其公民精神的。

QX 社工站是香港某高校和北京某高校共建的一个社工站，本研究中所涉及的志愿者便有部分来自于此。驻站督导 S 老师是一位资深社工，对于志愿者的管理和激励，她这样说道：“作为社工组织，为弱势群体提供服务只是目标之一，志愿者的成长其实也是机构工作的目标。我们希望能够让在这里做志愿服务的年轻人，都能够去接触一些现代公民社会的理念，并根据自己的情况去理解和吸收。”

---

① 郭于华、杨宜音、应星等：《事业共同体：第三部门激励机制个案探索》，浙江人民出版社 1999 年版。

1. 尊重志愿者的自主性和参与性并加以引导

自主性就是指主体活动的自我决定性，即主体活动具有不依赖于外在力量，独立地支配自身活动的意志和能力。[①] 已有的研究表明，充分尊重个体的自主性将有利于激发个体潜能和促进个体的发展，同时也能提高个体的责任心。[②] 如果没有尊重个体的自主性，即便是十分美好的事物，也无法内化为个体内心的需求。这正如弗洛姆所言："只要一件好事变成了一种义务，就把最甘美的乐趣化为一种负担，那做起来就索然无味了。"所以，对于志愿者公民精神的塑造，公益机构不宜采用说教的方式，而是在公益参与过程中让志愿者自主地去接触、感受和认同。

参与就是一个决策机会再分配的过程。[③] 参与的目的是让利益相关者加入进来，发表他们的意见、获得有关信息，甚至自主执行一些操作环节。参与是培养人理性协商能力和妥协精神的重要途径，而这个过程中将锻炼参与者理解和宽容他人的品质。

对一个优秀的公益组织而言，在培养志愿者的公民精神方面，尊重个体的自主性和参与性是同时进行的。但是，仅仅如此是不够的，还需要有经验的志愿者管理者对其加以引导和鼓励。正如上文所言，公民精神是由不同的价值元素构成，这些元素有的容易触及（如同情、正义、诚实），而有的却隐藏较深（如欣赏、忍耐、包容），这时候便需要有经验的人加以引导。

于是，尊重志愿者的自主性、参与性，并加以引导和鼓励，便成为公益组织在塑造其公民精神方面的有效做法，而这正是 QX 社工站的模式。志愿者 XY 这样描述道："社工站的老师对我们（志愿者）的培训很特别，极少是开会的形式——就算是圆桌会议也很少——而是为我们创造许多实践和参访的机会，让我们自己去感受人性的善与恶，丑与美，以及一些更加深层次的做人的道理。比如，在服务残疾人的活动中，我看到了人生命的坚强与乐观；在帮助失学儿童的过程中，我学会了如何去尊重别

① 曹群、关宜：《论现代社会自教自律的新要求》，《思想教育研究》2000 年第 2 期。

② Moss Kanter, R. , *When Giants Learn to Dance*, New York: Touchstone, 1989; ［美］理查德·莱普辛格、安托内特·路希亚：《360 度反馈的艺术和科学》，逸文译，中国财政经济出版社 2005 年版，第 6 页。

③ Arnstein S. R. , "A Ladder of Citizen Participation" . *Journal of the American Institute of Planners*, Vol. 35, No. 4, 1969.

人，真正平等地看待对方；还有我们帮助农村妇女发展刺绣的生计发展项目也给我留下了很深的印象。最开始我们没有经验，什么事情都帮妇女做，最后她们不仅对我们形成依赖，还怀疑我们拿她们的劳动成果去赚钱。当时我们非常气愤，恨不得马上找人对质。但是，S老师却不着急，慢慢帮我们分析原因。最后发现，原来主要的问题还是在我们身上，因为我们没有尊重妇女的参与性，没有让她们自己管理自己。愤怒有时候真的代表无知和狭隘，我现在，凡事遇到恼怒的事情，总会告诫自己先冷静下来，看是不是自己做得不合适，而不是抱怨别人。”下面是另一位志愿者对志愿者督导对其帮助的回顾：“可以说，CY姐（志愿者督导）是我生命中的贵人，在我在灾区做服务的时候，她给了我许多做人做事方面的帮助，见证了我的成长。起初，我就像一个怨妇，看什么都先看缺点，然后便去批评别人，我原本还以为这是很有个性的表现，但实际上却伤害了很多人，以至于一度陷入很孤立的境地。但是CY姐并没有放弃我，她通过‘真心话大冒险’，让大家以游戏的形式，将对我的意见都表达了出来，当时我确实有点震惊，原来大家对我的意见这么大！当时那个尴尬……后来，CY姐帮我分析了原因，带着我去做事，逐渐让我明白了应该多看别人的优点，经常怀着一颗欣赏别人的心。”

2. 构建一种基于公民精神的组织文化

评判一个公益组织是否在培养志愿者公民精神方面有潜力，最直接的评判便是其组织文化是否基于公民精神的价值元素来构建的。我们很难想象一个以专制、控制、等级化为主导文化的公益组织可以在塑造志愿者公民精神上有所建树。

WJ是MZ本地税务局的一名公务员，40来岁，他是QX社工站的长期志愿者。他每周都会拿出一天的时间来参加志愿服务，当问及他为何能够坚持如此长时间时，他说道：“这里的氛围很好。不论是从香港来的还是北京来的老师，都和普通社工和我们志愿者一样，很平易近人，也很随和。我们可以随便‘笑话’督导老师长得胖，他不仅不生气，还幽默得很。他这种随意豁达的态度很让人舒服。”调查员问：“你觉得社工站的氛围和你工作单位的氛围相比有什么不一样？你更喜欢哪个？”WJ回答道：“政府机构等级比较森严，关系很微妙，有的话想说也不敢说，比较压抑。这里人与人很平等，大家商量做事，不像机关里面总要听领导的。做志愿者总是要图个快乐，我在这里面很快乐。”

（三）反身性激励

所谓反身性激励，是指主体在动员、组织、操作的过程中获得激励，强调如何在建构和互动过程中不断获得前行的力量。对抗震救灾志愿者而言，反身性激励最大的表现便是：公益参与过程中遇见的诸多人性的美好并为之感动，或者是诸多社会的阴暗并引发志愿者的困惑与反思，在这些感动与反思中，志愿者与受益者以及其他群体形成了一个互动、互激的持续不断的过程，从而构成了反身性激励。

本研究中，我们让志愿者讲述他们印象最为深刻的故事或者人物，其中的一些片段令人印象深刻：

片段1：老X是MZ地区一名本地医生，地震以后加入了本地一家草根组织，专门开展助老助残的服务，比如理发、量血压、聊天等。谈到志愿服务中印象深刻的一些人和事的时候，他这样说道："当初，我是怀着一颗怜悯之心进去的；后来，我是怀着一颗敬佩的心出来的。这些老人和残疾人对生活的热爱与豁达，对生命幸福的珍惜，让我这个健全人大为感动。比如YQ（一位下肢瘫痪的残疾人），我做梦也不会想到他居然可以独自带上轮椅、骑着三轮摩托到处跑，而且那么冷的天气还在公园门口摆摊挣钱，地铺一打就是一个星期。有一次，他被城管赶走，不仅不生气，还体谅城管也不容易。相比于他们，我们真的幸运很多，但我们非但没有意识到，反而计较太多事情，显得自私狭隘。倒是他们，在灾难和不幸的磨炼中，反而更加接近人幸福的本源。"

而下面是老X的一位同事，也是其志愿者同伴对老X在志愿服务中变化的描述："老X很善良，但是也有缺点，那就是很小气，喜欢记仇，而且得理不饶人。为啥说志愿服务真的可以改变一个呢，老X就是一个例子。我们一起去接触了处境很悲惨的地震以后的孤寡老人和残疾人，原本以为可以帮好大的忙，尤其是心理辅导什么的，但是人家比我们还乐观。尤其是那个WYQ（一位孤寡残疾老人），对老X影响很大。他现在比以前宽容多了，自己也没有那么累，潇洒得很。"

片段2：LX是最早的一批板房学校的志愿者教师，主要是帮助家长代管孩子，她说道："灾区人民的热情与好客让我们十分感动。家长们主动帮我们清理板房前面的排水沟和杂草，为我们送菜送肉。一次，由于小孩子太活泼太吵，我的嗓子都快喊哑了，这时有个小女孩站起来跟大家说：'LX老师给我们讲课，嗓子都不行了，我们不要吵了！'教室顿时安静下来，孩子们都关切地看着我，一下子乖得像小绵羊。下课以后，孩子们偷偷向我包里塞水果。我当时真的很感动，回到寝室还忍不住哭了一场。当时想，再苦再累都值了。"

从以上材料可以看到，志愿者公民精神的激发和固化，也可能在与受益群体以及其他利益相关者的互动和反馈过程中产生。在这个过程中，公益参与者在付出友好和善意的同时，也收获对方的认可、赞许、友好与善意，于是"崇高感"和"成就感"被激发了出来，让人产生愉悦的体验。也许公益参与之初，一些价值元素被激发了出来却并不一定持续太久，但它们却在公益活动的实施过程中被不断地固化和加强，最终被塑造了起来，成为人志愿行为的指导。

而更难能可贵的是，一些志愿者通过在公益参与过程中的感悟，反思自己在非公益领域中所遭遇的类似问题，进而最终影响了他们在非公益领域中处理人与人之间关系的理念，比如反思自己与父母的关系、与同学或同事的关系、自己曾经对待生活的态度等。本文中的多处材料都表明了这点。

（四）多种机制混合作用的情形

结构性激励、组织激励和反身性激励，并非一定是单独发挥作用，志愿者公民精神的塑造，在一些情况下是三种机制共同作用的结果。其中，最典型的例子莫过于志愿者所在的社会组织与政府（或体制）发生矛盾冲突时的情形。

从社会结构上讲，大政府小社会、强政府弱社会依然是当前我国公民社会发展的基本格局，而随着经济社会的发展与转型，虽然政府对促进社会组织发展的态度日益积极，但是在政治维稳、政府权威维护方面依然有所顾忌，这在汶川地震的灾后重建中表现得十分明显：一方面，政府希望通过社会组织能够缓解灾后重建中公共服务的压力，另一方面又担心社会组织会成为老百姓参与群体性事件的催化剂，或者替代了基层政府在群众心中的权威地位。

因此，当社会组织的公益项目进入深处，尤其是当社区动员成功进行但却没有体制内力量参与的情况下，便经常容易遭遇来自行政力量的干扰。此时，社会组织和基层政府便容易发生矛盾冲突，而处于弱势的通常都是社会组织。

于是，面对一系列不公平和非正义的干扰行为，作为社会组织的志愿者，显然容易陷入委屈和愤怒的负面情绪当中，而这恰恰是激发和塑造志愿者更高层面的公民精神价值元素，如忍耐、理解和包容的契机。因为如果没有冲突、没有愤怒的情绪，也就没有后来的忍耐、理解与包容。这是结构性激励的贡献。

当然，正如上一部分的开篇案例那般，XH 对政府从怨恨甚至敌视到理解、包容，绝不仅仅取决于政社关系出现张力后造就了对忍耐、理解和宽容的需求，同时也在于 XH 所在机构负责人具有建设性意义的开导，以及 XH 在公益参与过程中接受到的来自受益群体的反馈和 XH 对自己行为的反思。因此，组织激励和反身性激励其实也在塑造 XH 忍耐、理解和宽容等价值元素中发挥了积极的作用。

五　结论与讨论

通过对公益参与与公民精神塑造的研究，我们可以看到不同参与深度与公民精神不同价值元素的对应关系，同时也看到了不同的激励机制在塑造人们公民精神过程的作用方式。于是，本文的第一个结论是：根据参与深度，公益参与可以分为浅度参与、中度参与和深度参与。不同的参与深度激励并塑造公民精神的不同价值元素：（1）浅度参与塑造公众同情、正义、真诚、诚实、勤奋等价值元素；（2）中度参与塑造公众谦虚、尊重、公正、欣赏、平等等价值元素；（3）深度参与塑造人们忍耐、理解、包容、智慧等价值元素。

对国民公民精神的塑造，除了政府以外，人们对社会组织的期望也越来越高。在当前中国社会，政治稳定的高压线一直存续，国家对社会组织的发展虽然态度逐渐开明但依旧心存疑虑，在这种情形下，公益参与也许是少有的和主要的培养国民公民精神的民间方式。本文对公益参与按照不同的深度分类，并指出其对应的价值元素，是对公益参与同公民精神塑造之间关系研究的进一步细化。一方面，这个结论可以为社会组织根据志愿者的服务背景制定相应的管理培养计划提供参考，另一方面，也可以为基层政府（尤其是街道一级）判断本辖区内社区公众公民意识位于何种阶段、有哪些缺失、应当重点从哪些方面支持提供政策参考。

公益参与塑造公民精神的过程是通过一系列激励机制完成的（见图7—2）。本文的第二个结论是：结构性激励、组织激励和反身性激励是人们在公益参与中激发并塑造公民精神的内在机制。公益参与中，在浅度参与阶段，结构性激励发挥着主要的作用；在中度参与和深度参与阶段，公益参与与公民精神的塑造是三种激励机制共同作用的结果。此外，在通过公益参与塑造人们公民精神的过程中，结构性激励、组织激励和反身性激励这三种激励机制既可以单独发挥激励作用，也可以组合在一起发挥混合激励的作用。

结构性激励、组织激励和反身性激励是郭于华、杨音宜等学者根据第三部门的具体特征探讨其内在动力，即第三部门的形成、发展与运作的驱力机制。这一理论超越了传统的激励理论和狭义的管理学范畴，也不仅仅是探讨单纯的组织激励问题，而是进入到一个比较广泛的基于中国特定的结构、制度、文化的背景当中。[①] 可以说，该理论为研究第三部门（尤其是在中国社会）的动力机制提供了一个良好的总体性视角。但是，第三部门涉及或涵盖的内容十分广泛，一个总体性的理论视角是否能够继续适用于这个领域中更加具体、更具个性化的方面？虽然在对青基会的探讨中，作者也就许多具体的方面进行了分析，但更多是为建构理论而搜集了各种具体的材料，而不是就某一个具体的方面，使用三种激励机制进行分析。而在本文中，笔者正是循着这样一个视角继续深入，将研究的范围从整个第三部门聚焦到志愿者在公益参与中公民精神的激发与固化过程，并使用第三部门的三种激励机制进行剖析，进而使得该理论的应用更加精细。

当然，对公益参与和公民精神塑造之间的关系，本文只做了一个初步的探索，后续还有一些问题值得进一步研究。从研究内容上讲，本文虽区分了公益参与的不同深度及其与公民精神不同价值元素的对应关系，但是否涵盖了公民精神的所有方面，还值得进一步讨论；第三部门涉及的范围十分广泛，除公益参与中公民精神的塑造以外，还有许多方面可以尝试使用第三部门激励机制理论进行分析。另外，从研究方法上讲，本文还主要是基于质性材料的分析，结论是否可以在更广范围内成立，还需要以量化

① 郭于华、杨宜音、应星：《事业共同体：第三部门激励机制个案探索》，浙江人民出版社1999年版，第2—10页。

或实验研究做进一步证实。

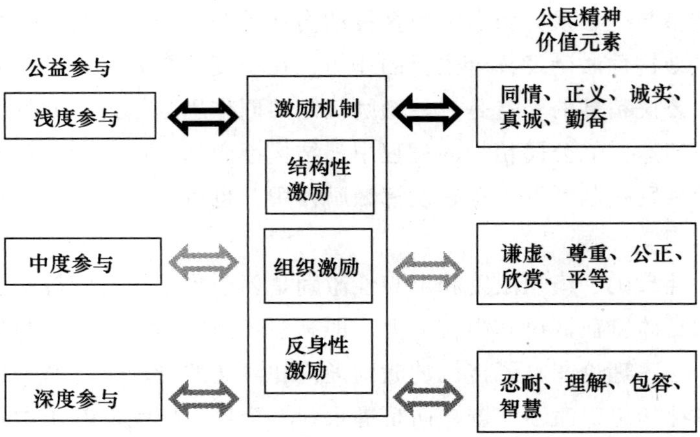

图7—2　公益参与与公民精神塑造关系

抗震救灾中的企业公益行动报告

马玉洁[①] 许馨予[②]

一 调查背景

（一）调查目的

大量企业在汶川地震之后开展了各种各样救灾行动，此次调查意欲通过追踪企业在汶川地震救灾公益行动中的行为表现、主观感受、不同境遇，分析当前的政策现状、社会机制、公民社会的发育特征与趋势以及社会公益场域里的一些规律。因而，本调查的目标群体涉及：国有企业、民营企业、跨国企业、行业协会及其他相关部门。

（二）调查状况

1. 三类企业的不同情形。

在针对国企、民营企业、跨国企业（海外在华企业，以下简称外企）进行调查时发现，虽然这些企业有一个最基本的相同点，即为抗震救灾贡献自己的一份力量，但其背后的运作机制却几乎完全不同。

在外企，调查人员可以问到的是企业的捐款动机、决策机制、选择怎样的途径实现自己的公益目标、对于 NGO 与半官方组织的总体看法、社会化运作公益项目的具体模式；而在国企，得到的只是简单的信息：指令来自于谁，捐了多少钱等，至于 NGO、公民社会、社会化运作机制等，

---

① 马玉洁，北京师范大学社会发展与公共政策学院博士，中央民族大学公共管理学院讲师。

② 许馨予，北京师范大学社会发展与公共政策学院硕士，中国儿童少年基金会研究部工作人员。

则无法了解；民营企业则处于上述二者的过渡状态。一些大型的、有实力的民营企业开始展示出采用社会化公益运作机制的需求，这有些类似于外企；而绝大多数中小型企业则更接近国有企业，它们可能更喜欢将钱捐给一些与其自身利益相关联的大型半官方组织或政府的主管部门，然后无力主导事情的发展，也不知道有哪些更具自主性、自发性的社会组织。

因此，对于不同性质的企业，调查人员几乎无法使用同一访谈提纲，访谈对象所能回答的内容也是完全不同的。

2. 调查初始时的困难。

进入企业进行调查需要采取不同的策略、面对不同的难题。国企属于国家所有，其负责人为政府任命的官员，每一个被联系者都是官僚体系中的一员，这意味着他们还有自己的领导，行政体系的等级性决定了他们不会轻易就有关问题发言。并且，为救灾捐款并不一定是企业自身的决定，对于由国资委发挥了重要发言权的公益决策，企业几乎没有商量的余地，只能执行。所以，进入调查很难。调查人员曾在两天内与数十家企业进行了电话沟通，结果没有一家企业愿意接受访谈或透露情况。

民营企业则有另一重不愿接受访谈的原因：如果他们捐的不多，他们就不愿意让别人知道自己做了什么；而在捐款背后如果有一些只有自己知道的事情，他们也不愿透露。此外，企业也不愿意轻易接受一个他们“不了解底细的人”的访谈。

外企相对来说是开放的，而且许多大型企业也做了不少公益事业，调查起来相对容易一些。但问题是，如果他们愿意接受调查，就希望能够真正对政策发挥作用，或者至少认真对待这件事情，因而，他们便不希望一个电话打过去谈几十分钟了事，而是希望能将他们当成唯一的访谈对象，形成一个认真的调查计划，甚至组织一个调查小组前去访谈。我们很欣赏这种精神，也认为有必要，于是，有时为了一家有特征的企业，我们会组成一个调研小组专门到外地走一趟（如3人小组专门到上海访谈了一家北欧企业集团），有时我们还会从多个侧面对一家企业进行几次访谈（如调查I公司的事例、参与他们的会议等），然而这也会影响调查的难度。

3. 启发。

通过调查发现，正是抗震救灾这样一件将无数企业卷入其中的事情，使我们看到了什么是公益的社会化运作、它们在当时处于什么状态、遇到了怎样的力量冲突。在这次公益行动中，一家企业就是一个“天地”，它们不仅奉献出了巨额的慈善捐赠，而且还能牵引出一系列有关公益运作、社会机制、政策规制等问题供社会思考。

本次调研最终调查了数十家企业、一些行业协会以及相关基金会，还从另一些侧面收集了一些有关企业公益行动的数据资料。

（三）总体发现

1. 公益慈善的两套运作体系及其之间的激烈冲突。

公益慈善事业具有两套不同的运作体系，其中一套体系由政府主控或受政府资源影响较深，国有企业是其中的主角；民营企业也相当程度地卷入其中。另一套则是社会化运作的公益慈善体系，外企、一些有特征的（往往也是大型的）民营企业以及 NGO 是其中的主角。

两套体系遵从不同的运作规律。社会化的公益运作机制需要遵从五个原则，即目标明晰原则、时间距离原则、亲自参与原则、可信原则与专业性原则。其中可信原则与专业性原则最为重要。

而政府主导或受政府资源影响的公益体系所遵从的原则相对简单，可能仅仅是执行政府的指令。

显然，政府公益体系使得企业无法满足参与原则，目标明晰与目标距离原则也几乎无法满足，无法量身定做公益项目或进行定向捐赠。在这种情形下，如果可信原则也遭受破坏，那么，我们就会看到当前在国内占主流的政府、半政府化公益，其问题会有多么严重。这将与那些市场化了的大型民营企业与外资企业之间，构成严重不吻合，二者之间会因此发生激烈的冲突。WK“捐款门”事件就是这种公益机制冲突的具体表现。

2. 企业以公民社会主体的身份出现。

企业进入公益领域是一个“身份”的改变，企业在做公益的过程中遵从社会化公益的五个原则。

由此可以推论：企业自己亲自做公益将是企业最倾向的选择。因为亲自做是最高程度的参与；亲自做可以最高程度地满足目标清晰原则；同时由于企业时刻在追求着自己的目标，距离问题不再存在，时间距离原则也会以另一种方式得到满足；可信原则在这里也可以达到最大值；对于专业性原则，一旦企业认为自己的专业能力超出于政府（在市场经济条件下，这是存在的），那么企业亲自做将会满足所有的条件。

我们仅仅需要考虑的是企业亲自做的成本，这也是企业亲自做的唯一担心因素。解决这一问题的答案是：可将公益项目转交给 NGO，这种做法将最接近于公益行动五原则。

于是，企业与 NGO 在公益领域中的合作关系就有了理论上的基础，而且在实践中已经成为一种必然的趋势。

企业自己的公益身份、企业与 NGO 的合作，都将促使公民社会的发育。除此之外，企业鼓励自己的员工做志愿者、企业自己出钱做基金会，这都是一些非常重要的促进公民社会发育的形式。

3. NGO 被赋予了重要地位但还处于非常初期的阶段。

从公益行动五原则中看到，NGO 是企业在从事公益活动时倾向于选择的合作伙伴，但企业一定会对 NGO 有资质上的要求。NGO 可以满足企业的参与原则，也容易满足企业的目标清晰原则以及时间距离原则。但是可信原则与专业化原则的满足是企业最为关注的，也是目前 NGO 有待发展的方面。NGO 处于社会化公益机制的核心，没有 NGO，现代社会公益就难以有效地运转。我们看到的是，出资方从自身公益动机出发，非常希望有能够胜任的 NGO 的存在。而 NGO 目前面临的最大的局限也正在此处。

4. 一套新的公益机制艰难产生的过程。

调查发现，社会化公益机制还仅仅是开始，并不成熟，公益运作的过程遇到障碍，许多企业在做善事的过程中还需要克服机制上的障碍。

社会化公益机制包含企业主体的自主行动、社会中一批独立运作的公益行动组织（NGO 等）、不同主体间的信任、反馈机制等。公益行动本身与公益行动的机制间的差别，正如拥有交换与拥有现代市场经济下的交换机制之间的差别是一样。

政府主控的公益模式与社会化公益机制完全不同。外企一进入中国就试图将成熟市场经济体系下的社会公益模式带入中国，是社会化的公益运作机制中的促进力量，同时其也遭遇了很大的运作障碍。国有企业则属于政府主管下的运作模式，没有遇到这样的障碍，但其面临的则是另一方面的困难：随着社会化公益机制的发育，他们难以有效地分享新机制下的应有收益，从企业到企业员工，虽然奉献了大额的捐款，却没有收获“大额”的公益效益。民营企业一方面在追寻市场机制，另一方面则试图逃脱旧体制的影响，因而处于过渡状态。

尽管如此，我们还是看到了一个在外企与民营企业共同作用下的社会化公益机制的艰难发育过程，以及该发展方向的必然性。

二 企业的捐赠情况

（一）以半导体行业为例

表8—1的数据来源于半导体行业一个国际行业协会，它呈现了部分企业的捐款数额。从中可以对不同国家的企业的公益行为进行对比。

需要说明的是，海外公司在捐款方式上具有一种普遍模式：公司先出一笔钱，然后员工自愿捐钱，员工捐一块，公司就再加一块。这是一个有趣的模式，它是在尊重员工自身愿望的基础上、依据员工捐款的自然数额，决定企业公民行为的一种方式。其中的核心点有：第一，员工捐款这一社会机制决定着企业的捐款数额，从而在相当程度上改变了由以营利为目的的企业来决定社会公益行为的做法。在这里，员工代表了公民社会的组分。第二，员工的公民行为不是企业分担负担的途径，而是形成现代企业文化的基础。在一些位居发展潮流前沿的企业（或其协会）已经发现，这种文化塑造出的员工可以在组织中不依赖物质性激励而发挥“企业内公民”的作用。

表8—1　　某国际行业协会中国区部分企业抗震救灾捐款数额

序号	公司	捐款额	备注
1	××（中国）有限公司（美国）	超过170万元人民币	捐款包括中国大陆的7个分公司
2	美国××（中国）有限公司	100万元人民币	提供了一批笔记本电脑
3	××半导体中国有限公司（香港）	26万元人民币	
4	××中国区（美国）	200万元人民币	
5	××上海有限公司（台湾）	至少500万元人民币	
6	××集成电路制造（上海）有限公司（中国大陆）	100万元人民币	
7	上海××（集团）有限公司（中国大陆）	100万元人民币	
8	上海××微电子港有限公司（中国大陆）	100万元人民币	
9	××仪器（中国）有限公司（美国）	25万美元	

续表

序号	公司	捐款额	备注
10	××（中国）有限公司（日本）	2000万日元（约合130万元人民币）	
11	××半导体（上海）有限公司（日本）	100万元人民币	
12	××无线通信技术（中国）有限公司（美国）	50万美元（约合350万元人民币）	
13	××（中国）投资有限公司	10万美元	
14	××（中国）投资有限公司	50万元人民币	
15	××影像仪器销售（中国）有限公司（日本）	1000万日元（约合67万元人民币）	
16	××（中国）信息系统有限公司（日本）	2000万日元（约合130万元人民币）	××株式会社连同××集团各公司
17	瑞士××（中国）科技有限公司	100万元人民币	
18	××（中国）投资有限公司（韩国）	3000万元人民币	
19	××（中国）有限公司（日本）	670万元人民币	在原有捐款400万元人民币的基础上追加270万元人民币
20	台湾××集团	700万元人民币	
21	××科技集团（日本）	6000万元人民币	××集团员工捐款3000万元人民币（其中台籍员工捐款达1500多万元人民币），该集团决定配套3000万元人民币
22	××（中国）公司	近109万元人民币	
23	××科技（中国）有限公司（美国）	4500万人民币	先期捐款210万元人民币，后追加捐款3500万元人民币和价值达100万元人民币的高性能服务器
24	××（上海）有限公司（中国大陆）	69万余元人民币	其中ZX公司捐款50万元人民币，其他为各地员工个人捐款

注：表1中标注出的国别是指该公司的总部所在地。

（二）大额救灾捐款状况

依据中民慈善信息中心以及互联网上的数据，表 8—2 将展示那些数额较大的捐款，这些都是捐款达亿（元人民币）的企业。

表 8—2　　捐款达亿元人民币的企业　　单位：万元

公司	金额	其中员工捐款	其中物资折合
中国烟草总公司	77000.00	1000	
李兆基家族企业①	57700.00	13000	
中国移动通信集团公司②	36120.00	2800	20000
中国电信	33504.00	5228	16667
中国石油③	33175.00	8000	1531
中国石化④	30756.00	10016	7116
中国泛海控股集团⑤	23780.00	1500	
国家电网公司⑥	21000.00	7600	
海航集团有限公司⑦	19049.00	348	1231.81
日照钢铁控股集团有限公司⑧	19000.00	253	
中国建设银行股份有限公司⑨	15650.00	3104	
中国海洋石油总公司⑩	15520.00	623	
雅居乐地产控股有限公司	15500.00	104	
碧桂园集团⑪	13430.00	249	

① http：//www. syntao. com/Page_ Show. asp？Page_ ID = 8839。

② http：//www. tianya. cn/new/Publicforum/Content. asp？strItem = help&idArticle = 218330。

③ Ibid. .

④ http：//auto. sina. com. cn/news/2008 - 05 - 22/1329378022. shtml。

⑤ http：//www. tianya. cn/new/Publicforum/Content. asp？strItem = help&idArticle = 218330。

⑥ http：//guba. eastmoney. com/600624，2004208898，guba. html。

⑦ http：//epaper. nddaily. com/E/html/2008 - 05/26/content_ 476056. html。

⑧ 据另一信息，捐款额为 1.5 亿元。见：http：//finance. sina. com. cn/g/20080524/15394906864. shtml。

⑨ http：//sports. sohu. com/20080516/n256897163. shtml。

⑩ http：//www. cnooc. com. cn/zhyww/xwygg/2008_ 5_ 16/268561. shtml。

⑪ http：//finance. sina. com. cn/chanjing/b/20080627/17065031865. shtml。

续表

公司	金额	其中员工捐款	其中物资折合
中国农业银行①	13000.00	5149	
中国南方电网有限责任公司②	12925.00	8963	800
中国银行	12300.00	11400	
宝钢	11650.00	2325	5200
珠江地产③	11272.00	64	100 套地产
世茂集团控股有限公司④	11044.95	43	
大连万达集团	10500.00	600	
WK 企业股份有限公司	10220.00	115	1000
天津荣程联合钢铁集团有限公司⑤	10171.00		
加多宝集团⑥	10100.00		
台塑集团⑦	10000.00		
中兴通信⑧	10000.00	799	

注 1：数据来源：中民慈善信息中心。

注 2：这里搜集到的信息未必完全。

（三）全国的捐款数额

在全国的捐款数额中，企业捐款占据了最重要的地位。然而由于本次调查尚无法分开企业捐款与非企业捐款，因而，只能从总体上探究其中的规律。

这次社会捐款的数额是以百亿元人民币为单位的，仅在地震发生后的 16 天内，我国接受来自国内、国际的社会捐赠总额就已经超过了 2007 年

---

① http：//finance. people. com. cn/GB/1040/59940/7267394. html。

② http：//www. tianya. cn/new/Publicforum/Content. asp？ strItem = help&idArticle = 218330。

③ http：//gz. house. sina. com. cn/2008 – 05 – 23/17363817364. html。

④ http：//www. 521zz. com/Article/zzflgg/200806/65196. html。

⑤ http：//fashion. people. com. cn/GB/63741/7290782. html。

⑥ 捐款主要部分见：http：//finance. sina. com. cn/roll/20080519/13044884032. shtml。

⑦ http：//money. 163. com/08/0514/11/4BTAJUOU00252MT9. html。

⑧ http：//q. sohu. com/forum/14/topic/2449570。

我国全年的社会捐赠总额①。有关数据见图 8—1。

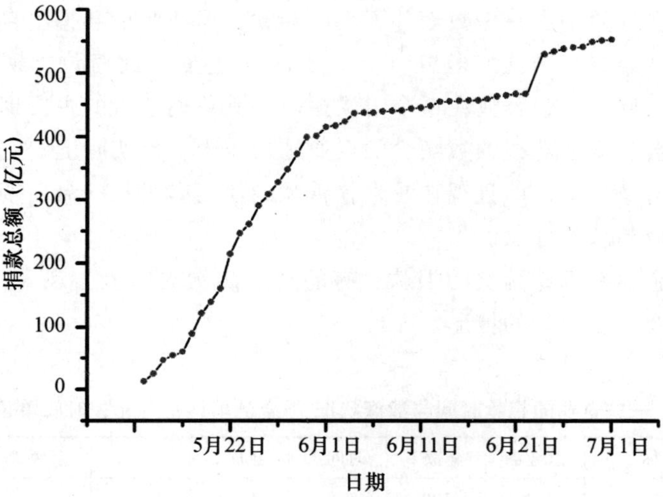

图 8—1 5·12 捐赠情况

注：图中 6 月 24 日的曲线上移并非捐赠额大幅攀升，而是此前未将受灾的川、陕、甘、渝四省市的捐赠数据纳入统计范围。

可以看出，自 5·12 汶川地震发生后，社会捐款数量就开始急剧攀升，捐赠高峰期持续约 23 天，平均每天捐赠 18.99 亿元。在此之后，从 6 月 5 日开始，捐款数量明显衰退，至 7 月 1 日前，平均每天捐赠 1.70 亿元。

进入 7 月，新增救灾捐赠数额降低，非救灾捐款数额出现并增加，公益行动进入常态。进入“常态公益”的持续时间长度约为两个月。这一时间段里的变化并未在此体现。

通过一部分大额捐赠企业的捐款时间可以看出他们是如何与图 8—1 的高峰期重合的。表 3 的数据显示，企业的捐款经常分多次进行。第一时间的捐款通常是在地震发生后的第二天，也就是 5 月 13 号。这说明在巨

① 2007 年社会捐赠总额数据来源：中民慈善捐助信息中心 2007 年度慈善年报，“2007 年度我国接受来自国内、国际的社会捐赠总额超过 309 亿元”。http：//www. enorth. com. cn，2008—0202 04：27。

灾面前企业的捐赠决策是非常快速灵活的；同时也说明大家对救灾这种慈善事业的重视程度。一些企业会在第一次捐款中将大额款项一并捐出，也有的企业在开始捐出一份数额并不大的善款，但在此后会捐出自己捐款的主要部分。第二次捐款大多集中于5月20号左右。此时位于第一次捐款之后大约一周，一些企业在这个时候捐出了其总捐款量的主要部分。在此之前，社会公众曾对捐款数额少的企业施加压力，但实际上，企业的资金流动有其自身规律，而且现在看来，善款的使用有很长的滞后期，捐赠与使用的确应当从长计议。

一些企业有不止两次的捐款，有的捐了四次或以上。表8—3并未列出第四次及以上捐款的情形。

表8—3　一些企业的捐款时间与数额状况　金额单位：万元；时间单位：月/日

企业名称	总金额	金额1	时间1	金额2	时间2	金额3	时间3
碧桂园	3300	300		2000	5.20		
复星	2000	1000	5.15	1000	5.22		
国酒茅台	3672	500	5.13	3172	6.6		
国信证券		2000		600	5.18		
恒安集团		500	5.14	500	5.21		
华润集团	5950	3500		1450	5.21	984	5.22
华硕集团	1600	300	5.13				
金锣集团	2800	2000		600		200	
劲牌公司	1180	100	5.13	730	5.19	350	5.22
麦当劳		1200		1000	5.21		
摩托罗拉	1200	200		500	5.19	500	5.20
诺基亚	5300	300	5.13	700	5.17		5.21
欧莱雅		1200		500	6.4	750	
齐鲁证券	1305	200		1000			
三星中国	3450	3000	5.16	450	5.21		
盛大公司	1300	100	5.12			1000	5.16
腾讯公司	4000	2000					
微软	2100			1000	5.30		

续表

企业名称	总金额	金额 1	时间 1	金额 2	时间 2	金额 3	时间 3
新安化工集团	3118	50	5.12	3000	5.22		
修正药业	3000	2500		500	5.22		
扬子江药业	2000	1000	5.13	1000	5.20		
招商银行	1645	800	5.13				
中国泛海控股集团	23780	1000	5.13			20000	5.28
中国建设银行	7748	2000		5000	5.21		
中交集团	3800	500	5.13				
富力地产	1300	50	5.12	150	5.14	300	
保利集团	1124	300					
可口可乐	1700	500					
百胜餐饮集团	1580	300		520	5.28		
BP 中国	1050	140		910	5.20		
网易	1200	500	5.13				
珠江地产		500	5.13	500	5.17		

注 1：按照四舍五入原则保留零位小数。

注 2：此中选择的是捐款总金额在 1 千万元以上的部分企业。

注 3：信息来源于中民慈善捐助信息中心以及网络资料。

（四）进入平稳期的捐款状况

我们在图 8—1 中看到，救灾捐款在 6 月初进入到一个相对平稳期，到了 6 月末、7 月初，捐赠总额曲线的斜率已经很低。在表 8—3 中，企业即使有第三次捐款，也基本上会在 6 月以内完成。但实际上，还是有一部分企业会在更晚的时间为灾区捐款的。这个时候媒体的聚光灯已经撤走，企业仍然进行救灾捐款，表明了他们在公众的焦点目光之外、在灾后重建的过程中，仍然在奉献着自己的一分力量。

图 8—2 是 7 月、8 月企业的救灾捐款数量①，我们看到，这个时期每日的捐款量仍然非常巨大，最高的一天高达 7 亿元人民币。此外，各日之间捐赠额相差较大，这是受一些大额捐款企业的影响之故。

① 数据来源：中民慈善捐助信息中心。

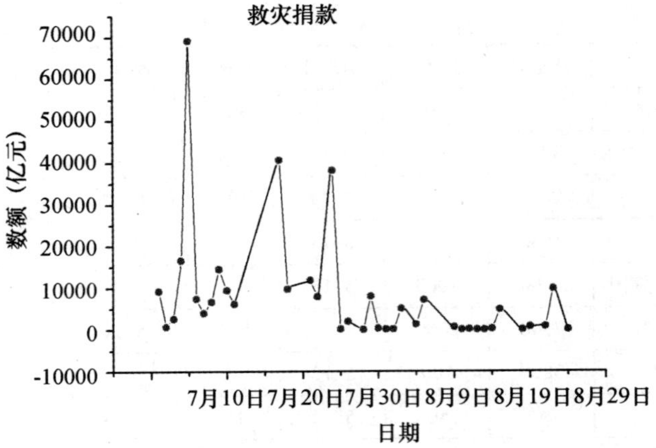

图 8—2 7 月、8 月的救灾捐款数额

同时，进入 7 月，非地震救灾捐款开始出现。据中民信息中心的数据，第一笔非救灾捐款是在 7 月 7 日开始出现的，以后逐日增多。但即使是在地震发生之后的两个多月、3 个多月的时间里，非救灾捐款的数额仍然无法与救灾捐款相比（见图 8—3）。

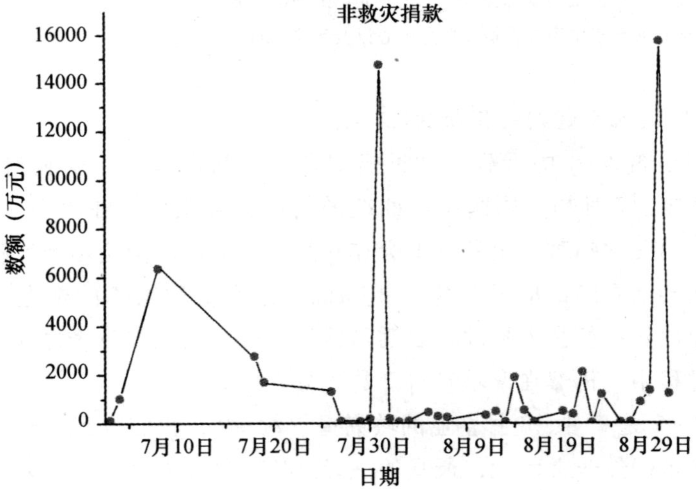

图 8—3 7 月、8 月的非救灾捐款数额

从图 8—2、图 8—3 的对比中可以看出，非救灾捐款的数额的两个峰值也仅为一亿余元，与救灾捐款的多次达到数亿元的情形无法相比。在此有两点需要注意：第一，这里记录的非救灾捐款也主要是企业的行为；第二，奥运会恰恰就举办于这一期间，这反映出人们对于奥运与对于救灾的不同的期待与判断。

三 社会化公益"五原则"：捐款组织的行动剖析

（一）公益行为的社会化运作：一套新机制的出现及其障碍

从传统的中国社会到计划经济时代，历史为我们留下来的公益传统在国家占据十分重要的位置，而社会组织的公益行为却常常限于小范围之内。

自30多年之前开始，市场经济逐渐由萌芽发展为主导，自主的经济力量与社会力量导致在国家之外出现了提供社会公益行为的资源源泉与行动动力，从而打破了政府公益的"垄断"地位，这是一次重要的质变。

公益的社会化运作正如同营利领域里的市场化运作一样，产生出了一片新的运作空间、一套新的运作机制、一系列新的获得激励的规则。我们在调研中已经清晰地看到了这些新的成分以及它们与旧体制的冲突。这一切都在影响着真实的公益效果。那么，在公益慈善的社会化运作模式中，能够看到怎样的规律及相关问题呢？

以一家捐款组织为例，这是一家总部不在中国的组织（以下简称"S组织"），受政府权力、政府资源的左右程度较轻，且组织规模较小，捐款数额不大，因此特别关注自己所捐善款的效果，因而在这里，社会化公益的脉络更清晰、更深刻。从这个案例中可以归总出企业追求现代公益慈善行动时所遵从的五个"定律"，它描述的是在企业捐出资金之后公益运作的应有规律，也就是善款募捐组织的应有做法。

在汶川地震发生之后，S组织的捐款状况是："我们作为非营利性机构号召捐款，美国总部那边捐了1万多美元，员工其实只有100人，中国办公室捐了5万多元人民币。大公司当然捐的比较多，与它们相比我们的捐款数字不大，但它们都是全球500强的公司，任何一个公司的销售都是我们的百倍到千倍，我们捐一万美元他们可以捐千万美元。但我们员工的积极参与很好。"

虽然捐款数额远远不及一些大型企业，但S组织十分看重的一件事情："捐款这件事，捐钱的人感觉是挺好的。而且，公司注意了形象之后，每个人在公司里的气质就不一样。"下面将更详细地展开具体细节，它体现出社会公众（这里为企业员工）捐款时的五个原则。

（二）原则之一：目标明晰原则

目标明晰原则是指，公益行动的帮助对象与帮助项目越明晰、越具体，其对捐款人的激励作用越强。

S组织："我们这边也捐了几次款，最初是捐到红十字会系统，但没见到那边有什么反应，也不知道他们做了什么，后来就决定自己来做。"在访谈中被访者的这样一句话更好地表达了其中的道理："当我们看到一处灾难的时候，我们心跳和××（注：一个主要募捐组织）是不一样的，对于他们来讲，那是他们的工作。"

"我们执行任务去了都江堰小学，有个班的学生只有3个人幸存，8月初的时候，他们都还没有教学用的东西，马上要开学了，他们还什么东西都没有。后来我们和那个小学一对一挂钩，我们直接把东西送到学校去，他们就都很高兴了。我们组织人去给他们送文体用品，买了DVD放，有音乐他们就跟着唱，大家心情就好多了。感觉上我们一对一的效果特别好，有个员工他儿子的书和玩具等都给了那边的一个学生，缺什么东西就直接寄过去。其实捐一个学校的钱是非常容易的事情，我们希望看到效率比较高的，就是一对一。我们这边有人出差就过去和他们聊聊，在成都买完东西就给他们拿过去。"

在不长的谈话中被访者三次提到了"一对一"，这是捐赠者对效果的强调，说明见到了效果之后才能获得更强烈的激励。

调查小组在访谈光彩事业发展基金会，看到部分企业捐款信息时也发现类似的情形：民营企业为抗震救灾一共捐出6亿元人民币的善款，这些钱几乎全部为定向捐赠，即需要明确知道自己的钱将用于何处。

目前，各大募捐组织在如何使用善款上遇到了巨大的难题，于是"资金堰塞湖"成为一种颇为形象的说法，这一现象说明，当初人们捐款时，捐款人根本就没有得到清晰具体的目标，社会公益行动中的目标清晰原则被忽视。

（三）原则之二：时间距离原则

时间距离原则是指，在一个目标已经出现的情形下，该目标离其实现的时间距离越近，其对捐款人的激励作用越强。这与"目标明晰原则"

的道理基本一致。目标不明晰与目标遥远，同样会弱化它对人们的激励作用。

本案例中S组织对大型半官方募捐组织有些失望，也有这一原则在发挥作用。实际上，与人们亲自到灾区去做事，或者直接将钱捐给学校相比，将自己的钱捐出去、滞留于“资金堰塞湖”中，很可能既违背目标明晰原则，又违背时间距离原则。

图8—4是资金的募捐曲线与资金的花费曲线。该图截取了5月12日至7月25日，将近两个半月的时间里，人们为灾区捐款数额与将该善款下拨灾区的累计数额。图8—4显示，截至7月24日12点，全国共接收国内外社会各界捐赠款物585.93亿元，实际到账款物582.96亿元；而全国已向灾区拨付捐赠款物222.99亿元。还可以看到，捐款数额达到200亿元的时间与县灾区拨款达到200亿元的时间，相差了大约两个月；而两条曲线在300亿元、400亿元数额上的等高点，则还要相差更长的时间。

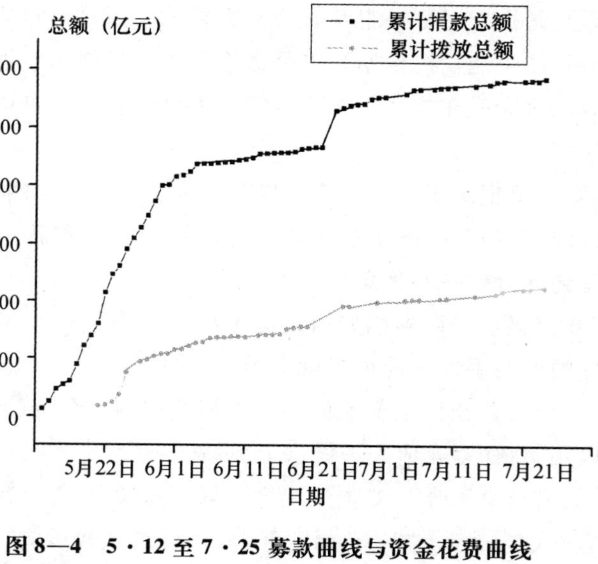

图8—4　5·12至7·25募款曲线与资金花费曲线

（四）原则之三：亲自参与原则

亲自参与原则是指，一个捐款人在其捐款的同时，如果能够无成本地参与到公益项目的运作中，将会获得额外的激励。因而，捐款组织倾向于亲自或者自己遴选组织去实施公益活动。一个组织是否亲自参与公益行动，取决于参与的激励作用与额外成本之间的均衡状况。

亲自参与原则不是救灾公益领域里特有的事情，实际上它已经成为公民社会发展领域里的一个普遍的原理。在后文 WK 事件中表现得更为明显。

社会公益领域里的广义参与除了亲自去做之外，它还包括对结果与过程的知情。因而需要募捐组织即时为捐款人提供相关的信息。这又涉及组织的透明度问题，即向捐款人的透明。调研显示，参与原则执行得并不是很好，尤其是在国内早期产生的一些大型募捐组织中。而在 S 组织这里，他们自己组织人员到灾区去考察当地需要什么、自己组织人员进行捐款，能够知晓情况。

这一原则还可以由企业参与深化到员工参与。例如，在访谈的一家北欧企业时，其日常在居住地社区里的公益行动实际上是由企业工会出面运作、员工自己出钱出力运作，而并未由企业的相关职能部门来执行。

（五）原则之四：可信原则

可信原则是指，对募捐组织的公信力要求。捐款人希望自己捐出去的钱，能够不受损失地发挥作用。这是最根本的一条原则，然而现实中产生问题最多的也恰恰就在这里。从 S 组织对大型半官方募捐组织的感受与评价中可见一斑。

“其实对于募捐组织，我们容忍度是非常高的……如果有办法发现更好的，要宣传宣传。”——被访者所说的更好的，其实就是更可信的。以下是他们看到、听到一些现象后产生的质疑：

“成都双流机场东西堆积如山，运不出去。中国红十字会有最强的资源，非常好的运输手段，但很多就都堆在那里。”

“如果一个公司捐到上亿元的话，募捐组织抽 1000 万元，那么这个公司完全可以用 1000 万元请人去做这个事情……”

“捐款人有公众形象，募捐组织也应该有公众形象。我们并不知道捐款以后的运作过程，其实能有六成用到实处，就比较少有了，还有关于采购的问题等，我们也不了解，这里面的机制让人们有很多想象的空间。”

更加值得回味的是，虽然 S 组织最后转为自己亲自开展公益活动，但他们还需要为自己的会员提供应捐给谁的答案：“捐款人我们也不知道，像很多人问我们往哪儿捐，我们都说红十字会。跨国公司一般都捐给红十字会，咱们应该要相信他们。”

（六）原则之五：专业性原则

专业性原则是指，捐款者希望看到接纳其善款的组织在开展公益活动时专业有效，因而，在发现对方不够专业时，可能会考虑重新选择。

S组织没有遇到这一问题。但在一些大型企业中可以发现，由于这些企业在市场经营中已经拥有了相当可观的特定技术，因而，他们对募捐组织使用善款救灾的方式具有深刻的洞察力。当对执行公益行动的组织专业性不放心时，可能会转而亲力亲为。此外，调查中还遇到另一种情形，资金捐赠只是企业在抗震救灾中奉献力量的一种形式，由于一些企业具备相当专业的技术能力，例如房地产公司拥有房屋建筑的大型设备、设计人才与技术；IT公司拥有专业的信息管理系统研发技术等，这些企业会选择将这种专业能力贡献于灾后房屋重建、救灾信息管理系统开发等。

（七）小结

社会化公益“五原则”的精要之处在于揭示出，如果要将社会公益做大、做好，需要注意的是什么；当前的募捐组织存在的问题是什么；它还可以帮助预测在救灾捐款及以后更多的公益慈善行动中，将会出现什么运作问题以及与制度的冲突。以下将以一个简单的案例来说明，遵从公益慈善社会化运作五原则的企业，在现实中遇到的问题。

这是一家房地产媒体领域里的民营企业，正准备拿出1千万元做灾区学生奖助学基金。他们对自己捐款的态度是：“我们目前慈善捐款，总体并不规范，社会存在不信任感，我们准备和×××商量，整个捐款用在哪里必须经过我们同意，我们成立了小组，准备将这笔钱选个地方，修个学校或医院或养老院，现在我们还在选择，而不是交给当地部门。”

此案例中综合地体现了社会公益应有的运作规则，尤其是可信原则、亲自参与原则、目标明晰原则等，以及其在现实中所遇到的冲突。

四　政府主导的社会公益

本部分转而侧重于国有企业的状况。他们为抗震救灾捐赠了大量善款，如前面数据中看到的，一些最大额的数据都来自于这里。但其效果如何呢？其中涉及的公益机制是怎样的呢？

（一）调查过程

调查过程本身能够反映出一个组织对社会的回应性。在不借助官方渠道的情形下，调查国有企业需要从一个具体的“小人物”开始。但是，“小人物”是不会接受访谈的，因为他们的位置决定了他们不能随便“乱说”。于是，他们需要向上汇报，等待更高级别的领导出面回答。可是，国有企业的领导者经常都具有相当的身份，他们也不会轻易接受访谈。

要想了解情况，只有通过熟人。而熟人虽然可以谈得很多，但却经常不是针对一个特定的企业，而是针对一套机制。于是从下面的内容中虽然无法看到某个具体企业的状况，但却能看到国有企业在现代社会公益机制中的尴尬处境。

在调查人员花了整整两天时间，联系了数十家企业之后，发现这样一些现象：

- 部分企业不大知道应该将这件事情上报哪个部门来处理比较合适，访谈员在几个部门之间打转。
- 部分企业接电话的工作人员表示，最近业务太忙，没时间做这件事情。
- 绝大多数工作人员都会说能拍板的领导不在。
- 好几个电话连续几次打通都没人接。
- 一些企业十分关心自己在这件事上的收益，要求越具体越好。

以下是一位被访者的感受：

“最好的办法是找到集团公司思想政治工作部，由他们出面来做……按照正常的官方程序来说的话，是要一级一级批的，一直要批到领导，然后再告诉你能够说什么，不能说什么，这是有严格规定的，本来我想帮你们约一个正局级的干部，但他有很多顾虑，因为这关系到他的位置。

私企和民企在这方面态度比较开明，因为他知道这有好处，所以就大胆去做，而且你直接找到最高层的话，他就可以拍板，但是在中国，为什么叫官僚呢？没有头啊，找一个局级，他就去找厅长，找部长……”

（二）捐款机制

国有企业的捐赠机制与公益社会化运作的机制有所不同。国资委将任务分解、分配给每一个企业，每一个企业再分解给二级企业……平时捐善款需要经最高董事会的同意，各地企业很少有权力自己捐款。

国有企业的员工公益捐款与民营企业、海外企业的情形也不相同。一家大型国有企业人力资源部门的工作人员说：“员工捐款要一级一级地比照着来，纵向比较为主，不能比上司多，也不能比下级少……”另一家企业的说法是：“员工捐款按级别‘摊派’，新进的员工每人两百元，职位级别越高捐得越多，这是规定的。不捐不行，因为是半强制性的；想多捐也不行，因为是按级别规定，不能‘越级’，想要多捐到企业外去捐。”

当然，上文说的“摊派”，不一定所有员工都觉得“被动”。因为有的员工本来就想捐款，正好也就捐了。但同时也有员工的确因为捐款的强制性而感觉到不舒服。

（三）政府主导的公益机制

国企的案例有一个共同特征，即公益行动与国家机制紧密关联在一起。在这种体制下，我们会发现这样的问题：

第一，社会公益遭受遏制，信任机制没有建构起来。国企在执行社会化的公益行动中，遭遇了“全官方背景”的问题。

第二，国有企业中员工公益行动所基于的动机是：公益慈善+半强制指令。而在按照社会化公益机制运作的企业中，捐款的动机则应呈现一种不同的面貌：公益慈善+公民行动。公民行动是指一个人按照公民的姿态去做事情，并在此后增加其公民意识。实际上，这样的感受对企业来说也是有益的。

政府主导下公益慈善的最大特征是与现代社会中公益慈善五原则相互对立的。与亲自参与原则相对立的是半强制，因而企业公民、社会公民的发育遭遇障碍；与可信性原则相对立的是人们对公益目标的怀疑，在这样的怀疑之下，目标明晰原则、时间距离原则、专业性原则等则相对处于不为人们关心的位置。

（四）不同的机制对培养“企业公民”的不同效果

现代企业已经越来越重视企业公民意识的建设。通常有三种做法：一是鼓励员工自己行动起来成为企业公民；二是企业自主地参与公益行动，进而影响员工；三是员工与企业均缺乏自主性。上述三种做法的参与程度不同，从理论上推测其效果也将产生明显的不同。参与程度越高，员工越容易成为企业公民，参与程度越低，员工越会感受到被控制，效果缺乏。由于国企相对缺乏参与，因而员工的企业公民性进程会滞后。以下两个案例在培养“企业公民”方面恰好形成鲜明的对比。

案例1

某国际行业协会的负责人：“我们做的社会责任方面很多，像绿色环保，员工出去吃饭是自己带筷子的，不是要求的，是员工自愿的。像印刷东西，有两种纸，回收纸是不回收价格的两倍，但我们还是提倡用回收纸。我们鼓励大家，没有硬限制。今年我们的倡导就是可持续性发展，气候在恶化，我们要为了子孙保护地球。这是一个教育，是社会责任。开始大家觉得是应该做，后来就变成一种自觉了。例如，像办公楼的空调开不开都是一样收钱，但员工还是会自觉把空调关了。其实整体来讲，注意了形象之后，每个人在公司的气质就不一样。捐款这件事，捐钱的人感觉是挺好。好多人愿意到我们那工作，不愿意走。我们这里奖金不高，没有分红，但我们还是能够吸引更多的优秀人才，原因就在于在这里你感觉到自己在为社会做很多的贡献。”

案例2

某国企被访者：“公益营销对年轻员工有吸引力，对一些老员工就不具有吸引力。这与出生年代无关，工作后心态就会不一样了。还是学生的时候，如果见到企业的这些事迹会受到影响，觉得企业很正义，从而购买企业的产品和服务。但工作一两年或者更长时间以后心态就变了，变得很实际，看到这些事迹会怀疑企业是在作秀，看到“空投奶粉”就会想，那奶粉怎么不拿出来便宜一点卖给我呢？也许我们现在选择在这个企业工作，因为觉得它很正义，企业文化是正方向的，但中年以后我就会想，它正不正义跟我有什么关系，我只关心它每个月给我多少钱，或者说我在这个企业能不能得到提升，我的自我价值能不能实现，这个企业是资助儿童还是资助老人都跟我没有关系。”

这样的感受体现了国企内部缺乏企业社会公民意识，我们认为，不同的企业公民举措会产生不同的效果，而国企的做法很难催生理想的企业公民效果。

（五）国有企业：捐了钱却没有获得应有的收益

两套机制不仅效果不同，而且对国有企业本身来说，如果不能进入现代社会化的公益机制，企业很可能会因此受害或得不到应有的收益。

第一，企业员工捐了钱，却难以收获企业公民、社会公民的感觉。而员工在企业内部的这种感觉是与其对企业的忠诚、在企业中尽职尽责工作相关的；是与其自我认可、公民行为相关的。因此，非自主性的公益行动经常会导致捐款的人没有获得应有的精神收益。

第二，国企巨大的捐款数额与它们获得的声望并不匹配。

在一次小规模讨论会上，一位被访者说："同样是捐出一个亿、获得中华慈善奖，民营企业的收益会是多大，而国企又会是多大？前者明显高于后者。对于民营企业，人们会惊讶：'你看，这家企业真不简单'；而对于国有企业，人们不会有什么反应的。"

五　民营企业:位于两种体制间的过渡地带

民营企业介于国企与外企之间。在运作的自主性方面，民营企业类似于外企，应当倾向于社会化公益，但政府的资源可以通过政府部门以及一些大型的半官方组织延伸到民营企业，避开它们而自主运作可能要承受一定损失，因而民营企业又具有政府公益的特征。

民营企业已进入市场机制，产品生产与公益行动都由自己自主决定，应当遵从社会化公益运作的五原则。在调研中他们展现出这一愿望，甚至少数民营企业在运作水平上已经接近或超出外资企业。但是，国家资源在这里又发挥重要的作用，这些资源会吸纳民营企业进入、促使他们留在半政府化的轨道中，无法进入到真正的社会化运作中。

（一）民营企业的一般做法

除了少数几家之外，民营企业几乎都选择捐款到商会、慈善总会、红十字会、光彩事业基金会、各地政府或政府部门等。除了政府之外，其他被列举的组织都是具有官方背景的 NGO，并不是典型的社会组织。

这是一条在政府公益体系中自然而然的公益路径。民营企业虽然已经市场化，但是它们实力不足、难以自主性地开辟公民社会的建设之路，而依据更接近国家公益体制的半官方组织、将钱捐给他们，能够省力省心。但在其背后、依靠直接询问无法获得的信息则是：这条公益路径的信用程度其实是很低的："我们也不相信这样的渠道，但没有办法。"

"没有别的办法"有多重含义，一是找不到可靠的 NGO，二是自己去做成本太高，三是这样官方、半官方渠道对应着官方、半官方资源。这些内容虽然难以通过访谈直接得到，但可以间接获得。例如，捐给半官方组织，可以获得一块"牌子"，这就是企业所重视的名声。一位被访企业家说："企业捐钱一是为了名，二是真正为了做善事，二者都有"。当前，半官方机构的确在将政府的声望拥为己有，而社会公众也的确在延续过去那种国家权威主义的思想，即将权威与公信赋予政府。

与名誉相关的则是企业在行业协会内的身份。工商联是民营企业自我治理的组织，是“娘家人”，因此捐款数量与企业在其中的地位、待遇、身份有关。

除此以外，是实际的利益。大型官方、半官方组织拥有独特的资源可以为企业提供物质利益上的帮助。其一是可以为向这里提供捐款的企业提供免税机会；其二是为企业提供做公益广告的机会，而其他 NGO 很难拥有这些特殊资源。

捐给政府有时还会获得政策优惠、其他无形的优惠。“有时这样的优惠的折算价格可以不低于企业捐出的钱。”一位企业家如是说。

（二）企业真实的公益倾向

民企本身并非没有自己的想法。他们会思考怎样做公益会对社会更有效、怎样做公益会对自己更有益。从中可以看出其追求自主化公益、社会化公益的内在要求。然而，这些想法除了与企业状况有关外，还与企业家个人有关。一些企业家显示了善于思考、拥有社会责任感的特征，在他们的思考与行动中，体现了对 NGO、对公民社会的倾向性。

例如，某钢铁行业一位民营企业家的想法是：“现在最大的问题是公益层次太浅，只是捐出钱来，给了需要的人。中间缺乏一套有效的运作机制，也缺乏专业的人来帮助受助者实现可持续发展。”

LX 集团在这次抗震救灾中将善款捐给了民政部，未涉及社会组织，甚至连半官方的社会组织也未涉及。但是，它们在另一些场合的行动则能看出其对 NGO 的关注。他们关于 NGO、关于社会化公益的看法与行动是：“我们在为纯粹民间 NGO 输血的同时，要注重对其造血能力的培养。为此，LX 在 2007 年 12 月启动了公益创投计划，以‘让爱心更有力量’为宗旨，在全国范围内公开征集公益组织，为其提供定制化的能力建设和志愿服务支持以及首期总计 300 万的创业支持资金……除了捐赠资金和物品，我们将通过推进实施员工志愿者计划，鼓励更多的员工将才智和爱心捐献给社会。”

有些民营企业甚至追求纯粹的社会化公益，下面 WK 集团的例子对此可做详细说明。

六　“捐款门”事件的解读：社会化公益强有力的拓展

在这一部分将说明，企业在参与抗震救灾的过程中，会在上述的社会公益五原则作用下而展现出一些人们始料不及的做法。要理解这些有益的探索和尝试需要一个背景。正是因为缺乏这一背景，才导致出现WK集团“捐款门”事件。而实际上，像WK集团这样的做法，恰恰表明了企业在以巨大的推动力推进着国家权力与职能退出，同时展开社会化公益机制，最终促使公民社会领域里的各类组分活跃起来。

（一）由WK看到的：企业的内在要求

抗震救灾关键时期中“捐款门”事件曾轰动一时，它被网民们列为当时的八大新闻事件之一。[①] 而“捐款门”事件的当事人则是房地产行业中民营企业的龙头老大WK集团。WK集团因为在救灾的最紧急时刻“吝惜”捐赠善款而遭受社会舆论的一片指责，最终为企业形象蒙上一层阴影。

1. WK“捐款门”事件。

5月12日四川汶川地震发生后，WK集团总部向灾区捐款200万元，WK员工捐款合计20万元左右。总共220万元的捐款相比于其企业的巨大资产额，让WK及其老总成为被质疑的对象。

面对网友的指责，WK的老总5月15日在博客中予以回应：“200万元是个适当的数额”，并称其公司“每次募捐，普通员工的捐款以10元为限。其意就是不要让慈善成为负担”。这一强硬表态和“10元之说”很快在网上引起声讨浪潮，很多网友认为WK“没有负担起企业责任”“WK在我们心中一落千丈”。而在资本市场，WK的股票也急剧下跌。[②]

2. 一个显著的对比。

但是，WK也有另一面。集团设有一个专门的企业社会责任部门，是

① 当时的京华网论坛、雅虎论坛等多个网站都有记述或转载。时至今日，可见：http://sz.focus.cn/ztdir/wangshijuankuanmen/。

② 腾讯网：“王石无条件道歉称：我还很青涩，今后加强自身修养”，http://house.qq.com/a/20080606/000002.htm，2008年6月6日。

一个在品牌部、市场部之外的部门。在国内企业中，拥有这一部门、且是在抗震救灾之前就已经存在的情况并不多见。与此相符的是WK在抗震救灾第一现场的表现：集团力量5月14日在成都出资租用16台重型机械供政府调遣，赴灾区展开救援；第二天WK第一次进入重灾区彭州，发放数十万元的急救用品；16日进入遵道镇，并于第二天用18小时组织大型设备、帐篷进入该地区开展救灾工作。

“当WK开着大型设备进灾区时志愿者哭了。为什么？干了很多苦活累活后，无能为力了，看大型设备去了激动得哭了。又看到帐篷，这是当地非常紧缺的物品。”

最为重要的决定是公益行动中的资金拨付。6月5号，WK集团在2008年度第一次临时股东大会决定，在3到5年内分批支出1亿元以内资金参与四川临时安置、捐建项目。这1亿元资金主要用于成都市遵道镇的重建工作，包括向遵道镇捐建九年制学校（教学楼）、幼儿园、医院（门诊及住院部）等；参与遵道镇临时安置活动板房建设；参与遵道镇镇区垃圾填埋处理及环境改善等，还包含四川其他灾区的重建工作。

而在调查人员对WK工作人员的访谈中，他们表达了自己的思想，即他们想使用本来可以捐献给别人的钱，自己来做救灾工作。如果从公益慈善行为的社会化运作的角度来看待，这在企业界应当是一个符合规律的做法，而不是WK的创造，WK只是其中的“大胆者”而已。

3. WK为什么要自己做？

上述社会化公益运作的“五原则”可以给出答案。

第一，企业认为自身具有特定的专业特长。

专业性原则是捐赠方对善款使用方专业能力的要求，一旦捐赠方本身拥有对方不具有的专业能力，它们就会考虑自己亲自来做。而在目前，企业不仅是资金的拥有者，而且也是某种运作技术的专业特长的拥有者。

社会资源的掌控越来越进入市场经济主体手中，在成熟的市场经济体系下这一结果早已实现。中国社会也在经历着这一变化。这次WK集团的行动体现了这一点。

救灾中的行动如上所述。WK的主营业务是房地产，他们拥有大型铲车等可以用于救灾的设备；其产业链上的企业可以生产帐篷。这次救灾行动中，WK充分利用了这一点。所以，在救灾部队撤出遵道镇之后，WK的力量开始充填进去。

在灾后重建方面，WK 同中国建筑设计研究院、清华大学、同济大学、日本的地质及建筑专家进行合作，勘探震区地质，考察和评估灾区房屋的受损程度并进行重建规划。

7 月 1 日，WK 率先在震区开始了永久性建筑的建设。截至 9 月 7 日，遵道学校教学楼和遵道镇卫生院综合楼基础混凝土已浇筑完成，模板拆除完成，隔震器下部预埋板定位已完成。① 因为采用了国际国内先进的防震技术，这批建筑的抗震设防等级超过了目前国家最高标准——9 度抗震设防。为这批建筑提供技术支持的是北京奥运会水立方的设计单位 CCDI 以及以中国工程院院士周福霖为代表的广州大学的抗震技术研究团队。比起捐赠几个公共建筑而言，WK 能将抗震技术的研究成果以更低造价、更便捷的应用普及更广泛的区域，鼓励更多建筑和开发企业采用，能够给社会带来更多福祉。

在访谈另一家企业时，对方也谈到了 WK：“我的一个朋友联系美国加州大学建筑专业的几个老板，准备帮助四川灾区设计一些成本低、抗震度高的房屋，他们在中国的合作方就是 WK。这些建筑领域的专家和 WK 合作，采用技术帮助和材料帮助的方法，协助灾民建这种房屋，类似于台湾大地震当中的那些再建房一样。这样，WK 就避过了向政府或者红会等半官方基金会捐钱的路线，在不违法的前提下最有效地帮助灾区。当然，如果农户某些方面的资金出现困难，WK 也可能会直接以现金的形式资助，实际情况实际处理吧。”

除了建筑的专长，WK 也将公司日常的管理技术带进了遵道。比如，在 WK 牵头成立的遵道镇志愿者协调办公室里，工作文件全部采用 WK 公司的 IS9000 文件管理体系，工作纪要和文件简报等非常规整。

此外，WK 扎根的遵道镇有着十分丰富的旅游资源。WK 认为，灾后恢复与重建是一个长期的过程，其中不仅包括建筑的重建，也包括产业的恢复。其中旅游产业比重较高的灾区，重建规划对未来景点吸引力影响很大，抗震技术的运用对旅游者信心的影响很大。WK 作为专业房地产公司，在以上两个方面均有一定专业优势。

第二，WK 对一些基层政府、半官方组织未必有足够的信任。

公益慈善五原则中最重要的就是可信原则。早在抗震救灾捐款之前就

---

① WK 抗震救灾专报 http：//www. vanke. com/main/risk/all. htm。

出现过关于国内企业对于“政府公益”“半官方公益”的质疑。据媒体报道，一些企业也出现过“亲自来做”的举措。而在这次地震发生后，WK的工作人员及时进入灾区，也见到了现场中的各种问题。对于一个潜在的大额捐款者来说，这意味着他们面临着严肃的选择。

第三，WK自己做公益，可以结合自身的特长，更好地宣传自己。

企业公益行动中结合自身的优势是一个值得倡导的做法。在《21世纪经济报道》举办的企业公民评选中，这是一个评估的指标。一个企业只有做到了这一点，才能最佳地发挥出社会各力量的作用。

企业这样做也会更有利于对企业自身的宣传。企业的这种考虑应当允许，而且如果大家都将竞争置于公益慈善领域时，将产生更好的社会效果。

第四，自己做体现出“亲自参与原则”。

亲自参与原则表达了企业自己来做或参与其中来做的要求。我们可以推测，在其他条件相对固定时，WK一定具有“亲自来做”的内在需求。

（二）企业促进社会化公益发育的方式

以WK为例，能够看到企业是如何促进社会化公益的发育的。

1. 企业遵循公益五原则突破政府公益供给的框架

社会公益五原则揭示出一个企业在捐赠时所遵循的内在规律，其中前三条都是社会化公益可以为企业带来新的激励资源，这些资源是过去的政府化公益中所没有的。过去曾一度通行的做法是，人们将资金捐给政府，然后由拥有强大权威的政府来操办善事，政府再为捐款者提供他们所需要的荣誉，从而实现捐赠方与受赠方双方获益。

然而当全社会都卷入公益行动时，情形发生了变化：第一，人们参与的要求已经体现于社会公益事务之中。参与本身是人的一种基本需求，这是人们希望能够一定程度地主导事务的愿望之体现。第二，人们希望体现出自己的价值，他们更愿意看到自己的奉献能够发挥作用，因而目标清晰原则与时间距离原则才能够发挥作用。第三，即使人们选择只是捐钱、不问其他，那也必须有可信性做保证才行，在没有政府与国家的权威作后盾的情形下，GONGO、NGO都可以与政府在可信性上产生争夺。

因此，一方面是政府资源（表彰）的短缺，另一方面是自主参与、看到自身价值这些新的激励因素开始活跃，再加上社会力量手中所掌握的物质资源增加，结果便是企业在社会公益五原则的力量作用下，必然促进公民社会力量的增进。

2. WK 本身表现的如同一个公民社会组织

我们见到的 WK 是一个亲自行动到灾区做事情的组织：开着铲车到灾区清理道路；把自己在全国采购系统中的 30 多家能调用帐篷的地方全部包下来进行生产，免费运到灾区进行救灾。

组织内的员工以个人的身份进入灾区做志愿者。5 月 17 日始，WK 来自全国的员工每批 5 人，进入灾区，做软环境工作。每批在灾区工作一个月。第一批负责救灾，第二批协助重建。至访谈的当日（9 月 18 日），这样的做法还在坚持，虽然热情已有减退。

而且，企业员工以志愿者的身份出现在灾区时，与来自高校、社会其他部门的志愿者一样，成为典型的公民社会的力量。网上登载了有关志愿者的行动记录："上午，遵道镇二号安置区居民为 WK 志愿者送来了锦旗、表扬信以及半片猪，以感谢 WK 志愿者对遵道镇重建工作的支持。志愿者以当地政府及居民的名义将半片猪转赠给了正在进行过渡房施工的建设者，让大家一起感受遵道人民的心意。"

WK 还将身边的企业一同拉入这一行列，邀请很多平时有合作关系的大型企业家、XX 企业社会责任同盟的人，一起到灾区去，邀请有专业背景的人来做事业。

WK 每两年有青年建筑师大赛，2008 年定为"灾后家区重建的可能性"。

平时在谈到公民社会的组分时，越来越将市场组织的成分排除在外，甚至还将其界定为公民社会的对抗性力量。但在这里，企业已经不是市场的主体，而是公民社会的主体。在这一事件中，企业成为一个难得的与政府力量不同，而与社会力量一致的力量。

3. 救灾行动中，WK 与 NGO 的"近亲"关系

企业在亲自做社会公益事业时，会如何确定他们与 NGO 之间的关系：同盟者、对立者还是不相干的人？WK 给我们的答案是前者。

- 在假期中，学生开学之前，WK 与八家 NGO 做了三个快乐假期项目，让小朋友有了一次很好的训练恢复，有一个愉快的假期。
- WK 与深圳登山协会志愿者合作考察受灾情况，并向灾民发放了由友成企业家扶贫基金会和 WK 共同提供的救援物资。
- 由 WK 发起，全国志愿者在遵道镇成立联合办公室，即遵道志愿者

联合办公室。这被当地认为是最有秩序的办公室之一。他们将本来混乱无序的志愿者组织起来，使其吃、住、工作井然有序，形成了所谓的“遵道模式”，并接纳一些外界组织的考察和观摩。

4. WK进一步成为企业公民的规划

WK不仅在应急救灾方面参与了诸多行动，而且还在进一步筹划建构社会应急的能力。他们是这样形容自己的角色的：“救灾不但要有政府的‘正规军’，还需要有政府之外的力量。后者就像是民兵一样，是预备役系统，掌握资源的大型企业体系，应成为应急预备役系统。”

WK有一本专门的绿皮书撰写在抗震救灾之外的社会公益行动计划，其中包含着他们在环境保护、社区建设方面的公益行动计划。由于与本文主题关系不大，不再详述。

5. 建立基金会，产生新的社会公益组织

在9月中旬的调查中，WK谈到了自己有建立企业基金会的打算。制度背景已经为基金会的建立准备了条件。仅仅过了几天，基金会就已经成立。众所周知，基金会是公民社会发育中最为重要的力量之一，它们不仅具有公益性，而且所提供的资金资源恰恰是公益领域的稀缺资源。

（三）企业拓展公民社会的力量超出了人们的预期

企业在拓展公民社会力量的过程中已经产生了巨大的作用，是一个容易被人们忽视的现象。其作用程度以及作用效果，通常已经超出了人们的预期。

1. 依据政府化公益思维的盲点

由于社会公众依然根据国家主导公益领域的思维来审视WK，因此在WK不合时宜地发表那样一番言论时，引发了社会公众的巨大反响。激烈的反响达到了令人难以招架的程度，它反映出社会公众善良与正义的心态。但我们应该看到：在整个社会中，还很少有人意识到，我们已经开始走上一条社会化公益的道路，也正在走进所谓的公民社会领域。WK并不是唯一具有这种要求与想法的企业，更不是标新立异。在调查中发现，很多企业都拥有同样的内在要求。

2. 某一国际“铁公鸡”的情形

在“国际铁公鸡”（是指捐款很少，或者是一毛不拔的企业）的名单中，这家企业赫然在列，因而与WK的情形有些类似。但是，这家公司在平日里的公益行动却展示出另一种形象。

• 公司美国总部对全球66个国家和地区的分部统一进行公益资金分配，每年拿出税前总利润的2%进行公益活动。

• 在由美国驻各国大使提名的60多位候选者中，该公司获得2008年度美国国务卿颁发的卓越企业奖（ACE）。卓越企业奖的入围者都是在海外市场承担了良好企业公民这一重要责任的国际企业界的领袖。

• 在项目执行时，该企业尽量让员工参与其中。比如与一家NGO合作在北京某打工子弟小学开展“支教”时，鼓励员工接受培训、认领课程、给孩子讲自己擅长的知识等。

那么，他们为什么会给人以“铁公鸡”的印象呢？答案其实就在于社会化公益与政府公益的区别。简单来讲，政府公益就是将善款捐完了事，而社会化公益则是亲自做事情。例如，在第二次由总部拨来50万美元的救灾款项时，他们捐给了中国红十字总会100万元人民币，而不是全部。他们说这100万元只是慈善，他们没有将之当成公益来看待。他们的看法是：“公益项目就像一颗种子，公司所做的，只是播种、浇水、培土。等种子发芽并茁壮成长之后，就算公司所扮演的角色不在了，植株仍然会继续成长……捐赠100万元不是公益，只是慈善。我们认为，‘无论捐款多少，爱心是无价的’。不能因为善款捐赠的数量而指责他人。其实，作为一个有社会责任的企业，我们希望钱无论多少，要花得有效率和用在刀刃上，并且企业要对捐出去的善款负责，而不是捐出去就完结了。所以，找到合适的合作伙伴是我们很重视的一步。相信其他国际性企业也会有同样的想法。”

这样的做法却遇到了政府主导政策的约束：“抗震救灾过程中，国家出台了捐款只能汇集到少数几家基金会的决定。当时，我们正准备资助××团队的项目。直接捐钱给大型的基金会并不是我们本次救灾行动的首选。因为，大的基金会汇集了大量的善款，根本不可能满足一个具体企业个性化的需求。我们也不愿意看到自己的公益行为仅仅是捐钱而已。因此，我们后来就资助了××的政策研究项目，并参与其中。”

3. 更多企业的类似特征

第一，对于捐款途径的思考。

在对一家位于长江三角洲的北欧纺织机械制造厂商的访谈中，我们了解到他们在做法上的重大转变。开始他们也像其他企业一样将善款捐献给某家大型半官方 NGO，但是后来他们改变了做法，一些相同来源背景的企业，将善款统一交到了他们自己的商会，然后再用于抗震救灾行动。

第二，依靠自身的专业化能力而参与其中。

一家大型外企 I 公司的专业化行动是很好的案例。“我们认为，捐款表示你对社会的关注，或者表示爱心的一种方式，但作为公司行为的话，我们认为更有效的或者更积极的捐助是通过一些实际的行动，包括我刚才提到的提供急需的‘灾后赈灾管理系统’，这个所谓急需呢，实际上后来被实践证明确实是这样的，因为当时在中国没有这一套灾后赈灾的管理系统。而且也是 I 公司体现自身价值的最有效途径。”

这样的帮助不仅仅以出力替代出钱，而且它还意味着在救灾行动中，企业已经在某种程度上取代了过去政府执行的功能，成为一个行动者，也就是 WK 人所说的救灾中的“民兵预备役系统”。

（四）小结

由于现代市场经济的发展，作为市场主体的企业开始分享了，直至大量占据了国家的经济权力。而在目前，随着公益慈善的社会化，企业又在分享着国家的社会（公益）权力。这样的分享在目前的术语中应当被表述为：公益行动中的社会化机制开始出现。

七　企业社会责任行动与 NGO

在企业进行社会化公益运作的过程中，产生了对 NGO 的需求。自主运作的企业与 NGO 是社会化公益行动中的“同盟军”。但是，在一部分企业已经开始进入公民社会的轨道时，NGO 却显得滞后。原因可能在于，来自国外的企业是一支重要的前行力量，而社会基层的 NGO 却需要几乎完全源自土生土长，二者间产生了差距。

（一）NGO 在社会化公益中的重要性

如前所述，社会化公益五原则包含了企业亲自做公益的内在要求。但是，企业亲自做却面临成本太高的问题。从理论上看，只有一条路径可以绕过这一难题，即企业与 NGO 合作，形成“企业 + NGO”的模式。在这一模式中，企业能够最大程度地遵循社会化公益的五原则，同时，又可以尽量避免企业亲自做的成本问题。只是在这里所指的 NGO 通常是那些小型的、具有自身独特性的、能够与企业一对一合作的组织。

这样的NGO可以很好地依据企业的目标进行有针对性的设计和运作，在目标的明晰性、时间距离方面满足企业的要求；这样的NGO可以与企业共担公益使命，让企业的公益主人公的地位充分体现出来；这样的NGO可以很好地鉴别与监督，尽量保证可信性的实现。

只是，当企业位于一个偏离理想的社会化公益环境中时，他们可能不会马上选择与自下而上的NGO合作，而是选择与政府或半政府的NGO合作。从以下的企业与NGO合作的四个发育阶段，可看出现在中国大陆运营的企业，是如何一步一步地走近NGO的。

（二）企业与NGO：二者关系的四个阶段

企业履行自身的社会责任有四种不同的情形。

1. 传统模式：企业定向捐赠给政府。

案例：DX集团子公司属国企改制企业，现有员工500余人，在汶川地震中也是受灾企业。集团公司位于灾区，在这次地震中受灾严重，损失达几十亿元，子公司也遭受几千万元的损失。因此其主要工作是自救、抢险和后勤保障。在此之外，员工还为集团捐款数万元；此外，公司也响应地方政府的号召，向地方民政局捐了7万余元，还有一些食品饮料的物资捐赠。

问：企业将善款捐给哪家组织了？

答：捐给政府，出于地缘考虑，向当地政府表达一点心意。

问：您对于这次募捐组织有什么看法？

答：与他们几乎没有接触，了解不多。

问：企业是否打算建立自己的基金会或企业社会责任部门？

答：从自身来说还没有，毕竟企业比较小，实力还不够；如果从集团公司来说的话，个人感觉是虽然一直在做公益慈善事业，但没有考虑要设立专门的部门或者体制框架去做，毕竟这不是企业的主业。

调查员继续问了一些与NGO有关的问题，没有得到回答。从访谈中可以看出，这是一类将政府作为唯一信任者并加以捐款的企业，其公益行动处于社会化的前期。但是，他们仍然具有自己的公益行动的价值选择及其局限性，如下：

问：公益行动中，企业是如何选择公益活动领域的？

答：由于企业实力有限，我们目前还没有具体地做这方面的事，将来如果要做的话我个人更倾向于做儿童教育和社区，促进当地公用设施建设。

问：如何看待企业公益营销？

答：应该说企业出钱做公益事业与想要扩大影响力、塑造企业品牌的动机是有关联的，但我们还没有，这是由企业性质决定的，我们是DX集团下的子公司，是国企改制的，在外面的影响力和品牌效应对我们不是很有意义，所以我们做事情是出于企业责任感去做的，没有其他动机。

2. 社会化初期模式：企业将善款捐赠给红十字会等大型半官方组织。

这种模式已经在政府之外选择了另一条道路，开始拥有社会化公益的特征。从捐款数额来看，这是此次抗震救灾中最主要的模式。企业之所以做出这种选择，其原因在于：这些善款募捐组织具有官民二重性；在这样一次紧急行动面前，人们选择的首先是将钱捐出去；如此大额的捐款，即使单从降低成本的角度来讲，也不愿意按照复杂的方式使用。

许多外资企业也将钱捐给了这种大型半官方组织，行动背后普遍的模式是企业领导征求企业中的中国员工的看法，后者建议应当捐献给红十字会等组织。

3. 捐赠给草根 NGO 的模式。

这是一种来自海外的模式，一些企业在做社会公益事业时，希望能够与基层草根 NGO 合作，其模式典型的是企业出钱、NGO 出力。近年来，国内的一些企业也开始采用这种模式，在抗震救灾中体现出一些合作。

如前所述，企业最主要的公益行动方式是捐赠给红十字会等大型组织，但是，这并不妨碍企业仍然在一些具体的行动领域与 NGO 一同行动，这也是海外企业最普遍的行动模式之一。

河北某市的一家民营企业在抗震救灾中为灾区捐款，但心态却充满了矛盾。

问：企业将善款捐给哪家组织了？为什么捐给它们？

答：捐给了河北省团委，觉得他们是政府部门，比较可靠，可以保障资金到位，做到专款专用，而且本身是团委的一个企业成员，受团委直接领导。

问：您对于这次募捐组织有什么看法？哪些做法您认为存在问题？

答：一些募捐组织都是自己内部在操作，不够透明，而且工作人员素质良莠不齐，有所顾虑。

问：合作伙伴中如何选择？

答：最看重的是公信力，比如海尔集团就很有公信力，如果他们号召就会响应，还有李嘉诚的基金会也是。

问：如何看待社会中的那些纯粹民间性的NGO？

答：社会组织的培育体系没有形成，法律限制比较严格，不开放，受政府制约，不看好草根组织的发展。

以上案例反映出：（1）即使是民营企业，其捐款仍然需要考虑政府关系；（2）对于NGO募捐组织的公信力并不满意；（3）对于NGO的前景并不乐观；（4）即便如此，该组织认为，在同等公信力条件下，还是愿意捐给NGO。

4. 最激进的情形：企业自己做或部分自己做。

正如WK那样，一些企业已经开始自己行动。如果条件放得宽一些，建立自己的基金会就算自己做，那么加入这一行列的企业队伍已经初成规模了。

企业在这一阶段其实就类似于一个NGO，他们是政府之外的独立力量，自主地参与社会公益事务。也许是由于他们很类似于NGO的原因，他们也特别注重与NGO的合作。

（三）目前NGO能力的局限性

从机制上讲，企业将越来越希望与NGO达成合作。但是，企业对NGO还是有一定要求的。如果NGO达不到这一要求，企业将会退出合作。我们发现，即使是那些抱有明确公民社会理念的企业，也有可能临时撤出与NGO的合作，转而寻找其他主体。

案例1：在汶川地震发生之前，调查人员曾对2008年南方雪灾的救灾工作进行过调研，访谈了一家大型国外企业。访谈中他们谈道：“我们有一笔雪灾捐款，按照总部的安排，这笔款项是需要捐赠给NGO救灾使用的。但是，中国区却决定捐给政府而不是NGO，他们将报告交给总部。总部回信说，‘不，还是要给NGO’。中国区又交一个报告，告知中国这边NGO的状况，说服总部还是要捐给政府。最终捐给了政府。”

案例2：某外资企业，曾为“将钱捐献给谁更能满足自己的意愿”而犯难，红十字会、商会等都在考虑之列。在调研中问道：“是否考虑到亲自去做？”回答为：“当初这么想过，后来发现自己对当地情况一点也不了解，于是就放弃了。”又问：“那么，假如当地有一个NGO，他们了解当地的情况，你们愿意与他们合作吗?”回答为：“那当然很好，但是有吗？我们需要知道这些信息。”这是许多外企都关注的问题，在抗震救灾中尤其关注。

由此可见，企业对中国NGO还没有基本的了解，更不用说对其能力的判断了。实际上，汶川地震发生后，绝大多数外企都不知道中国NGO的一般状况，不知道该将钱捐赠给谁，他们向其行业协会咨询、向企业中的中国人咨询，但是，在我们的访谈中，除了几家特大型的、已有多年的企业公民工作经验的人员之外，即使是中国籍的人力资源管理部门人员，也大多不知道NGO这个词，只能向外企老板介绍少数几个半官方组织，如红十字会。

案例3：JJ的美国总部对全球统一进行公益资金的分配，总部和国际联合道路（一个可以评估其他NGO资质的NGO）进行合作，请该组织对各国合作伙伴的资质进行评审。这是一项很严格的评估，要求合作伙伴提交各种各样的资料并证明其是可信的。中国很多草根组织虽然热情很高，但是没有合法资格，能力上也很“混乱”，因此一般都不在公司考虑之列。

JJ的工作人员认为：“JJ在选择合作伙伴的时候非常谨慎，对对方的资质审核很严格。而一旦建立起合作关系，就非常信任对方。而且JJ相信，很多事情是可以通过不断沟通和跟进而得到解决的。在刚开始和儿基会、当地政府以及人民团体合作时，对方很不适应，因为没见过对自己的公益项目这么上心的企业。但是，我们不断和他们沟通，也不断尝试选择认同我们理念的人，现在的情况比刚开始好了很多。”

（四）企业对NGO的资质要求

绝大多数国内企业还不知道NGO，或者是还没有考虑这方面的问题；部分外企也没有考虑过这方面的事情。但对少数大型外资企业而言，NGO早已进入他们的行动视野，他们已经对NGO有明确的能力要求。以下以七家大型外企为例进行分析，这些外企是：M公司①、Cargill、Corning、KPMG、Nike、通用汽车以及Standard Chartered。

访谈问题为“如果选择一家NGO作为合作伙伴，你们最注重这家NGO的什么特点?”回答结果见表8—4。表8—4体现出，首先，NGO的两个特征最为企业看重：其一是公信力，其二是专业能力。公信力又表现

① 这是简称，对方不希望暴露自己的公司名字。

为两个方面，第一是透明性，第二是问责（accountability）机制，此外还有笼统地称为“公信力”的。专业能力表现得较为复杂，但总体表现为运作项目的能力，其中最主要的是做项目的经历，也有笼统地使用“能力”来表达的，或者称为项目历史、中国的经验等。

少数组织强调 NGO 在其他方面的能力，例如：组织的领导、与政府的关系、目标与使命等。

表 8—4　　特大型外企都注重 NGO 的什么特点

项目	作此选择的企业数量
强有力的领导	2
特殊的项目经验	5
与政府的关系	2
清晰的使命与计划	1
使命要符合现实	1
做项目的历史	1
在中国的经验	1
能力	3
公开透明	4
问责性	2
公信力	1
具有将项目拓展、深化的能力	1

（五）小结

从以上分析中可以看出企业与 NGO 合作的逻辑关系，即社会化公益需要遵从的五个原则。

其中参与性原则、目标明晰原则、时间距离原则都要求企业自己来亲自做。

公益事业的专业性、自己亲自做的成本，要求企业寻找 NGO 领域里的合作伙伴，形成“企业 + NGO”的模式。

企业对 NGO 的要求是公信力与项目运作能力，后者主要是项目经验。

企业选择 NGO 时，实际上是在表达自己对接受捐赠组织的可信性要求与专业性要求，这是社会化的公益慈善五原则中重要的两项内容。其他三项原则，即参与原则、目标明晰原则、时间距离原则，则在企业选择与NGO合作时就已经获得满足。

八　企业社会公益的选择、趋势与问题

企业公益呈现一种快速扩展的趋势，其内容也有明确的领域。但同时，我们也看到了社会化公益在机制上存在的滞后性。甚至可以认为，当前社会公益领域最大的问题不在于硬件，而在于软件。

（一）企业对公益内容的选择

以上面陈述的七家企业为例，一家企业可以做多项选择，选择结果见表8—5。表8—5显示，企业的倾向性非常集中，儿童教育与儿童保健非常突出，这种“母爱”式的慈善行为似乎已经成为现代公益事业的基本特征。位居第二的是生态环境方面的公益资助，这也是现代社会的一个核心话题。关照老年人与文化方面的选择为零，这大概反映了一种文化特征，如果是中国企业的话，或许会有一些不同的地方。

表8—5　　企业公益行为的倾向性方向

项目	作此选择的企业数量
扶贫	1
儿童保健	6
儿童教育	5
食品与水	1
关照老年人	0
文化	0
生态环境	4
经营与住房的小额资助	1
艾滋病感染者	2
防盲治盲	1
NGO能力建设、领导力建设	1
学术研究与科技人才资助	1

企业公益行动的另外一个特征是试图与自身的经营内容相关联。例

如，WK主营房地产，因而，他们的公益绿皮书中就将生态环境、社区建设放到了重要的位置：“我们留下的不总是房子，还是社区。我们要建设和谐社区，要成为当地的样板标杆。”

企业公益行动的第三个特征是结合自己的专业性而行动。例如，一家从事眼科医疗的企业做盲人帮助，在他们的行动原则中包含着这样一个专业性的认识：超过75%的盲人是可医治的或者是可避免的！

企业公益的第四个特征是，国内企业似乎有着自己的侧重点。与基本的“母爱”式慈善相比，他们更注重一些深层次的问题。例如，WK的社区文化、LX的公益创投计划、××钢铁行业公司的深化公益层次与促使公益行为可持续发展的规划等。

（二）企业公益的趋势

从近年来的发展状况看，企业公益开始流行，成为当前与未来企业行为的一个重要方面。

IBM于1995年在中国成立了大学合作部；大概两年以后，一些大型的IT公司等也开始成立大学合作部。目前很多公司都有这一部门，而且人员也在增加。

企业社会责任报告方面则借鉴了国际上的一些流行做法，即将企业社会责任报告与公司的年度报告平行发布。大约三年前，国内一些国有企业也开始这样做，现在越来越多的公司采取了这一做法。一些被访企业的看法是：

越是大型的、成功的企业，越注重公益事业，因为这涉及企业形象的提升和社会责任感的问题。我们自己可能会在更多的国际性公益事业中现身，会在灾害发生后更迅速和及时地做出响应，并且会有更多的后续报道和延伸（公关形象需要）。

我们有自己的Freshness（福利委员会），除了为员工向公司争取福利，还会关心公益事业，与公益相关的活动都由该组织发起。

我们未来的方向有两个方面：一是继续慈善行为、关注员工参与与志愿行为；二是非慈善方面的公益行动：由企业引导的、以项目制为基础的可持续性企业社会责任。

我们将继续关注我们的既有领域，奠定基础，争取可持续发展。

（一家2007年世界500强在华贡献排行榜榜首企业）企业社会责任

绝不等同于开展几个庞大的项目或签署几张巨额支票，也不是单纯为了建立好的公共关系。企业社会责任的真谛是：无论作为公司还是个人，每天都要尽力做该做的事情，创造一个更美好的明天。这也意味着我们要高标准、严要求，超出他人对我们的期待。

（三）一个需要企业、学者、NGO 共同努力的时代

综上所述，市场经济已经为企业提供了越来越高的自主权，使之进入自主开展公益行动、承担社会责任的轨道中。

虽然国有企业还在政府主导的公益轨道上运作，民营企业还在受国家资源的吸引而难以真正地进入社会化公益领域，但社会趋势却是朝向社会化运作的方向发展的。

这样的社会化公益运作机制对 NGO 提出了要求，要求他们成为社会公益的主角。于是，NGO 的公信力与专业能力的短缺问题就显现出来。良好的社会机制运作需要有 NGO 的能力建设者、运作经验的总结者、公信力建设的推动者，还需要有社会文化的建设者，从而让社会成为一个能够恰当对企业的公益贡献予以积极回应并加以感激的公民社会，而不是一个只看问题、片面地施加压力的社会。

NGO的生命周期研究*

——以汶川地震灾后重建公益组织为例

赵小平　卢玮静

一　引言

当前，“社会治理现代化”已经成为中国公共管理领域的重要议题。研究表明，一个成熟的第三部门，尤其是那些具有专业能力的社会组织，能够在化解社会矛盾、增进社会稳定、促进社会融合等方面发挥重要且积极作用。因此，社会组织健康发育是社会治理现代化的应有之义。对此，中国中央政府已提出了“激发社会组织活力”的重要命题，明确表示：适合由社会组织提供的公共服务和解决的事项，交由社会组织承担，支持和发展志愿服务组织，重点培育和优先发展行业协会商会类、科技类、公益慈善类、城乡社区服务类社会组织①；各地各级基层政府也纷纷成立社会组织孵化器/园，安排专项资金促进社会组织的发展；此外，许多较为成熟的民间公益机构也积极投身其中。

但是，与当前政策实践的快速推进相比，有关社会组织组织发展的理论探索却明显滞后。当前国内关于社会组织的研究还主要注重制度环境和国家—社会关系方面，缺乏从微观层面、从组织具体发展过程（如组织生命周期）的角度切入，深度分析中国社会组织发育所面临的主要议题、

---

* 本研究是中国博士后科学基金课题（编号 2013M530589）以及教育部哲学社会科学研究重大课题（编号 12JZD021）的成果之一。

① 引自2013年11月中共十八届三中全会发布的《中共中央关于全面深化改革若干重大问题的决定》。

发展规律和应对策略，而这些主题的研究对指导当前我国渐成规模的社会组织孵化、培育工作具有重要的意义。

根据组织生命周期理论，组织的发展可以划分为不同的阶段，并且在每个阶段都会面临一些重要议题。若这些议题应对妥当，组织会顺利朝向更高阶段过渡；反之，组织的发展将可能停滞，甚至直接走向衰亡。[①] 在当前的社会，NGO 已经成为一种重要的组织类型，而将组织生命周期理论应用在 NGO 的发展上，无论是对其现状的解释还是未来的预测都大有裨益。

在公民社会中，根据价值观不同，可以将 NGO 分为自我强化价值观主导和自我超越价值观主导两种类型。自我超越价值观包括两种含义，一是普遍主义，即指为了所有人类和自然的福祉而理解、欣赏、忍耐、保护。例如：社会公正、心胸开阔、世界和平、智慧、美好的世界、与自然和谐一体、保护环境、公平；二是慈善，即指维护和提高那些自己熟识的人们的福利。例如：帮助、原谅、忠诚、诚实、真诚的友谊。自我强化价值观也包含两种含义：一是热衷于追求个人的社会地位、权力、社会声望，偏好于对他人以及资源的控制和统治；二是指根据社会的标准、他人评价的高低以及竞争的方式来判断和获取成功。例如，比别人更强、更有能力、更有抱负和影响力等。[②] 研究表明，由于自我强化价值观的主体偏好于对权力、地位、社会声望以及资金的控制与统治，因此，这种价值观所主导的 NGO，其内部成员之间以及该 NGO 与外部同行之间，都容易因资源争夺而引发冲突，继而导致组织内外消极型生态关系的产生，最终阻碍公民社会发育；而如果 NGO 受自我超越价值观主导，情形则刚好相反。[③]

既然在这两种价值观下，NGO 的价值驱动与行为效果都截然不同，那么分别在两种价值观主导下的 NGO，它们的生命轨迹是否也会有所差异呢？换句话说，持不同价值观的 NGO，是否都能够历经组织的孕育阶

---

① Agard K. A., *Leadership in Nonprofit Organizations: A Reference Handbook*, SAGE Publications Incorporated, 2010, pp. 586 - 593.

② Schwartz S. H. and G. Sagie, "Value Consensus and Importance—A Cross-National Study." *Journal of Cross-Cultural Psychology*, Vol. 31, No. 4, 2000.

③ 赵小平、王乐实：《NGO 的生态关系研究：以自我提升型价值观为视角》，《社会学研究》2013 年第 1 期。

段、初创阶段、成长阶段，一直顺利地过渡到成熟阶段？而或在中途便夭折？

目前，中国 NGO（尤其是草根组织）的发展正处在一个数量急剧增长、质量良莠不齐的阶段，根据组织生命周期的理论来观察中国 NGO 的生命发展轨迹十分重要。人们不仅应当对不同类别的 NGO 在发展过程中所遭遇的各种现象进行细致描述，而且应当在理论上给予深度解读。例如，通过建构理论来解释为什么有的 NGO 能够在几年时间中迅速发展起来，而有的老牌 NGO 却数十年如一日地原地踏步；为什么中国 NGO 的发展，既有公民社会的显著特征，又带有浓厚的传统江湖社会的痕迹等。

事实上，NGO 在中国并非是完全意义上的舶来品，其发展终究还是要植根于中国自身的文化土壤当中，因此其价值理念和行为不可避免地会受到传统文化的影响。已有的文献表明，中国社会，历来重视伦理等级和权威控制①②，而相对于西方而言，中国人更加容易受到社会中其他人的评价的影响③，缺乏相对独立的人格，缺乏普遍主义的信任④，偏好于将世俗名望作为自己的价值实现标志。⑤ 在这种背景之下，中国的 NGO 绝不都是自我超越型的，其实也不乏存在自我强化价值观主导的情形。因此，在研究中国 NGO 的发展时，关注不同价值观下 NGO 的动机、行为、后果以及在此基础上的生命轨迹便是本研究关注的核心议题。

二　文献回顾与理论框架

（一）自我强化与自我超越价值观

在施瓦茨（Schwartz）的价值观模型中，自我强化与自我超越是两种相对的价值观。在自我强化价值观中，竞争过程根深蒂固地植入了主体的

---

① ［美］阿瑟·亨德森·史密斯：《中国人的人性》，姚锦荣译，中国和平出版社 2006 年版，第 16—21 页。

② 翟学伟：《人情、面子与权力的再生产》，北京大学出版社 2005 年版，第 90 页。

③ 金盛华、郑建君、辛志勇：《当代中国人价值观的结构与特点》，《心理学报》2009 年第 10 期。

④ 翟学伟：《面子、人情与权力的再生产》，北京大学出版社 2005 年版，第 130 页。

⑤ 金盛华、辛志勇：《中国人价值观研究的现状及发展趋势》，《北京师范大学学报》（社会科学版）2003 年第 3 期。

内核。人们不仅仅希望自己出色，而且希望自己比其他人更出色，从而实现对自己价值的全面确认。这个定义和洛卡斯的定义相一致，都是强调在比较中感知自己（或自己所在的小利益集团）比其他人（或小利益集团）更加优秀。自我超越价值观包括“普遍主义”和“慈善”两个维度，施瓦茨认为，它们对于全世界的人们而言都非常重要，是位于最重要的三种价值类型之列的，因为此乃人类之重要天性。[①]

关于自我强化和自我超越对某一客体影响的研究主要集中在国外，这些研究往往从心理学、社会心理学、行为科学的视角切入。

从已有的研究来看，自我强化型价值观有利有弊。从短期来看，有研究表明，持自我强化型价值观的人群具有更强的抗压能力，因为他们通常对自己感知更加优越，进而能够积极地面对挫折和压力——尽管实际的情形比其感知的状态还要糟糕。[②] 但是，相反的观点认为，自我强化对主体是负面的影响。[③] 自我强化容易造成主体人格上的障碍，形成专业心理学家也难以调整的自恋倾向。[④] 因为长期处在憧憬不切实际的优越感中，一旦意识到现实的落差，主体的自尊将会遭受打击，幸福感降低。[⑤] 另外，自我强化也容易引导主体做一些轻率的冒险行为，而这些行为可能带来巨大的成本。[⑥]

持有自我强化型价值观的人往往容易获得糟糕的印象分。因为过于追

---

① Schwartz S. H. and G. Sagie, “Value Consensus and Importance—A Cross-National Study.” *Journal of Cross-Cultural Psychology* , Vol. 31, No. 4, 2000.

② Taylor, SE, JS Lerner, DK Sherman, RM Sage and NK McDowell, “Portrait of the Self-enhancer: Well Adjusted and Well Liked or Maladjusted and Friendless?” *Journal of Personality and Social Psychology*, Vol. 84, No. 1, 2003.

③ Robins RW and OP John, *The Quest for Self-insight: Theory and Research on Accuracy and Bias in Self-perception.* In R. Hogan, J. Johnson, S. Briggs (Eds.), Handbook of Personality Psychology, New York: Academic Press, 1997, pp. 649 – 679.

④ Robins RW and OP John, *The Quest for Self-insight: Theory and Research on Accuracy and Bias in Self-perception.* In R. Hogan, J. Johnson, S. Briggs (Eds.), Handbook of Personality Psychology, New York: Academic Press, 1997, pp. 649 – 679.

⑤ Zuckerman, M. and R. E. O'Loughlin, “Self-enhancement by Social Comparison: A Prospective Analysis”. *Personality and Social Psychology Bulletin* , Vol. 32, No. 6, 2006.

⑥ Baumeister RF, TF Heatherton and DM Tice, “When Ego Threats Lead to Self-regulation Failure: Negative Consequences of High Self-esteem.” *Journal of Personality and Social Psychology*, Vol. 64, No. 1, 1993.

求控制他人和资源，过强的权力需求，自我强化价值观主导的人群往往会面临他人的反感和负面情绪。经过一段时间的相处，同伴也会认为他们自负、防御和敌对。于是，人们要么孤立他们，要么嘲笑他们。因为自我强化型人群不愿意给别人让渡社会空间，也使得合作难以维系。① 还有的研究表明，如果一个人总是很在乎自己的公众形象，将更加容易导致疾病和伤害。②

除了微观层面的研究以外，施瓦茨等学者也在更加宏观的视野里研究自我强化和自我超越。他们发现，自我强化与一个社会的民主发展呈负相关且不利于价值共识。权力是自我强化的核心之一。在现代社会，权力价值观已经越来越被人们所抛弃，它的合理性正在逐步降低。③ 施瓦茨认为，权力价值观阻碍着民主化进程，表达了一种控制和主导他人和资源的动机，是对等级制权威的赞同。这些价值和民主意识形态的基本原则相冲突（比如，尊重个人、差异、人人平等），但却和极权意识形态及其维护系统相一致。自我强化价值的另一个核心是个人成就。成就价值观是不容易超越自我的，其追求社会优势的取向一般与民主无强关系，而如果过分追求个人成就（社会声望、物质财富），则容易产生负面效应。此外，也有研究表明，在公民社会中，如果 NGO 为自我强化价值观所主导，那么其容易形成消极的生态关系，最终对公民社会的发育产生负面影响。④

与此相反，普遍主义的价值观则有利于民主的发展。民主的发展强调独立思考和行为、欢迎变革、宽容、普遍的价值观。除此之外，施瓦茨和戈维亚研究了两种价值观下人们的环保行为，最后发现自我超越型价值观

① Thomsen, L., J. Sidanius and A. P. Fiske, "Interpersonal Leveling, Independence and Self-enhancement: A Comparison Between Denmark and The US, and A Relational Practice Framework for Cultural Psychology". *European Journal of Social Psychology*, Vol. 37, No. 3, 2007.

② Sedikides C., R. S. Horton and A. P. Gregg, "The Why's The Limit: Curtailing Self-enhancement with Explanatory Introspection". *Journal of Personality*, Vol. 75, No. 4, 2007.

③ Schwartz, S. H. and G. Sagie, "Value Consensus and Importance—A Cross-National Study". *Journal of Cross-Cultural Psychology*, Vol. 31, No. 4, 2000.

④ 赵小平、王乐实：《NGO 的生态关系研究：以自我提升型价值观为视角》，《社会学研究》2013 年第 1 期。

的人群积极地关注环保问题，而自我提升型价值观则相反。[①] 价值观与暴力行为关系的研究发现，权力价值观与青少年自我报告的暴力行为正相关，而普遍主义、遵从和安全这些价值观与暴力行为负相关。[②] 卡尔德多（Cardador）通过实证研究了人们的谈判行为后认为，自我超越比自我强化型价值观人群更有能力改善与谈判伙伴之间的关系，因为前者更容易表现出亲社会的态度和行为，进而有利于合作。[③] 此外，还有研究表明，自我超越型价值观有利于促进人群融合、种族超越、尊重他人，有助于减少民族同化主义、隔离主义和排他主义，有助于代际之间价值观的传递与稳定，而自我强化型价值观则相反。[④]

（二）非营利组织的生命周期模型

组织生命周期理论是研究组织的产生、成长、成熟与最终衰落过程的理论。葛瑞纳在"组织发展模型"中将企业生命周期划分为创业、聚合、规范化、成熟、再发展或衰退五个阶段，[⑤] 每个阶段都会出现相应的危机和需要应对的管理命题。在非营利领域，卡曼（Carman）、斯蒂文（Stevens）等学者也在构建 NGO 的生命周期上做出了有益的探索[⑥⑦]，后来，阿加德在前人研究基础上，构建由七个阶段组成的非营利组织生命周期模型（见图 9—1）。在该模型中，非营利组织的生命周期被分为孕育、初创、成长、成熟、衰退、重生、死亡七个阶段。

---

① Schultz P. W., V. V. Gouveia, L. D. Cameron, G. Tankha, P. Schmuck and M. Franek, "Values and Their Relationship to Environmental Concern and Conservation Behavior." *Journal of Cross-CulturalPsychology*, Vol. 36, No. 4, 2005.

② Knafo A., E. Daniel and M. Khoury-Kassabri, "The Values as Protective Factors Against Violent Behavior in Jewish and Arab High Schools in Irael". *Child Development*, Vol. 79, No. 3, 2008.

③ Cardador J M, "Self-transcendence Values, Initial Perceptions of Relationship Quality, and Reference Points in A DistRibutive Negotiation." *Dissertation Abstracts International*, Vol. 64, No. 9, 2003.

④ Sapienza, I., Z. Hichy, M. Guarnera and S. Di Nuovo, "Effects of Basic Human Values on Host Community Acculturation Orientations". *International Journal of Psychology*, Vol. 45, No. 4, 2010.

⑤ 徐操志、完颜绍华、许庆瑞：《组织创新的生命周期观》，《科研管理》2001 年第 6 期。

⑥ Carman, J. G. and R. Nesbit, "Founding New Nonprofit Organizations: Syndrome or Symptom?" *Nonprofit and Voluntary Sector Quarterly*, Vol. 42, No. 3, 2012.

⑦ Stevens S. K., Nonprofit Lifecycles: Stage-Based Wisdom for Nonprofit Capacity. Long Lake, MN: Stagewise Enterprises, 2001.

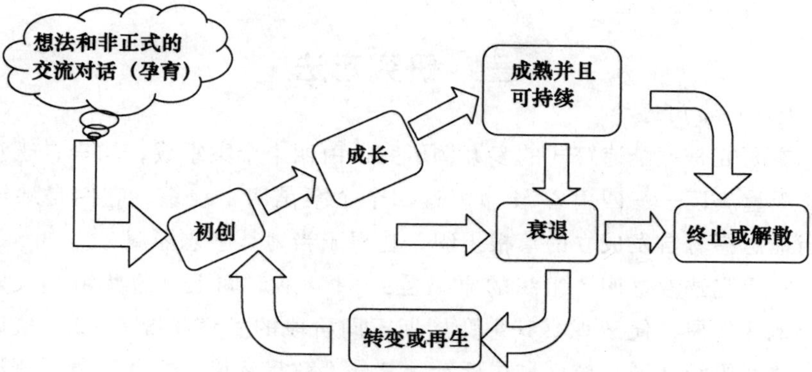

图9—1 非营利组织生命周期模型①

在本文中，我们并不研究NGO在整个周期所有阶段中的生命轨迹，而是重点关注其在“孕育”“初创”以及“成长”三个阶段的发展状况，其原因就在于，这三个阶段是组织发展最为关键的阶段，直接决定着其机构是否走向成熟或衰亡。

根据组织生命周期理论，每个阶段都有对应的挑战或者是需要决策层着力应对的议题。如果组织很好地回应了它们，那么就能够顺利过渡到下一个阶段，否则将面临发展的停滞，甚至衰亡。表9—1是对NGO在孕育、初创和成长阶段所需要重点应对之议题的描述。

表9—1 NGO在孕育、初创和成长阶段的重要议题②

发展阶段	需要应对之重要议题
孕育阶段	1. 将激情转化为行动；2. 获得启动阶段的支持；3. 进行有效的市场分析。
初创阶段	1. 维持激情不被磨灭；2. 保证服务的质量；3. 确定组织的业务边界。
成长阶段	1. 内部管理：决策层多元化与民主化、权力下放； 2. 外部关系：与重要利益相关方保持合作关系。

① Agard K. A., Leadership in Nonprofit Organizations: A Reference Handbook, SAGE Publications Incorporated, 2010, pp. 586 - 593.

② Ibid..

三　研究方法

（一）案例选择

本研究是一个追踪式的多案例研究，由四个个案组成，均来自于汶川地震极重灾区——四川省 M 市。这四个个案是四个组织，它们是地震后由当地志愿者自发成立的草根组织，扎根于当地从事志愿服务。

本研究选取这四个组织的原因是：（1）从时间上，这些组织长期在一个地区发展，便于观察其生命周期不同阶段的发育状况。（2）从地点上，这些组织在同一个区域内活动，其外部政策环境、文化背景、资源环境都较为类似，便于组织之间的比较。（3）它们涵盖了该地区所有长期开展灾后服务的本地草根组织类型。（4）各个组织发展状况不同，截至 2012 年年底，有的组织发展健康，有的却处于半休眠状态，还有的组织已经名存实亡。（5）从价值观上，这四个组织在自我强化和自我超越两种价值观上的侧重也较为明显，与研究理论框架的设计较为契合。

表 9—2　　案例基本情况介绍

名称	领域	成立时间	访谈人数	访谈次数	内部调查对象	外部调查对象
A 组织	便民利民服务	2008 年 8 月	12	15	领队、副领队、志愿者	其他草根领队、团委领导、资助方、受益人
B 组织	农民合作	2009 年 6 月	10	10	理事长（发起人）、外联部负责人	其他草根领队、团委领导、资助方、受益人
C 组织	助学	2008 年 9 月	12	15	领队、副领队、志愿者	其他草根领队、团委领导、资助方、受益人
D 组织	助老	2008 年 6 月	11	15	领队、副领队、志愿者	其他草根领队、团委领导、资助方、受益人

（二）数据搜集

本研究的调查工作从 2009 年 7 月开始，一直持续到 2012 年年底，持续跟踪了这 4 个组织从诞生到发展，再到成熟或者衰亡的全过程。

信息的充分与真实与否对于本研究而言尤为重要，因为研究材料中将涉及不同主体对自己以及相互之间的诸多敏感甚至负面的评价。翟学伟认为，中国人在人际交往中具有相当程度的敏感性，他们知道在什么场合对什么人做什么样的反应。一方面，由于社会赞许效应的影响，人们容易受到社会舆论态度倾向的左右，有意无意地给出更符合社会价值判断所需要的答案，进而较大地影响资料本身的真实性和准确性。另一方面，如果被研究对象发觉自己身处一个被他人研究的境地，即便是没有社会赞许的影响，那么他的表现也可能是不真实的。①

幸运的是，笔者及其研究团队所拥有的特殊条件为本研究的信息搜集提供了有力的保证。2009 年 6 月，笔者以某社工站志愿者的身份进入四川省 M 市开展灾后社区服务工作，同时也肩负着一个灾后公民社会发育课题的调研工作。在此过程中，笔者十分关注当地 NGO 的发育，除了定期和不定期的访谈、座谈和参与观察之外，还与他们共同开展服务活动。后来，随着交往的深入，一些值得研究的问题逐渐显现出来，于是更多的研究人员加入进来，组成一个 8 人团队，共同关注 M 地区公益组织的发展。随着交流的深入，研究团队的成员们与众多 NGO 领导人及其志愿者建立了良好的信任与珍贵的友谊，在欣赏他们促进当地公益事业发展的同时，也走进了 M 地区本土公益生态的深处，获悉了许多单凭几次访谈或者正式场合所无法获知的全面而鲜活的信息。

但是，需要指出的是，我们绝非为了完成本研究而刻意“打入”NGO 的内部，而是因为与之有了深度交往之后发现了一些重要的问题值得研究。在制订研究计划前，本研究征得了所有研究对象的同意，并对研究涉及的地名、机构名以及人名都做了匿名化处理。

四　案例展示

根据组织生命周期理论，组织从孕育、初创、成长到成熟，再到二次创新后的重生，每个阶段的过渡都像是一个“闯关”的过程。只有完成了各个阶段中应当解决的主要议题，组织才会向下一个阶段过渡，否则将容易陷入发展的停滞甚至走向衰亡。下面，本文就以 M 地区这四家草根组织为例，着重展示它们在孕育、初创、成长三个阶段的发展状况，进而比较在不同价值观下组织的生命轨迹。

---

① 翟学伟：《人情、面子与权力的再生产》，北京大学出版社 2005 年版，第 90 页。

（一）孕育阶段与初创阶段：行为特征及其结果的一致性

1. 孕育阶段

在孕育阶段，人们基于共同的兴趣爱好或者特殊事件所激发的激情，萌生了创建一个 NGO 的念头。在这个阶段，NGO 所面临的议题主要包括三个方面：一是将激情转化为行动；二是获得启动阶段的支持；三是完成市场分析。从已有的事实来看，本研究的四个组织都基本顺利地应对了上述三个议题而顺利过渡到初创阶段。

首先，汶川地震之后，巨大的社会需求对四川境内草根组织的诞生与发展起到了明显的推动作用。许多本地公众最开始是以志愿者的身份配合政府、军队以及外来公益组织参与紧急救援和临时安置活动。在此过程中，有的志愿者目睹弱势群体（如孤寡老人）的艰难处境后心生怜悯，“看见了，你就不能背过身去！”有的则在社会认可中获得了尊严和人生价值的实现，于是公益行动便一发不可停歇。正如 A 组织负责人老赵得意地说：“以前，人家都说我是一个不务正业的混混，不讲道理的酒鬼，都不太瞧得起我。但现在（参加了一系列志愿服务后），亲戚朋友都很敬佩我，说‘嘿，没想到你小子还这么有善心，做这么多好事。以前真是错看你了！’”此外，还有的志愿者是凭着一股创业的激情创办机构的，比如，B 组织负责人老钱在地震之前就一直希望建立一个类似于台湾农协的农民合作社，地震以后，大量资源的涌入正好为其提供了契机。

其次，这些组织在孕育阶段都获得了一系列的外界支持，主要包括以下几个方面：其一，震后大量救灾物资的进入，让这些积极的志愿者有了较长时间参与志愿服务的机会，这成为激发其公益热情的载体之一。其二，大量外来公益机构的进入，带来了 NGO 和志愿者管理的概念，正如 D 组织的负责人老李所言：“地震之前，我们哪里会知道什么 NGO 的概念？这都是外面的志愿者带过来的。我们原来只知道学雷锋做好人好事，想都没想过能自己成立一个团队，带着志愿者为社会服务。我以前连‘志愿者’都错写成了‘自愿者’的。”其三，在公益参与过程中，这些机构创始人所积累的社会网络也为组织的创立和发展储备了重要的资源。震后，大量志愿者、基金会、军人、干部、学者都进入灾区，他们中的一部分与草根组织的创始人结识并成为朋友。他们为这些组织在初创阶段的发展提供了宝贵的经费支持、法律咨询以及管理技术的指导。比如，B 组织和 D 组织，都得到过四川省社科院郭宏教授的指导；C 组织通过网络募集善款，在法律方面听取过一位专家的建议；而 C 组织和 D 组织之所以能够接受来自透明鱼基金的经费支持，也是源于临时安置时期一位北京志愿者的引荐。

最后，市场分析。在紧急救援和临时安置阶段，各个团队的创始人就已经在开始思考自己今后的服务内容定位了。B 组织的领导人一直对农村生计发展项目感兴趣，而且在地震之前就去过一些省外的合作社参观学习，所以他顺理成章地成立了以种养殖为主要项目的农村合作社。与此同时，C 组织负责人将自己的兴趣放在了失学青少年的救助上，D 组织则瞄准助老服务，A 组织的业务比较综合，以提供便民利民志愿服务为主。各个团队的业务定位，一方面是基于领导人个人的兴趣和优势，另一方面则是震后社会的需求。

2. 初创阶段

在过渡到初创阶段后，NGO 又将面临其他挑战，主要包括以下三个议题：一是服务质量保证；二是业务边界确立；三是激情维系。对于本研究的四家草根组织而言，它们以不同的方式、不同程度地完成了这三个议题的应对，进而为顺利过渡到成长阶段打下了较好的基础。

第一，服务质量保证。在创立初期，这些草根组织的服务相对比较简单，主要以物质帮扶和事务性工作为主，比如募资助学、为老人理发、打扫卫生等，只要志愿者有热情而又细心，质量一般都能得到保证。比如，C 组织在助学时，为了瞄准贫困学生，帮助真正有需要的人，志愿者要亲自下乡，完成“宣传、初筛、家访、校访、暗访”等多个环节，其工作的细致程度令网友赞叹。随着服务的深入，除了原有的工作外，志愿者逐渐开始关注受益群体的心理需求和人格培养。比如，C 组织在助学中加入了“阳光心灵”板块，以加强对贫困学生的感恩励志教育。在此过程中，草根组织得到了外界包括资金和技术的资源支持，进而使得服务质量能够得到保证。

第二，业务边界确立。除了 A 组织之外，在孕育期的基础上，各个草根组织又将业务范围作了重点安排，尤其关注让那些有迫切需求但却位于政府和社会的关注盲区的弱势群体。比如，D 组织将其服务的重点集中在了对农村孤寡贫困老人的帮扶上，C 组织则重点帮扶农村地区九年义务教育之外因贫辍学的青少年。

第三，激情维系。由于扎实的服务和外界的支持，草根组织的工作很快取得了成效，而受益对象福祉的改变成为维系甚至激发他们工作激情的最重要因素。除此之外，公益基金会提供的项目资金到位、不断有新的志愿者要求加入团队以及社会的好评，都成为草根组织在初创阶段激情维系的激励因素。

根据上文可见，在组织的孕育和初创阶段，虽然四个草根组织在价值观类型上可分为三种不同的类型，但是它们的行为及其结果却基本一致：在孕育阶段，它们都拥有公益参与的热情并行动起来，获得了外界的支持，并对市场进行了分析；在初创阶段，它们又成功地维系了激情，保证了服务质量，明确了组织的业务边界。这样一来，四家组织都成功地应对了孕育阶段和初创阶段的几个重要议题，进而顺利地过渡到了成长阶段。

（二）成长阶段：行为特征及其结果出现分野

根据组织生命周期理论，当NGO进入了成长阶段，无论是基于机构发展战略的制定、决策的科学化，还是筹资的需要，都需要逐渐改变初创阶段领导人权力集中的局面，而逐渐实现决策层的多元化和分散化。[①] 另一方面，机构成员，尤其是那些骨干成员，在为机构的发展不断做出重要贡献的同时，对自己在机构中的地位、参与决策的深度都逐渐有了更高的要求。在这种情形下，“决策层的调整”与“向下赋权”便成为机构必须完成的议题。此外，随着机构的发展，它对外部资源的数量和种类都表现出更大的需求，因而与其他利益相关者之间的互动会更加频繁，这些主体不仅包括政府、基金会，而且还有其他草根组织。因此，“外联系统的调整”也是这个阶段NGO需要完成的任务。

对于本研究的四个草根组织而言，它们在孕育和初创阶段，都成功地应对了挑战，实现了向生命周期更高一级的过渡，但是在成长阶段，却出现了十分明显的分别：只有D组织成功完成了三个议题，顺利地向成熟期过渡，而其他三个机构却因为组织内外同时存在的权力、地位和社会声望的争夺而陷入发展停滞或衰亡的境地。

1. 决策层的调整与向下赋权。进入成长阶段以后，D组织领导人老李发现一个“可喜”的现象：以前，志愿者们都是以服从他的决策为主，

① Agard K. A., Leadership in Nonprofit Organizations: A Reference Handbook, SAGE Publications Incorporated, 2010, pp. 586 - 593.

缺乏自己的想法，但后来却有所改变，不仅有人提出意见，而且还敢于对老李的决策提出质疑。比如，老李曾经一度想接管一个养老院，用志愿者自己的力量来经营管理，做一个民间志愿组织运作养老院的典范。但该想法遭到了一些志愿者骨干的当面质疑并提出了合理的理由。有的负责人可能会因为权威受到挑战而恼怒，但老李却很高兴，他认为这是组织的进步，并且主动去培养骨干志愿者的参与能力和决策能力，让大家逐渐接管机构的管理工作。到目前为止，D 组织已经形成了一个由核心志愿者组成的决策团队，通过民主协商的方式来决定机构的重大事项。当 D 组织逐渐脱离个人主导，真正成为“大家”的团队时，志愿者公益参与的热情被进一步释放出来。到 2012 年年底，他们已经为 M 地区 14 所养老院的 500 余位老人提供志愿服务，并且是长期坚持、个性化服务，每周都在进行。

由于成绩卓越，每年政府在志愿者或者社会组织评优中都忘不了 D 组织，尤其是团队领导人老李。但是，老李却并不“独享”荣誉，而是尽量将荣誉让给其他志愿者。之所以这样做，老李说：“荣誉这个东西有时候是好事，因为社会认可你、政府认可你，但有的时候又不是好事，因为容易引起一些争风吃醋的东西。我们参加志愿服务，为的是让老人过得更好，更幸福，而不是荣誉。如果因为荣誉而让人想歪了，影响内部团结，就不好了。所以，我尽量让大家都得到荣誉，这样既能感受社会的认可，又不至于因为贪图这个东西而迷失了目标。这是我经常在开会时跟大家表明的观点，大家都认可。”

然而其他三个组织却出现了截然相反的情形，主要表现在以下两个方面：

首先，因决策权的争夺而引发内部分裂。由于领导人坚持对决策权的控制，而其他成员又希望获得更多的决策权力，于是草根组织的内部不可避免地出现分裂。例如，B 组织在初创阶段，领导人老钱麾下聚集了几十个的“弟兄”（即当时追随老钱公益创业的热血青年），而到了发展阶段，最后只剩下了老钱一个“光杆司令”。问及原因，老钱不无感慨地谈道：“当时，我确实有些膨胀，我老是坚持自己的，不听他们（其他成员）的意见，自己想做什么就做什么，于是得罪了很多人，包括底下的一些兄弟，都得罪了一些，于是有人就看我不顺眼嘛！最开始，大家都憋着不说，但是后来还是翻脸打（吵）起来了。”正是因为老钱对决策权的控制，不愿意将权力下放给其他志愿者，于是引发了内部的分裂，最终几十个追随者都先后离开了他。类似的情况同样也发生在了A组织和C组织。

其次，社会声望资源的分配不公引发组织成员与领导人之间的紧张关系。随着初创阶段的努力，草根组织在服务社会弱势群体方面的社会成效逐渐引起了媒体的关注。由于每次媒体采访，机构的负责人总是站在聚光灯下，而在组织发展中同样也付出努力、做出贡献的其他成员却成了幕后英雄。对此，一些核心成员颇有微词。一种声音认为："凭什么我们就成了他（组织领导人）树碑立传的垫脚石？为什么媒体采访的都是他，而没有我们的份儿?"另一种声音从理性的角度，也对此提出了质疑："我们来参加服务，目的之一是帮助别人，之二是让自己开心。不应该被社会荣誉影响太大。虽然电视台宣传对组织的发展可能有好处，但是他（组织领导人）长期这样会让人觉得有些贪图名利。一个组织如果被这样的风气主导，那么我们留在这里也就没有什么意思了。"

2. 外联系统的调整。在对外关系方面，D组织与其他三家组织也有明显的不同，而最重要的体现就在于它们如何看待与处理与其他公益组织之间的关系上。在M地区，虽然本土公益机构不多，但它们之间的关系却十分微妙，笔者在这里用"唐吉珂德现象"来概括。唐吉珂德是塞万提斯笔下一位令人印象深刻的人物，为了体现自己作为骑士的价值，他以臆想的方式为自己"制造"了许多敌人，如风车之于危险巨人、羊群之于敌人军队。笔者从M地区草根组织负责人身上，也看到了一个个鲜活的"唐吉珂德"：每个人都将自己和自己的组织树立成正义光辉的形象，而将其他草根组织及其负责人贬低为"虚伪、懦弱或者野心勃勃"。比如，在其他组织负责人的评价中，C组织负责人是一个"自我表现欲望强烈、虚伪而又不自量力的人。他从来不参加实际服务，还利用志愿者服务的照片来为自己装点门面。"A组织负责人是一个"很着急地想证明自己能力，但是却又往往缺乏素质的'公益混混'，是一个人品很差，不讲信用的人。"而对B组织负责人，大家更是持一种不屑的态度，认为他是一个"起初野心勃勃、后来自我膨胀、最终四处碰壁并堕入低谷的失败者"。但是，与他评或评他相对照，自评结果却截然相反，每个人每个机构都认为自己才是社会公益的忠实参与者，慈善、正义的楷模。

在当地如此微妙的本土公益生态环境中，D组织的策略是尽量使自己不被卷入，保持一个独立正面的形象。但是，它却仍然不能幸免于难：

D组织及其负责人被同行评价为“政府的附庸，是一个喜欢作秀的人，还有些自以为是、自命清高。他们的主要工作是帮着政府搞搞形式主义的活动。”

根据上文的展示可以发现，在成长阶段，三类组织的行为特征开始出现差异：

自我超越主导型（以D组织为代表）组织，主动调整决策层，包括增加决策人的数量、提升决策者的能力；主动将权力下放，增加志愿者（尤其是核心志愿者）的责任感、价值实现感和归属感；领导人主动将社会声望（如荣誉）分散给其他成员，以保证公平、维护了内部团结；与外部系统尽量保持友好关系。最终，该组织顺利完成成长阶段的议题，继而进入了机构发展的成熟阶段。

而对自我强化主导型（以A组织和B组织为例）和混合型（以C组织为例）组织而言，其领导人控制机构决策权、垄断机构的权力和社会声望资源，继而引发了内部权力争夺的斗争。对外关系上，由于嫉妒、怨恨等情绪的影响，同行之间相互贬损而又抬高自己的现象普遍存在，草根组织之间陷入负面的生态关系中。最终，这些机构的元气大伤，不仅损害了内部信任，导致核心成员退出、业务数量急剧下降，也让外部关系恶化。在这种情形下，这三个草根组织都被迫处于半休眠状态，组织未能顺利进入成长阶段，而是走向衰落。

五 案例分析

根据上文的展示，同样一批草根组织，虽然价值观类型不尽相同，但是它们在孕育和初创阶段中的行为及其结果却趋于一致，然而在成长阶段却又出现明显分野——有的顺利走向成熟阶段，而有的却陷入衰退甚至消亡。

研究表明，对于为自我强化价值观所主导的个体，自我强化型资源的出现是激活其自我强化价值观、引发组织内外冲突的重要原因，[1] 在本文

---

① 赵小平、王乐实：《NGO的生态关系研究：以自我提升型价值观为视角》，《社会学研究》2013年第1期。

的案例中也是如此。当没有可供争夺的自我强化型资源时，组织往往可以顺利向前发展（比如，初创期和孕育期）；而一旦自我强化型资源被生产出来以后，不同主体之间便容易产生竞争的张力。自我强化型资源越多，主体自我强化型价值观得分越高，那么他们竞争以及由此引发的冲突程度就越激烈（比如，在生长阶段的情形）。

而当 NGO 为自我超越价值观主导的时候，自我强化型资源激发主体占有欲望的强烈程度远远低于自我强化价值观主导的情况。但是，由于每个主体都可能存在着自我强化价值观的成分，所以对自我超越价值观主导的 NGO 而言，也会尽量谨慎地淡化权力、地位、社会声望等自我强化型资源可能引发的诱惑。

由此可见，“主导 NGO 的价值观类型”“由自我强化型资源的争夺而引发冲突”是影响草根组织的生命轨迹在不同发展阶段出现趋同或分野的主要原因。

（一）不同阶段，组织目标实现路径出现差异

理论上讲，在自我强化和自我超越两种价值观下，人们公益参与的激励动机存在明显的差异：前者将公益参与（或帮助别人）视为一种工具，目的是获得更高的社会声望、地位和财富，证明自己比别人都更有成就；而后者则更多地将公益参与（或帮助别人）本身视为一种目的——改善弱势群体的福利水平、维护社会的公平正义。然而，虽然激励动机有差异，但是实现目标的方式却可能相同，即公益参与。如果说只有努力工作、提升服务质量才能赢得社会的赞誉，那么无论参与主体持有哪种价值观，在行为表现上都可能趋于一致，而从客观上讲，都能够造成受益对象福利改善的效果。这也是为什么在孕育和初创阶段，不同价值观类型的草根组织，其行为和行为结果都趋于一致的原因之一。

但是，当组织进入了成长阶段，无论是内部成员个人诉求还是组织自身的发展，都要求打破原有的权力格局，对权力（尤其是决策权）进行重新分配。此时，不同的价值观下，人的行为方式便开始出现差异，目标实现途径也由趋同走向分野：自我超越价值观下，NGO 领导人会主动满足其他成员发展的需求，并尽力避免因为资源争夺而造成组织使命的迷失，如 D 组织负责人正是如此做的。而自我强化价值观下，NGO 的领导人会认为其他成员的诉求是为了夺取机构的领导权，进而获取原本自己独享的社会声望。为了保护自己掌握的资源，领导人会奋起反击，于是将造

成组织内部的斗争与分裂。因此，在成长阶段，不同价值观下，人们实现目标的路径已经出现分野：一种走上民主决策、赋权增能的路径，另一种则陷入对垄断权力的保卫战之中。

（二）不同阶段，自我强化型资源存在状态的异同

自我强化型资源是导致 NGO 生态关系陷入消极局面的重要原因之一，但是，在组织生命周期的不同阶段，对自我强化型资源的争夺并非总是在发生，只有到了自我强化型资源被"生产"出来，并开始"分配"的时候，才可能出现上述的局面。

对那些为自我强化型价值观主导的 NGO 而言，组织发展的孕育和初创阶段是一个通过公益参与"生产"社会声望资源的"创业"阶段，如通过为弱势群体提供扎实的服务来换取社会的赞誉和亲友的仰慕。由于处于一个奋力"生产"的阶段，尚没有"产品"的出炉，也就谈不上分配，所以暂时不会因此而引发纷争。

孕育阶段中，NGO 需要应对的主要挑战或要解决的议题是：（1）如何将激情转化为行动；（2）如何获得启动阶段的支持；（3）能否进行有效的市场分析。创建一个公益组织，需要一些基本的条件支持，比如启动资金、合作伙伴、服务对象，这些条件的满足与价值观的类型并没有决定性的联系。而在初创阶段中，只要最原始的参加公益行为的动机存在，即便是自我强化，维持公益参与的激情也完全可能。对初创阶段的 NGO 而言，机构对业务的熟悉程度、人员数量和专业能力都较为有限，所以它们往往会从事一些专业性要求相对简单的服务项目。此外，对于自我强化型价值观下的 NGO 而言，为了最大限度地获取社会的赞许，它们也会将主要的精力投放在公众关注而又便于服务的项目上，例如资助失学儿童、探访震后残疾人等。所以，对自我强化型 NGO 而言，在专业性没有太大欠缺的情况下，都可以保证其项目的服务质量。

因此，在组织的孕育和初创阶段，为自我强化型价值观主导的 NGO，将在着力"生产"自我强化型资源上努力工作，进而有效地完成核心议题，最终顺利地进入成长阶段。

但是，一旦组织进入成长阶段，局面就大不相同了。经历了孕育阶段和初创阶段的努力，草根组织在公益服务中完成了令人欣赏的业绩，于是社会美誉便随即产生了。这种美誉不仅在受益人群的感激中出现，而且会通过各种渠道向外扩散，其中媒体的采访和报道、大众化的网络平台

(如 QQ 群)起到了非常重要的推动作用。除了有社会的赞誉,草根组织还可能受到政府的关注甚至是嘉奖。此时,自我强化型资源便被充分地“生产”了出来,并很快开始分配。在地位、声望等资源的诱惑下,自我强化型价值观主导的领导人当然希望垄断这一切,至少是大多数的资源。因为他们认为,自己是组织的领袖和灵魂,比任何人都更有资格享受社会的赞誉。

除了社会声望,NGO 也存在着组织内部的声望和地位等资源,同样可以引发人们的政治斗争。但是,在孕育阶段和初创阶段,组织负责人通常就是发起人,由于他们在资源投入、眼界或是资历上,都高出其他成员一大截,因而大有集传统权威、法理权威和自然权威为一体的情形。在此阶段,极少有其他成员认为自己有资格、有能力对机构领导人的权威地位提出挑战。

但是,当组织进入了成长阶段后,情况开始有了变化。第一,经过长期的接触,组织的其他成员对领导人的优缺点会有更加深入的了解,领导人也不再神秘,其权威性会逐渐降低;第二,经过不断的学习和发展,组织其他成员与领导人之间的差距会逐渐缩短,大家对机构的发展会逐渐产生独立的看法;第三,在加入公益组织以后,机构成员(尤其是核心成员)对机构的发展及其社会影响都做出了重要贡献,不再是领导人一人之功,所以大家有理由对自己的自主性和参与性提出更高的要求。在这种情形下,如果组织领导人持有较为明显的自我强化型价值观,那么势必会因为其他成员的诉求而紧张不已。于是,他们会设法进一步加强对自己机构的控制与统治,于是冲突便不可避免。这样的事件,在 A、B、C 组织中都有发生。

相反,在自我超越价值观主导的草根组织(如 D 组织)中,这些自我强化型资源不仅不被视为人人争夺的“稀缺资源”,反倒会引起人们的警觉:不能因为地位、声望等资源的争夺而扭曲了组织最原始的目标和使命。

(三)不同阶段,组织发展对权力分配的要求程度不同

根据组织生命周期理论,在不同的阶段,组织发展的需求是不同的。在孕育阶段和初创阶段,组织所需要解决的主要议题集中于公益服务层面,比如参与激情的激活与维系、服务质量的保障、服务市场的分析与定位等,基本不涉及组织内外的权力、利益分配。所以,无论是哪

一种价值观影响，草根组织内外因为利益分配而出现较大分歧和冲突的可能性都不大。在着力解决上述议题过程中，它们的行为模式及其结果大致相同。

但是，在成长阶段，组织需要经历一个专业化的过程，无论是公益理念还是服务能力，都需要有较大的提升。此时，单纯依赖领导人的智慧和能力，已经难以满足组织进一步发展的需求，所以吸纳更多人的智慧、进一步激发和释放内部成员的创造力和战斗力便成为组织在本阶段的重要目标。除了内部治理和管理的调整之外，由于机构在快速成长中对外界多种资源的依赖性增加，所以外部关系也需要做调整，至少需要和其他利益相关者进行接触。而在此阶段，在自我超越价值观的支配下，组织领导人会顺势对机构的治理、管理以及公共关系实施改革和建构，以提升组织发展的综合实力，更好地为组织使命服务。但是，如果草根组织领导人为自我强化型价值观主导，那么将会采取逆势而行的做法：进一步巩固独裁地位，而不是吸引能人进行民主化决策；进一步集中权力而不是下放权力；与其他公益组织争夺社会声望、社会地位、项目资金等资源，而不是采取欣赏与合作的态度。于是在成长阶段，便看到了不同类型价值观取向的草根组织，其行为和行为结果出现了较大的反差。

六 结论

在本文中，笔者通过价值观的理论视角，对 NGO 在生命周期中不同阶段的动机、行为及其效果进行了较为详细的分析，可以得出以下结论：

在组织的孕育与初创阶段，无论 NGO 为自我强化还是自我超越型价值观主导，其生命轨迹趋同：都可以顺利度过孕育与初创阶段并进入成长阶段。但是，在成长阶段，被不同价值观主导的 NGO，其生命轨迹出现分野：自我强化价值观主导的 NGO 容易遭遇内部管理的混乱和外部关系的恶化，继而走向停滞或衰亡；而自我超越价值观主导的 NGO 则能够有效应对内外挑战，顺利过渡到成熟阶段。

对于 NGO 领域的发展而言，上述结论无论是在理论还是现实中，均具有一定的积极意义。已有的研究表明，在自我强化与自我超越这两种不同的价值观下，NGO 的生态关系及其对公民社会的作用效果存在明显的差异①，而本研究则更进一步，以组织生命周期理论为基础，在细致研究了不同类型 NGO 的生命轨迹之后，发现分别为自我强化和自我超越两种价值观主导的 NGO，它们的发展归宿是截然不同的，而且其生命轨迹的分野就出现在成长阶段，而不是孕育或初创时期。

① 赵小平、王乐实：《NGO 的生态关系研究：以自我提升型价值观为视角》，《社会学研究》2013 年第 1 期。

NGO的生态关系研究

——自我提升型价值观主导下的情形

赵小平　王乐实[①]

一　问题的提出

自20世纪末以来，公民社会的概念在全球范围内复苏[②]，越来越多的人将公民社会视为当代社会发展的理想方向。[③] 正如美国学者塞利格曼（Adam N. Seligman）的观点，人们认为公民社会是一种在理念、价值与信仰层面上的综合，为人类共同体成员提供了一幅美好生活画卷。[④]

作为公民社会的核心组分，NGO历来被认为是促进公民社会发育的积极力量[⑤]，而其中的重要原因便是它们秉承着公民社会的核心价值理念，并将其付诸社会服务的具体实践当中。对于这些理念，我们可以用与之高度契合的自我超越型价值观来表达：一是普遍主义，即指为了所有人类和自然的福祉而理解、欣赏、忍耐、保护。例如：社会公正、心胸开阔、世界和平、智慧、美好的世界、与自然和谐一体、保护环境、公平；二是慈善，即指维护和提高那些自己熟识的人们的福利，如帮助、原谅、

---

① 王乐实，北京师范大学社会发展与公共政策学院硕士，中国科技馆基金会工作人员。

② 甘绍平：《迈进公民社会的应用伦理学》，叶敬德主编《中国应用伦理学》，中央编译出版社2004年版。

③ 高丙中：《社团合作与中国公民社会的有机团结》，《中国社会科学》2006年第3期。

④ 周国文：《公民社会概念的溯源及研究述评》，《哲学动态》2006年第3期。

⑤ 陈福平：《市场中的“弱参与”：一个公民社会的考察路径》，《社会学研究》2009年第3期。

忠诚、诚实、真诚的友谊。[①]

但是，根据价值观理论，另一种名为“自我提升”的价值观类型刚好与“自我超越”相对，其含义有二：一是热衷于追求个人的社会地位、权力、社会声望，偏好于对他人以及资源的控制和统治；二是指根据社会的标准、他人评价的高低，以及竞争的方式来判断和获取成功。例如，比别人更强、更有能力、更有抱负和影响力等。[②] 研究表明，持有自我提升型价值观的个体，容易与其他个体因争夺资源而发生冲突，其控制他人的交往方式也会令对方极为反感。[③] 此外，自我提升型价值观还与人们的民主意识、社会融合、价值共识等呈显著的负相关关系。[④]

于是就出现两种价值类型，在两种情形下，NPO 的表现也不同。其中一种接近于公民社会的情形，而另一种则与之不同，甚至会导致公民社会的扭曲。所以，虽然同为 NGO，但是其公民社会的含义却有明显差异。

在传统价值取向依然发挥重要作用的情形下，通过价值观的视角研究中国公民社会的发育具有重要意义。诸多研究中国人文化性格和价值取向的文献表明，中国社会历来重视伦理等级和权威控制[⑤][⑥]，而相对于西方而言，中国人更加容易受到社会中他人评价的影响，[⑦] 缺乏相对独立的人格，缺乏普遍主义的信任[⑧]，偏好于将世俗名望作为自己的价值实现指标。[⑨] 在现代工商经济模式下，功利性价值观念在人们的心理世界中得以

---

① Schwartz S. H. and G. Sagie, “Value Consensus and Importance—A Cross-National Study”. *Journal of Cross-Cultural Psychology*, Vol. 31, No. 4, 2000.

② Ibid. .

③ Cardador J. M. , “Self-transcendence Values, Initial Perceptions of RelationShip Quality, and Reference Points in A Distributive Negotiation” . *Dissertation Abstracts International*, Vol. 64, No. 9, 2003.

④ Schwartz S. H. and G. Sagie, “Value Consensus and Importance—A Cross-National Study”. *Journal of Cross-Cultural Psychology*, Vol. 31, No. 4, 2000.

⑤ 翟学伟：《人情、面子与权力的再生产》，北京大学出版社 2005 年版，第 90 页。

⑥ ［美］阿瑟·亨德森·史密斯：《中国人的人性》，姚锦荣译，中国和平出版社 2006 年版，第 16—21 页。

⑦ 金盛华、辛志勇：《中国人价值观研究的现状及发展趋势》，《北京师范大学学报》（社会科学版）2003 年第 3 期。

⑧ 翟学伟：《人情、面子与权力的再生产》，北京大学出版社 2005 年版，第 130 页。

⑨ 金盛华、辛志勇：《中国人价值观研究的现状及发展趋势》，《北京师范大学学报》（社会科学版）2003 年第 3 期。

增长，并加强了对金钱、权力与社会地位的重视，而这种变化在青年中又表现得相对明显。[①] 这些特征恰好与自我提升型价值观相呼应。于是我们有理由推测，在中国公益领域中，也将不乏存在持有此种价值观类型的机构。

据民政部统计，截至2010年年底，在中国官方登记注册的社会组织为44.6万，比上年增长3.5%[②]，而其近5年的平均年增长率达8%，总体上呈现平稳较快增长的趋势。如果再加上那些未注册成功的草根组织，情况似乎将更为乐观：中国NGO的总数通常被估计为官方登记数的10倍，即已超过400多万。[③] 对于如此巨大规模且增长迅速的NGO群体而言，人们往往在其推动中国公民社会发育上寄予了较为乐观的期待，但是事实上却可能出现多种效果。因此，研究不同类别的NGO对于我国公民社会发育的真实作用是一个紧迫而重要的研究话题。

本文将以四川省M地区的四个草根组织组建的爱心联盟为例，通过对联盟成员之间的互动行为和生态关系特征进行描述与分析，展示自我提升型价值观主导下的NGO对当地公民社会发育的真实作用。

二　文献回顾与分析框架

作为公民社会的核心组分，NGO对公民社会发育的积极作用已经为诸多研究所证实。通过NGO，人们可以增进彼此的联系与沟通，维护自己的利益并向决策部门表达诉求；协调成员之间的矛盾，建立人与人间的诚信与互助；为社会提供各种服务，帮助人们获得展现自我的众多机会；实现成员行为的自律；可以培养人们对社会事务的关心，增强社会责任感[④]；还可以帮助人们实现不同范围和程度的政治参与，培养人们的民主

① 黄希庭、窦刚、郑涌：《当代大学生价值观的离散选择模型分析》，《心理科学》2008年第3期。

② 中华人民共和国民政部：《2010年社会服务发展统计报告》，2011年6月，中央人民政府网 http：//www. gov. cn/gzdt/2011 -06/16/content_ 1885931. htm。

③ 俞可平：《中国公民社会研究的若干问题》，《中共中央党校学报》2007年第6期。

④ 赵荣、卢玮静、陶传进、赵小平：《从政府公益到社会化公益》，社会科学文献出版社2011年版，第25页。

能力。①

事实上，诸多学者在归总 NGO 对公民社会的积极作用之前，已经有了一个前提假设：NGO 所秉承的价值理念与公民社会的核心价值是一致的。已有研究表明，“社会公正公平、参与、尊重、自治、自愿、多元主义、民主以及慈善主义”等价值是 NGO 价值观的核心要素。②③④⑤ 而关于公民社会核心价值理念，我们可以从人们对公民精神的研究中找到内涵。希尔斯将公民精神作为公民社会最核心的成分，他认为公民社会就是社会成员之间的行为体现公民精神的社会。⑥ 公民精神可分为“礼貌、非暴力、宽容心、同情心、自愿精神、互相尊重、共同体意识”七项要素，它是个人之间以共同体意识为前提的互相善待。⑦

但是，并没有理论明确地指出 NGO 所持有的价值观就一定与公民社会的核心价值是一致的。如果它们被一种与公民社会核心价值完全相对的价值观如自我提升价值观所主导，那么其对公民社会发育的真实作用便值得斟酌。

根据价值观理论，如果一个主体为自我提升型价值观所主导，它将热衷于对权力地位、社会声望、物质财富的追逐与控制。竞争过程根深蒂固地植入了自我提升型价值的内核，他们对自己价值的全面确认来自于在比较中感知自己（或自己所在的小利益集团）比其他人（或小利益集团）更加优秀。⑧

研究表明，自我提升型价值观有利有弊。从短期来讲，它可以使人具有更强的抗压能力，因为人们会对自己感知更加优越，进而积极地面对挫

① 李景鹏：《中国公民社会成长中的若干问题》，《社会科学》2012 年第 1 期。

② 同上。

③ 贾西津：《NGO：国际视野与中国发展》，《当代世界》2010 年第 6 期。

④ Pramod D. S., S. Vaishali and R. Nirmalkumar, “Improving QOL in Breast Cancer Patients in Resource Poor Developing Nations: Supportive Care Efforts by an Non-Governmental Organization NGO”. *Ejc Supplements*, Vol. 6, No. 7, 2008.

⑤ Strier K. B., “Long-Term Field Studies: Positive Impacts and Unintended Consequences”. *AmericanJournal of Primatology*, Vol. 72, No. 9, 2010.

⑥ Shils E., The Virtue of Civility: Selected Essays on Liberalism, Tradition, and Civil Society, Indianapolis: Liberty Fund, 1997, p. 134.

⑦ 高丙中：《中国公民社会发展蓝皮书》，北京大学出版社 2008 年版，第 14 页。

⑧ Schwartz S. H., “Universals in the Content and Structure of Values: Theoretical Advances and Empirical Tests in 20 Countries”. *Advances in Experimental Social Psychology*, Vol. 25. No. 1, 1992.

折和压力，于是有利于心理健康——虽然实际的情形比其感知的状态糟糕得多。① 同时，持有自我提升价值观的人们也更有能力调整自己、适应社会。② 但是，相反的观点认为，自我提升对主体的消极影响绝对大于积极的方面③，从短期上看也许有好处，但从长期来看，其负面作用相当明显（详见表 10—1）。自我提升型价值观的主体往往容易获得糟糕的印象分。因为过于追求控制他人和资源，有过强的权力需求，自我提升型价值观主导的人群往往会面临他人的反感和负面情绪。经过一段时间的相处，同伴也会认为他们自负、防御和敌对。④ 于是，人们要么孤立他们，要么嘲笑他们。因为自我提升型人群不愿意给别人让渡社会空间，也使得合作难以维系。⑤ 另外，自我提升也容易引导主体做一些轻率的冒险行为，而这些行为却可能带来巨大的成本。⑥

除了微观个体层面，施瓦茨等学者也在更加宏观的视野里对自我提升进行了研究。他们发现，自我提升与一个社会的民主发展呈负相关且不利于价值共识的形成。权力是自我提升的核心之一，但是现在社会里，权力价值观已经越来越被人们所抛弃，它的合理性正在逐步降低。成就价值观追求社会优势，一般与民主没有强的关系，但是如果追求个人成就（社会声望、物质财富）过头，则容易产生负面效应。成就价值观是不容易

---

① Taylor S. E., J. S. Lerner, D. K. Sherman, R. M. Sage and N. K. McDowell, "Portrait of the Self-enhancer: Well Adjusted and Well Liked or Maladjusted and Friendless?" *Journal of Personality and Social Psychology*, Vol. 84, No. 1, 2003.

② Donnellan M. B., K. H. Trzesniewski, R. W. Robins, T. E. Moffitt and A. Caspi, "Low Self-esteem is Related to Aggression, Antisocial Behavior, and Delinquency". *Psychological Science*, Vol. 16, No. 4, 2005.

③ Colvin C. R., J. Block and D. C. Funder, "Overly Positive Self-evaluations and Personality: Negative Implications for Mental Health". *Journal of Personality and Social Psychology*, Vol. 68, No. 6, 1995.

④ Robins R. W. and O. P. John, The Quest for Self-insight: Theory and Research on Accuracy and Bias in Self-perception. in R. Hogan, J. Johnson, S. Briggs Eds., Handbook of personality psychology, New York: Academic Press, 1997, pp. 649 – 679.

⑤ Thomsen L., J. Sidanius and A. P. Fiske, "Interpersonal Leveling, Independence, and Self-enhancement: A Comparison between Denmark and the US, and A Relational Practice Framework for Cultural Psychology". *European Journal of Social Psychology*, Vol. 37, No. 3, 2007.

⑥ Baumeister R. F., T. F. Heatherton and D. M. Tice, "When Ego Threats Lead To Self-regulation Failure: Negative Consequences of High Self-esteem". *Journal of Personality and Social Psychology*, Vol. 64, No. 1, 1993.

超越自我的，其核心是个人的成就。施瓦茨认为，权力价值观阻碍着民主化进程，表达了一种控制和主导他人和资源的动机，是对等级制权威的赞同。这些价值和民主意识形态的基本原则相冲突（比如，尊重个人、变化、人人平等），但却和集权意识形态及其维护系统相一致。①

表 10—1　　自我提升价值观类型的研究梳理

研究内容	与自我提升的关系
环保意识和行为	负相关
与谈判伙伴关系质量	负相关
与同伴关系	负相关
人格	导致其受伤害和变异
给他人的社会空间	负相关
个体人格、心理健康、幸福	负相关多于正相关
合作倾向	负相关
社会融合、人群融合、种族超越、尊重个人主义；减少民族同化主义、隔离主义和排他主义	负相关
价值共识社会整合	负相关
民主发展	负相关
代际价值观传递	正相关
暴力行为	正相关

在本研究中，组织生态学是一个重要的观察视角。在组织生态学中，组织生态关系是重要的研究方面，其含义包括组织之间的关系以及相互的影响和作用。它的基本假设是，分享相同资源的组织之间会因为争夺资源而相互竞争，这样的竞争直接影响到组织的生存与发展，而资源互补型组织则可能表现出合作共生的状态。通常来讲，组织之间生态关系可以表达为表 10—2 的形式。②

① Schwartz S. H. and G. Sagie，"Value Consensus and Importance—A Cross-National Study". *Journal of Cross-Cultural Psychology*，Vol. 31，No. 4，2000.

② 张白玉、孙启明：《创意企业组织生态关系模型》，《北京邮电大学学报》2010 年第 2 期。

表 10—2　　组织间生态关系表现形式

关系类型	组织甲	组织乙	关系特点
竞争	-	-	彼此相互制约
兼并（捕食）	+	-	甲兼并（或吞掉）乙
寄生	+	-	对甲有利，对乙不利
中性	0	0	没有关系
共生	+	+	互利，离开彼此不能生存
互惠	+	+	互利，离开彼此能生存
偏利	+	0	对甲有利，对乙没影响
偏害	-	0	对甲不利，对乙没影响

但是，为了更符合事实，笔者对表 10—2 中的关系类型做了一些修改（见表 10—3）。首先，竞争关系在生物界中表现为一种对双方均有害的关系，其主要依据是对稀缺资源的争夺。但是，在人类社会中，人和动物已经有了很大的区别，即便是从主观意愿来评价，竞争关系也未必是对双方都有害的行为。比如，当竞争双方在遵循一些重要的道德准则后，以提高双方的能力、促进行业进化为目标的竞争则可以被视为“互惠”行为，许多体育竞技、同行切磋就是如此。所以，在这里将竞争关系改为“互害”关系更为准确。

表 10—3　　修正后的组织间生态关系表现形式

关系类型	组织甲	组织乙	关系特点
互害	-	-	对双方均不利
兼并	+	-	甲兼并乙
寄生	+	-	对甲有利，对乙不利
中性	0	0	没有关系
共生	+	+	互相依存
互惠	+	+	互相有利
偏利	+	0	对甲有利，对乙没影响
偏害	-	0	对甲不利，对乙没影响

根据价值观理论，如果两个 NGO 均为自我提升型价值观所主导，那

么互动双方便极可能因资源争夺而引发冲突。由于每个主体都希望控制对方，并“凌驾”之上，所以将很难形成一种互惠合作的友好氛围，而是呈现诸如“寄生、偏害、互害、兼并以及偏利”的对一方或者双方均有害处的生态关系，我们将其统称为“消极型生态关系”。

对公民社会的健康发展而言，以互惠、共生为特征的积极型生态关系应该成为主导。虽然在公民社会中的NGO也需要竞争，但是绝不是以控制资源、主宰他人为特征的恶性行为。因此，在自我提升型价值观主导下，NGO之间将容易形成消极型生态关系，而无论哪种类型的出现，都可能导致当地公民社会发育的扭曲（见图10—1）。

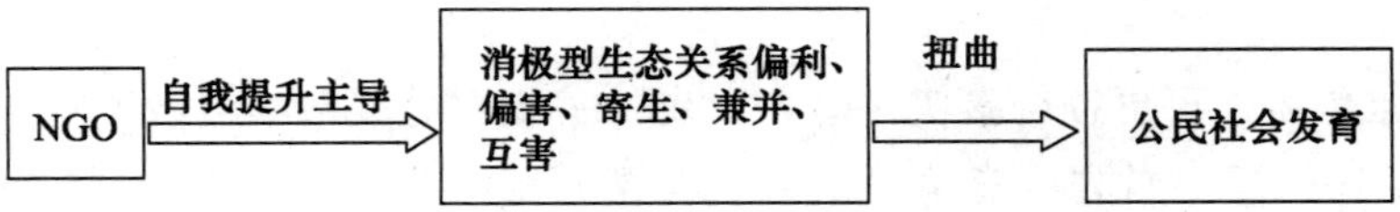

图10—1　自我提升型价值观主导下NGO的生态关系及其对公民社会的作用

三　案例展示：草根联盟的聚散与组织间生态关系的演化

本研究的案例是位于四川省M市的一个草根组织联合体——“M地区爱心联盟”（后简称“爱心联盟”）。M市是四川省的一个县级市，2008年汶川地震以来，先后有30多家省内外公益机构参与当地的灾后重建，其中有四家是由本地志愿者自发成立的草根组织，“爱心联盟”正是由这四家组成（后文用草根A、B、C、D分别代指）。作为一个NGO联合体，“爱心联盟”初衷是为了增进本土草根之间的长期合作，但却在成立了不到一个月、经历了一次集体行动后便宣告解体。这四家草根组织的生态关系由此经历了从最开始“中性”走向“互惠”，随即又落入“寄生”，最终陷入了集体“互害”的关系困局。这是一个不断演进的动态过程，而在此互动之中，草根组织的行为特征、组织间关系的演化以及对当地公民社会发育的影响便成为本文着力描述和分析的重点。

资料搜集是本研究在方法上面临的巨大挑战，因为研究过程将涉及不同主体对自己以及相互之间诸多敏感甚至负面的评价。翟学伟认为，中国人在人际交往中具有相当程度的敏感性，他们知道在什么场合对什么人做什么样的反应。一方面，由于社会赞许效应的影响，人们容易受到社会舆论之态度倾向的左右，有意无意地给出更符合社会价值判断所需要的答案，进而较大地影响资料本身的真实性和准确性[①]。这是实证研究中一个很重要的方法论问题[②]；另一方面，如果被研究对象发觉自己身处一个被他人研究的境地，即便是没有社会赞许的影响，那么他的表现也可能是不真实的。因此，要想得到令人信服的结果，单凭几次访谈是不够的，需要长期的参与观察和多维度的验证。

自 2009 年 6 月，笔者以志愿者身份进入 M 地区参与灾后重建，历时两年，而后继续同四家草根组织保持联系。在这两年中，我们一直关注 M 地区草根公益的发展，与本土诸多机构（包括草根组织）建立了良好的信任关系。通过长期的参与观察与各种正式与非正式的访谈，我们这里汇集了当地最为丰富且全面的公益讯息。但需要指出的是，我们绝非为了完成本研究而刻意“打入”草根内部，而是因为与之有了深度交往之后发现了一些重要的问题值得研究。在制定研究计划前，本研究征得了所有草根组织的同意，而对研究涉及地名、机构名以及人名都做了匿名化处理。

下面就草根联盟的聚散与组织间生态关系的演化进行讨论。

（一）联盟成立的缘起：从“中性”走向“互惠合作”的需求

2009 年 11 月，北京某高校在 M 地区召开了一次小型研讨会，邀请了该地区的四家草根组织参加会议。在此之前，虽然这四家组织在 2008 年 5 月便各自开展活动，也都粗略地听说过对方的存在，但却从未在一起有过聚会交流，更谈不上在公益活动中的合作，本次会议使大家聚到一起。会上，每个机构的负责人逐一介绍了本机构发起的原因和活动内容，分享了自己作为志愿者自汶川地震以来所经历的感人事迹和现实困惑。整个讨论过程持续了近 4 个小时，气氛既热烈又愉快，让在座的所有参会者都既兴奋又感动。

会议即将结束时，参会的草根组织不约而同地表示有很大的收获：其一是情感上得到了支持和共鸣。因为灾后社会需求巨大，M 地区的草根组织负责人都投入了较大的时间、精力为弱势群体服务。为了帮助贫困家

① 翟学伟：《人情、面子与权力的再生产》，北京大学出版社 2005 年版，第 90 页。

② 赵志裕、邹智敏、林升栋：《文化与社会赞许反应：社会个人互动的观点》，《心理学报》2010 年第 1 期。

庭及时得到援助，他们很多人牺牲了自己陪护家人的时间或外出挣钱的机会。这样的做法让亲人和朋友很不理解，被人们称为“瓜娃子行为”[①]。因而，在帮助他人的过程中，志愿者自己在情感上往往是孤独的。而在本次会议中，几位草根组织负责人互诉衷肠，充分发泄了内心的郁闷并引起共鸣，精神压力得到较大缓解。其二，通过交流，各个组织也了解了彼此的业务范围、专业特长以及资源分布，为今后的资源共享与互利合作打下了基础。最后，四家本土草根组织达成了一个共识，即建立一个可供大家长期交流的互利合作平台，让本土机构之间的互动可以延续下去。

今天的交流很成功，我们（草根组织）很少能像现在坐在这里一起探讨。比如在这个过程（志愿服务）中，我们有什么怨言、抱怨，都不可能给其他人说的，为什么呢？因为别人不理解呀！……志愿者的交流是一个宣泄过程、一个心理辅导的过程……我们自己现在最需要的是大家经常性的聚一下，聚一下我们能知道一些事情，这样我们大家心里面会有一个底，我们就能够排斥阻力，这是最好的！（草根组织负责人的总结发言）

事情发展至此，人们没有理由不对当地草根热情洋溢的合作意愿感到高兴，为当地公民社会的进一步发展报以乐观的预期。在会议中，各个组织结成了初步的信任与友好，并愿意为共同的利益而采取集体行动。可以看到，就组织间的生态关系而言，草根组织在此阶段已经开始由之前互不往来的“中性”关系逐渐向“互惠合作”的局面迈进。

（二）联盟的筹建过程：从“互惠”走向“寄生”型生态关系

第一次聚会以后，筹建交流平台的工作很快便开展起来。草根 A 是本地四家草根组织中筹办平台最为积极的一位。2009 年 12 月 5 日，草根 A 召集本地草根组织，共同发起成立了“M 地区爱心联盟”。第一，联盟构建了由理事会和秘书处组成的两级架构，理事会负责重大问题的决策，秘书处负责执行和落实理事会的决议。第二，设立了联盟会长、副会长、联盟秘书长、干事等职位，完成了人事任免。草根 A 负责人老 J 成为联盟会长，负责组织联盟会议的召开，并总体协调各项重要事务；草根 B、C、D 负责人分别成为联盟副会长，负责与会长一起共同商讨重大事宜；联盟秘书处设在草根 A 处。经过会长的极力推荐，秘书长一职由草根 A 的核

① “瓜娃子”是四川方言，“傻”的同义词。

心成员老 Y 担任；秘书处干事则由四个草根组织的其他志愿者构成。

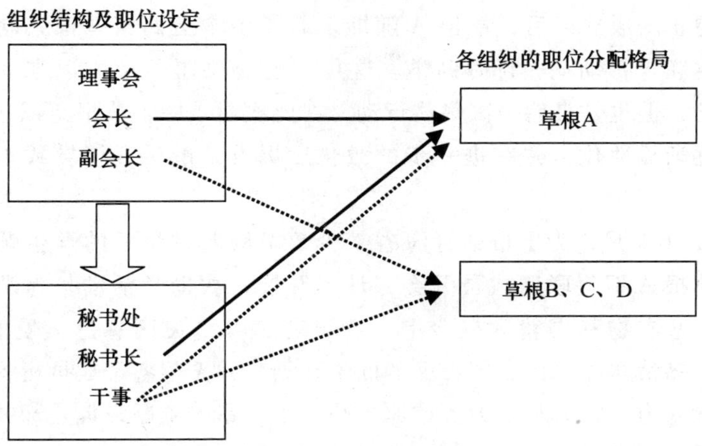

图 10—2　联盟组织结构、职位设定及分配格局

一般来讲，新组织设计内部的治理结构是一件很正常的事情，但目前的组织结构、职位设定及分配格局（见图 10—2）并不令所有成员满意，而最为突出的矛盾就集中在会长和秘书长两个职位的人选上。其实，四个机构的负责人都希望自己能成为联盟的“最高领导”、成为 M 地区公益机构的统一“代言人”，所以每家机构不愿意看到会长一职旁落他者。但当时，对任何一个主体而言，谁都没有明显“高人一筹”的权威来支撑其获得会长职位的合法性，所以也就按照一种自然的习惯，让主动发起第一次会员大会的草根 A 负责人担任会长一职。此时，虽然其他机构成员心生不满，却也无可奈何。此外，联盟内部的第二个矛盾来自于秘书长人选的任命。会长老 J 在会上力荐草根 A 的核心成员老 Y 担任秘书长一职，负责秘书处的“领导”工作。在其他机构看来，联盟两个层级的主要领导职位都落入了草根 A 的囊中，明显表达了草根 A 期望控制联盟的意图，这对其他团队来讲太不公平。但是，因为当时没有直接的证据，同时也碍于“情面”，其他团队负责人并没有将心中的不满公开表达。

故事发展到此，构建互利交流平台的初衷似乎已经开始偏离预期，组织之间的关系（尤其是草根 A 同其他机构）也开始发生微妙的变化。草根 A 获得了暂时的益处，但是却让其他机构感到损害，于是就组织间生态关系的类型而言，“寄生”已经开始替代“互惠”，并逐渐成为主导的类型。

（三）第一次集体行动与联盟解体：从“寄生”走向“互害”困局

联盟正式成立以后，草根 A 随即发起了由本土四家草根共同组织的一次公益联合行动——青海助学。这是“爱心联盟”成立以来的第一次集体行动，但也是最后一次集体行动。在此次活动中，草根组织之间的矛盾斗争逐渐显性化，并在进一步的激化后爆发，最后直接导致了联盟的解体。

2011 年 1 月，为了帮助青海省某少数民族乡村小学的学生顺利度过寒冬，草根 A 召集联盟成员开会，计划开展一次助学活动，为学校的孩子募集一些衣物和书籍。在会上，会长老 J 以“灾区感恩，爱的传递”为主题，热情洋溢地提出了自己的助学计划，并希望各个成员机构为此次活动贡献人力、物力和财力。这原本是一个不错的主题，但是却并没有得到大家的积极回应，有的甚至对会长的言行直接表示质疑。

草根 B 负责人认为，草根 A 负责人作为会长，只根据本机构的业务（助学）来设计活动，并没有考虑其他机构对公益话题的兴趣；另外，草根 A 在没有与其他成员进行充分沟通的前提下，就拍板决策并进行各项工作的分配，这种强势的做法是对其他机构的极不尊重。此外，对于 M 地区的草根组织而言，由于缺乏较好的资助环境，无论是人力、物力还是财力都是非常宝贵的组织资源。而在本次活动中，草根 A 不仅需要各个机构动员志愿者开展募捐、贡献出自己的物资储备（如震后接受外界捐赠的图书），还要花钱清洗、消毒和运输衣物……这让在活动经费上原本就“捉襟见肘”的本地草根更是“雪上加霜”。草根 B 认为草根 A 的目的是免费利用其他机构的资源达成自己的目标，是一种不负责任的行为。会上，草根 B 和草根 A 发生了激烈的争执，最终草根 B 宣布退出联盟，不再参与联盟的任何事务。

尽管草根 B 退出，但是青海的助学活动还是照常进行了。但没有想到的是，在活动的执行过程中，草根 A 和草根 C、D 之间又因为对外宣传和媒体采访而发生冲突。在访谈中，其他两个草根组织负责人都认为，在此次助学活动中，“爱心联盟”无论是从标语、服装还是网上信息上，都刻意突出了草根 A 的形象，却忽略了对其他机构的关照，于是其他机构便有了强烈的被人利用的感觉。

C 组织负责人说：“当时我就暗下决定，再也不参加联盟的活动了！

宣传中，他们（草根 A）过于突出自己了。尤其是记者采访的时候！你说他们如果这样的话，其他团队的人都怎么想？你让大家给你做出名的免费嫁衣，合适么？社会上都以为是你一家做的工作，我们的成绩又体现在哪里呢?”

于是，当第一次集体行动落下帷幕，由四家机构组成的联合体中有三家宣告退出，而所谓的“M 地区爱心联盟”也宣告解体。可以看到，在此过程中，原本为了互利合作而搭建的交流平台逐渐变成了各个机构利益争夺的场域，最终出现了瓦解的结果——这不仅让草根组织互利合作的需求无法满足，而且增加了彼此之间的质疑和隔阂。这种对任何一方都有害无利的局面，我们可以用“互害”型生态关系来概括。

（四）联盟解体后的“污名化”现象：集体“互害”格局的加剧

联盟的解体并没有终止本土草根组织之间生态关系的进一步恶化。虽然和联盟成立之前的情形一致，各个机构“老死不相往来”，但是却出现了一系列相互“污名化”的现象。由于在联盟运作过程中发生了冲突，草根之间（尤其是其他机构与草根 A 之间）逐渐产生了怨恨的情绪，而且组织之间的矛盾亦逐渐演变为机构领导人之间的私人恩怨。在此背景下，各个组织之间逐渐出现了一些“不符实际”的“污名化”行为，而由此造成的流言亦蔓延开来，比如：草根 B 是一个拥有数十名志愿者的队伍，主要业务是助老服务，同时也参与政府的一些志愿活动，团队的负责人老 L 是一个餐馆老板。在本地草根的公益“圈”里有这么一个传言：草根 B 是一个典型的政府附庸，以形式主义捞取社会声望，而其负责人老 L 是一个追名逐利的小人，他以志愿服务为幌子带着志愿者到自己的餐馆吃饭，从中赚取利润。而事实上，我们经过长期观察和多方打探所获知的真相，与草根之间的“传言”完全相反。草根 B 与政府的关系融洽是事实，但却不是通过“献媚”或“无原则妥协”取得，而是其务实、低调的品质让政府乐于与之合作。老 L 利用志愿者赚钱的传闻更是不符合事实。诸多志愿者都愿意以亲身经历作证，老 L 为志愿者提供就餐通常只收成本价，有时还要贴本。

在访谈中，我们发现，类似的“污名化”不单是落在草根 B 身上，几乎每个机构及其负责人都会遭遇类似的不实之指。如果不是长期深入观察，人们很难判断其中的是非曲直。

四　分析：自我提升价值观、组织生态关系与公民社会发育

（一）自我提升型价值观对组织间生态关系演化的影响

研究表明，一个为自我提升型价值观所主导的个体，将倾向于对权力、地位、社会声望以及财富的追求与控制，它对自我成就的判断主要依赖于别人的评价以及竞争的手段。如果两个或多个持有自我提升型价值观的个体在同一个公共空间中互动，那么彼此间资源争夺、控制与反控制的现象便极容易发生，“爱心联盟”内部成员之间发生的故事正是如此。

1. 联盟成员的矛盾始终围绕一套自我提升型资源进行

所谓“自我提升型资源”是指自我提升型价值观主导下的主体所追逐的资源，主要包括社会声望、权力地位以及经济利益等要素。虽然发起“爱心联盟”的初衷是为了建立一个促进本土草根互利合作的平台，但实际上却人为地生产了一套极易引发纷争的自我提升型资源，而这正是引发机构间冲突的根源。

首先，所谓“爱心联盟”并不是一个扁平化的交流平台，而更像一个具有特殊文化意涵和较强等级色彩的类科层机构。联盟——在中国人的意识形态和文化认知里，不完全是一个技术性代指，而是有着十分丰富的含义。“某某联盟”往往意味着某一区域或者某一领域内所有同类主体的代表或象征，具有位居高处统领一方的权威意涵。作为联盟的会长（或盟主），对内是最高领袖，对外则代表着联合体的整体形象和利益——换句话说即代表了某一区域或领域同类主体的整体，是传统社会文化定义下引人注目、人人渴求的传统权威。既然是代表和权威，那么当地只要涉及与联盟及成员相关的重要事宜，都需要会长出面协调解决，于是他（她）便有机会进入更高一个权力层次直接与其他领域（如政府）的最高领导对话，进而获取更为丰富的社会资源。因此，会长（或盟主）这个职位所意蕴的绝不单是保证机构运转的某个功能，还往往附着了许多诸如权力地位、社会声望甚至经济利益等隐性或显性的资源。在自我提升型价值观下，这些资源都是珍贵而稀缺的，都是值得去争夺和控制的，因为它们才能够带来主体对自我价值的全面确认。

在“爱心联盟”中，草根A发起之初，便人为地打造了从会长到副

会长、从秘书长到干事的一系列"官职"，而"官职"的每一层级都又在特殊的文化背景下被赋予了相对应的资源意涵。在 2012 年 2 月，也许是时间冲淡了事情的敏感程度，或者是基于长久的信任，当我们再次与几个草根负责人分别聊及当时的情形时，他们居然也都直言不讳地表达了当时的类似心境，草根 D 负责人这样说道："说实话，我们（草根组织负责人）都是从地震的救援和重建中走出来的，这个过程中不免就有了'当王'的感觉，而且也会很享受这种感觉，尤其是在领导自己团队并得到志愿者拥护的时候。所以说参加联盟，大家一方面有相互依赖的需要，但另一方面也都有意无意想当老大，至少不愿意被别人去管。这就是为什么大家走不到一起的原因。"

其次，在青海助学的集体行动中，成员之间的矛盾焦点依然围绕着自我提升型资源进行。首先是草根 B 与草根 A 在决策权的分配上发生了矛盾，接着草根 C 和草根 D 又和草根 A 在社会声望的分配上产生分歧。此外，草根 A 利用联盟的平台控制和占用其他机构项目资源（如人力、物力、财力等）的行为也激起了各个机构的反感情绪。

最后，联盟的解体并没有终止草根组织之间关系的恶化，反而带有恶意性质的"污名化"现象在当地公益领域流散。对此，我们在当地找到了以下几种解释：其一是源于各个机构负责人联盟运作期间所结下的怨恨情绪，为了泄愤而有意无意为之；其二是本地草根组织从内心将其他草根视为竞争对手，通过贬低对方的方式来抬高自己，继而获得相对更好的社会评价，得到一种价值实现的心理满足。几乎在每次闲聊中，我们都能发现这样的情形：当某个草根在对另一个草根进行贬低的时候，往往都会将自己在对应方面的丰功伟绩和高尚人品充分地表达一番。于是，"M 地区的第一志愿者""第一个行动起来的团队""唯一一个坚持到现在的志愿团队""唯一一个还在做实事的志愿团队"就成为每个组织表达自我的口头禅。这种通过"证明自己比他人更出色"来获得自我价值确认的情形与以往研究中对自我提升型价值观的描述如出一辙。①

① Saroglou V., V. Delpierre and R. Dernelle, "Values and Religiosity: A Meta-analysis of Studies Using Schwartz's Model." *Personality and Individual Differences*, Vol. 37, No. 4, 2004.

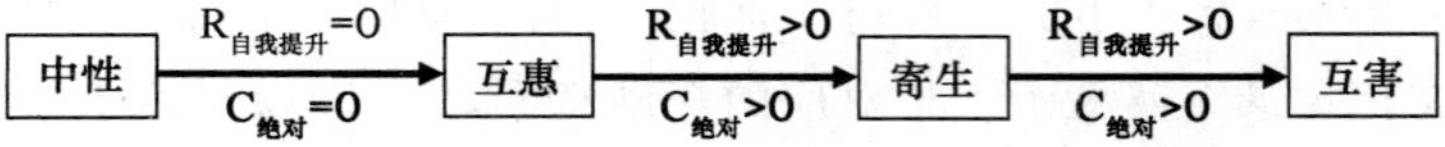

图 10—3　M 地区爱心联盟成员生态关系演化

2. 自我提升型价值观下草根组织间生态关系的演化

正是在自我提升型资源的诱惑下，草根组织之间发生了一系列纷争，而这一切又对它们生态关系的演化产生了何种影响呢？从“爱心联盟”成立到解体的全过程中可以看出草根组织之间先后呈现了多种类型的生态。通过对不同主体间互动行为特征的梳理我们发现，这些生态关系的演化与两个变量的变化有密切关系：一是自我提升型资源的数量（用 $R_{自我提升}$表达），二是互动双方中一方对另一方绝对控制的能力（用 $C_{绝对}$表达）。我们可以借助图 10—3 对此过程进行表达。

在联盟成立之前，草根组织之间处于互不往来的“中性”状态，相互间既没有自我提升型资源（$R_{自我提升}=0$）也没有控制对方的能力（$C_{绝对}=0$）。由于在 2009 年底的会议上建立了的互信与友好，并愿意为了满足共同的需求而采取集体行动，于是草根组织之间暂时结成了“互惠”关系。在从“中性”关系到“互惠”关系的过程中，由于联盟尚未建立，所以既没有自我提升型资源的干扰（$R_{自我提升}=0$），机构之间也依然没有控制对方的能力（$C_{绝对}=0$），故而能够相安无事。但是，当联盟建立起来后，便出现了一系列诸如权力、声望等自我提升型资源（$R_{自我提升}>0$），而且草根 A 利用其在联合体中的主导地位，一定程度地掌握了对其他机构的控制力（$C_{绝对}>0$）。此时，在利益的吸引下，草根 A 便开始了控制其他成员并利用联盟资源以为自己的利益服务的行为。这种行为显然对其他草根造成了损害，但对草根 A 却是有利的，故而结成了“寄生”关系。但是，当草根 A 的做法“变本加厉”，控制力度和资源占有欲望都进一步抬高，便引起了其他机构抵抗的升级，最终完全爆发，宣布退出。此时，联盟解体，草根 A 对其他机构的控制能力瞬间清零（$C_{绝对}=0$）。控制虽然无效了，但是社会声望等自我提升型资源在当地的公益圈里依然存在（$R_{自我提升}>0$），于是又出现了互相“污名化”的情形。这样一来，草根组织不仅在资源整合、互利共享、情感支持等方面的需求难以满足，反而成为相互敌视、长期对峙的矛盾双方。于是，M 地区草根组织的生态关系就跌入了“互害”的格局。由此可见，在自我提升型价值观主导下，

M 地区草根组织间的生态关系不断向着消极型方向演化。

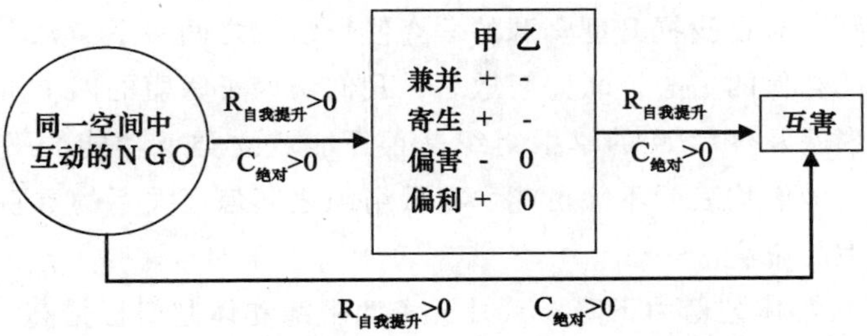

图 10—4 自我提升型价值观下 NGO 间生态关系的演化

根据“爱心联盟”的分析，我们可以结合其他事实的经验，从理论上做更为广泛的扩展：在自我提升型价值观主导下，如果自我提升型资源存在（$R_{自我提升}>0$），而互动双方中的一方对另一方具有绝对控制的能力（$C_{绝对}>0$），那么控制方就能占据主导，继而可能形成除“互害”之外的任何一种消极型生态关系，具体是何种类型则要看互动行为对双方产生的利弊：如果对控制方有利，对受控方不利，那么将出现“寄生”关系，如本案例中的情形；如果互动行为对控制方有利，对受控方无影响，那么将出现“偏利”关系，如某些基金会邀请其他 NGO 参与一些重形式而缺内容的会议；如果对控制方不利，对受控方无影响，那么将出现“偏害”关系；如果出现控制方兼并受控方的情形，那么就形成“兼并”关系，例如某些地区出现的官办 NGO 兼并草根组织的现象。由此，我们可以画出一个更加丰富的生态关系演化图（见图 10—4，甲、乙分别代表控制方和受控方）。

（二）消极型生态关系对当地公民社会发育的影响

上文分析表明，自我提升型价值观下，NGO 之间的生态关系将朝向消极型演化，而这样的情形又会对当地的公民社会发育产生怎样的影响呢？从 M 地区草根组织的互动当中，我们看到了当地公民社会发育遭到扭曲的现实。

1. 组织间信任下降，社会资本出现“亏负”，“共赢”期望破灭

联盟解散以后，各草根组织之间的信任程度明显下降，原本就储量不多的社会资本甚至出现了“负亏”。在联盟建立以前，虽然各个机构并没有深入的互惠合作，但至少没有相互抵触甚至敌视的情形，而且在联盟成

立之前的研讨会上还初步互赠了友好的印象分。当时，参会的机构都对未来的“共赢”局面充满期待，但却未曾预料一旦联合起来便遭遇了集体行动的难题。对自我提升型资源的争夺使得组织之间关系交恶，各个机构丧失了彼此合作的信心。联盟解散后，我们访谈了联盟的四个组织成员的负责人。当问及今后 M 的草根组织是否还能成立类似功能的平台实现交流合作时，他们均表示不太可能。草根组织之间信任关系的重新修复至今仍面临较大的难度。

2. 草根集体公信力下降导致社会资源阻塞和体制门槛抬高

当草根组织之间信任下降、怨恨滋生以及“污名化”现象蔓延时，M 地区本土草根的集体公信力便开始下降，其中最明显的体现便是外来机构和政府对它们不信任程度的增加。按照国际惯例，外来机构与本土草根之间的合作是一种备受推崇的策略。有了本土机构的帮助，外来机构可以解决不熟悉本土文化、缺乏执行人力以及项目本土化的问题；而有了外来机构的支持，本土机构则可以改善资金不足、专业落后的劣势。但是，在 M 地区的近 30 家外来机构中，鲜有与本土草根进行长期合作的伙伴。究其原因，根源就在于本土草根组织的内部争斗和彼此污名化造成了整体公信力的下降。一个外地公益机构的负责人这样评价道：“帮助本土草根组织发展是好事。但是，它们相互之间都拆台，我们怎么敢将资源投进去呢？我们并不是在当地扎根很深，不明白它们谁更靠谱。万一我们将资源投了进去，没有发生效果，反而给我自己带来麻烦就不好了。”此外，自地震以来，M 地区几乎还没有任何一家草根组织获得合法身份，当地团委工作人员 LH 负责当地志愿团队的协调，她表示：“草根组织之间互有优缺点，但大都各自抓着缺点不放。政府给任何一个机构合法身份，都会招致其他机构的反对，而政府又不可能让所有草根都登记注册。不要说注册了，即便是各级政府每年举行一些志愿者评奖活动都曾引发了各个机构之间的嫉妒和不满。”草根组织之间消极型的生态关系，直接导致了政府在体制内资源获取上为它们设置了更高的门槛。

NGO 的价值观、政策空间、资源环境以及组织间关系是衡量一个区域内公民社会发展状况和潜力的重要指标[①]，而 M 地区的草根组织在这几

① 贾西津、孙龙：《公民社会测度指数及其本土化探讨》，《中国非营利评论》2008 年第 1 卷。

个方面的状态都存在消极的态势，其公民社会发育的前景并不乐观。

五 结论与讨论

通过对 M 地区草根组织生态关系的研究，我们能够看到自我提升型价值观对于 NGO 行为、NGO 间生态关系以及当地公民社会的消极影响。所以，现实中的 NGO，虽然名称相同，但并非都是真正的公民社会组织、都朝向公民社会的方向发展。由此，我们得出本研究的第一个结论。

1. 并非所有的 NGO 对公民社会的发育都有积极促进的作用。如果 NGO 为自我提升型价值观所主导，它将倾向于对权力、社会声望以及资金等资源的占有和控制，继而与其他主体出现对峙、冲突或控制的情形，而组织之间亦容易形成消极型生态关系，最终使公民社会的发育产生扭曲。

因此，在借助 NGO 的发展来促进中国公民社会的发育过程中，人们需要警惕自我提升型价值观所带来的负面作用。第一，NGO 自身需要清晰地认识自我提升型价值观与公民社会核心价值的本质区别，努力提出自我提升的成分而实现向公民社会核心价值观的超越，成为促进社会健康发展的积极力量。第二，作为资源的掌握方（如政府、资助型基金会、爱心企业等），要警惕人为地制造出容易引发争斗的自我提升型资源，尤其是项目资金。第三，公益领域应慎重对待联合体建设，不要轻易成立联盟。虽然中国有“众人拾柴火焰高”的道理，但也有“三个和尚没水吃”的教训。与市场类似，公益领域既需要竞争，也需要合作，但无论哪种情形，其前提都是参与各方应具有足够的公民意识和民主能力，主动恪守一些基本但却重要的价值原则。否则，在自我提升型价值观下，竞争将可能朝向恶性演化，而合作的平台及其规则也会沦为个体谋取私利的工具，最终，公民社会的发育将产生偏离，甚至受到损害。

从本研究中，根据 M 草根组织生态关系的演化过程，我们还可以得出另一个结论。

2. 自我提升型价值观下，自我提升型资源和互动双方彼此控制的有效性决定着互动双方的生态关系是否朝向“互害”关系演化。当有自我提升型资源存在且一方对另一方拥有绝对控制的能力时，NGO 的生态关系取决于互动行为对双方的利弊情况（如图 10—4 所示）。

对于非营利领域的生态关系，本研究只是做了一个初步探索，即便是从自我提升和自我超越这两种价值观视角，也还有诸多问题值得深究。首先，更进一步的研究可以采用多案例研究方法对两种价值观下 NGO 的生态关系进行比较；其次，关于价值观的研究表明，同一个主体可以持有不同的价值观，它们在不同的条件下被激活，并且可以相互转化。[①] 那么同一个 NGO 来讲，是否可以同时持有自我提升和自我超越两种价值观呢？而两种价值观的激发条件分别是什么？它们是否可以转化？转化条件有哪些？这些都是需要进一步研究和探析的问题。

（本文原载《社会学研究》2013 年第 1 期）

① 陈莹、郑涌：《价值观与行为的一致性争议》，《心理科学进展》2010 年第 10 期。